BEGOÑA GÓMEZ URZAIZ

Mütter, die gehen

aufbau

BEGOÑA GÓMEZ URZAIZ

Mütter, die gehen

Aus dem Spanischen
von Christiane Quandt

aufbau

Die Originalausgabe unter dem Titel
Las Abandonadoras
erschien 2022 bei Ediciones Destino, Barcelona.

Die Übersetzung des Buchs wurde unterstützt von
Acción Cultural Española, AC/E.

AC/E
ACCIÓN CULTURAL
ESPAÑOLA

MIX
Papier | Fördert gute Waldnutzung
FSC® C083411

ISBN 978-3-351-04219-6

Aufbau ist eine Marke der
Aufbau Verlage GmbH & Co. KG

1. Auflage 2024

www.aufbau-verlage.de
10969 Berlin, Prinzenstraße 85

Einbandgestaltung Rothfos & Gabler, Hamburg
Satz Greiner & Reichel, Köln
Druck und Binden CPI books GmbH, Leck, Germany

Printed in Germany

Für meine Mutter, die immer da ist.

Und für Ciarán, Lope und Sean.
Ich liebe euch für immer.

In der Welt der Märchen und in der post-Freud'schen Psychoanalyse ist bekannt, dass es nicht gut für ein Kind ist, eine böse Hexe, besonders eine böse und dabei bezaubernde Hexe, als Mutter zu haben.
Jenny Diski

Nichts ist schwieriger als das Bekannte.
Vivian Gornick

Inhalt

Was für eine Mutter verlässt ihr Kind?

Dieser Satz hat etwas Biblisches, er wirkt wie bereits fertig geformt, bevor er einem über die Lippen kommt, genau wie »Was für ein Mensch würde ein Kind töten?«. Zudem beschwört er die scheinheilige Sentenzhaftigkeit jener gewichtigen Worte herauf, die den Anschein des gesunden Menschenverstands erwecken und vorgeben, frei von jeder Ideologie zu sein. Dabei wissen alle: Wenn an den gesunden Menschenverstand appelliert wird, heißt das eigentlich: wählt konservativ.

Und kaum jemand kann leugnen, diesen Satz irgendwann schon einmal ausgesprochen zu haben. Meist beim Lesen oder Hören über eine Frau, die in einem bestimmten Moment beschlossen hat, ihre Kinder hinter sich zu lassen und ihr Leben als Nicht-Mutter weiterzuführen. »Ein Kind verändert das Leben« ist noch so ein viel zitierter Satz mit augenscheinlich weißer Weste, der ausgesprochen wird, als wäre er unumstößlich. Wenn ein Kind dein Leben verändert, dann ist diese Veränderung endgültig und nicht rückgängig zu machen. Ein Zurück ist ontologisch unmöglich, das Kind lässt sich nicht ungeschehen machen.

Was für eine Mutter verlässt ihr Kind? Bestimmt nur eine der allerschlimmsten Sorte.

Die Frage hat mich oft aus dem Hinterhalt meiner eigenen Gedanken überfallen. Ich könnte schwören, er kam gegen meinen Willen hervor, als wäre ich besessen von einer inneren Moralistin, die ich nicht glaube zu sein und deren Art mir eigentlich sehr unangenehm ist.

Zum Beispiel als ich den Film *Carol* von Todd Haynes im Kino sah, der auf dem Roman *Salz und sein Preis* von Patricia Highsmith basiert, fiel mich der Satz aus dem Hinterhalt an. Ich erinnere mich an das genaue Datum, denn es war ein besonderer Tag: der zweite Geburtstag meines älteren Sohnes. Das Wochenende war anstrengend und voll mütterlicher Liebes-Überproduktion. An diesem Samstag hatte ich die ganze Familie zum Essen eingeladen, ich kochte für neun Personen, und wir bliesen die Kerzen auf dem Kuchen aus. Am Sonntag war der Plan gewesen, den Tag mit Freunden im Park zu verbringen – etwas Einfaches, ohne großen Aufwand. Alle wissen, wie so etwas endet. Ich stand früh auf, und als ich schließlich bei den Picknickbänken im Park ankam, hatte ich Sandwiches mit Pastrami und Empanadas mit Thunfisch gemacht, hatte Getränke eingepackt, Snacks, Girlanden, Kerzen, Luftballons, Teller, eine Piñata, einen Eimer Kartoffelchips und Trinkbecher von Flying Tiger. Zum Glück kamen viele Gäste. Es war schön und anstrengend. Eine Freundin brachte eine unglaublich fotogene Erdbeer-Sahnetorte mit, die aussah wie aus dem Werbespot einer Versicherungsgesellschaft. Das perfekte Bild für die »glücklichen Augenblicke mit deinen Lieben«. Alle brachten Geschenke, obwohl wir gesagt hatten, dass das nicht nötig wäre. Wenn mir mein Smartphone Fotos von diesem Tag schickt, was manchmal in der »Für Dich«-Funktion vorkommt, die auf mich einen subtilen emotionalen Terror ausübt, bin ich pflichtbewusst gerührt, genau wie es Apple verlangt. Es trifft mich direkt in mein Mutterherz.

Wenn ich ein Foto von diesem oder den anderen Kindergeburtstagen sehe, die ich organisiert habe, kommen mir der Lärm, die Freude, die Sonne und die Krokodil-Piñata in den Sinn. Und nicht der Vorbereitungsstress, die Kosten, die übermächtige Erschöpfung, die jeden einzelnen Muskel blockiert, sobald ich die letzte Luftschlange und das letzte Glas mit Dinosaurieraufdruck weggeräumt habe.

Am Ende dieser Geburtstagsfeier hatte ich das Gefühl, mit allen Zeit verbracht zu haben, außer mit meinem Kind. Mit allen hatte ich mich unterhalten, gescherzt, für fünf Minuten Smalltalk gehalten, während ich nachsah, ob noch genug Eiswürfel in der Kühltasche waren. Später ging es bei uns zu Hause weiter. Und trotz allem war ich die Erste, die mit wollte, als einer der – wohlgemerkt kinderlosen – Gäste vorschlug, noch ins Kino zu gehen und sich den Film *Carol* anzusehen. Weil ich den Film sehen wollte. Er lief schon seit drei Wochen, und ich hatte den Eindruck, ihn als Einzige noch nicht gesehen zu haben und fühlte mich dadurch ausgeschlossen. Und weil ich damals noch für mich selbst die fixe Idee zu leben versuchte, dass man alles machen kann, alles erreichen kann, und zwar gut: Die neuesten Kinofilme kennen, das Kind ohne Erschöpfung versorgen, acht Artikel pro Woche abgeben, und zwar so, dass wenigstens drei davon mir keine Schamesröte ins Gesicht trieben, wenn ich sie Monate später im Internet fand.

Fakt ist, ich ging ins Kino, um *Carol* zu sehen, und der Film gefiel mir nicht so gut, wie ich gedacht hatte. Teils weil es mir schwerfiel, Todd Haynes' Manierismus für voll zu nehmen, teils weil ich völlig fertig war und eine nagende Schuld in mir spürte (nichts Schlimmes, nur etwa unten bis mittig auf der

Schuld-Intensitätsskala), weil ich nicht bei meinem Kind war, um nach einem so anstrengenden Wochenende mit ihm im Arm Zeichentrickserien zu schauen. Aber vor allem – und das erkannte ich erst hinterher – weil das Ende des Films mich mit einem unangenehm schmierigen Gefühl zurückließ.

Genau wie bei Patricia Highsmith endet der Film damit, dass Carol ihren Mann und ihre Tochter verlässt, um als lesbische Frau einigermaßen in Ruhe ihr Leben zu leben. Ihr Ehemann, ein widerwärtiger Typ, erpresst sie, und sie hat eigentlich keine Wahl: Entweder sie verlässt ihre Tochter, oder sie ist für den Rest ihres Lebens unglücklich, verleugnet ihre wahren Bedürfnisse und Sehnsüchte und lebt sich und allen anderen gegenüber eine Lüge.

Die Optionen liegen auf der Hand, oder? Zugleich bietet der Film nicht einmal ein bisschen Ambivalenz in Sachen Mutterliebe von Carols Seite (dargestellt von Cate Blanchett). Das ist seltsam bei einer Autorin wie Patricia Highsmith, die oft genug in den schmutzigsten Winkeln des menschlichen Geistes Staub aufgewirbelt hat und die selbst eine absolut pathologische Beziehung zu ihrer Mutter hatte. Von ihr musste sich die Tochter sogar anhören, wie sie durch das Trinken von Terpentin versucht hatte, Patricia abzutreiben. Es wäre also absolut legitim gewesen, wenn Carol eine gewisse Abneigung gegen ihr Kind entwickelt hätte. Denn das Mädchen verkörpert auch die Fesseln, die Carol für immer an ihren Mann binden. Eine solche Abneigung entsteht gelegentlich, wenn ein Kind emotional mit der Beziehung verknüpft wird, aus der es entstanden ist. So etwas suchen wir allerdings vergebens in *Salz und sein Preis*. Carol vergöttert ihre Tochter, die sie nie wiedersehen wird. Im Film sehen wir das Kind Rindy nur wenige

Male. Im Buch ist das gar nicht nötig. Rindy ist keine reale Person, sondern eine Abstraktion, das platonische Ideal eines Mädchens mit Trägerrock und zwei Zöpfen. Der Film ist so gemacht, dass die modernen Zuschauer, die das Kinoerlebnis wahrscheinlich genießen, nicht zu sehr über das Ganze nachdenken müssen. Ja, das Ende hat einen bitteren Beigeschmack, aber es ist das einzig mögliche.

Warum also hat es mir solche Bauchschmerzen bereitet? Wie hatte mich mein Geist dazu gebracht, Carol wieder und wieder zu fragen, wie sie bloß fähig war, ihr Kind zu verlassen? Lag die Antwort etwa nicht auf der Hand? Es war doch ihre einzige Überlebenschance.

Dennoch stellte ich mir noch Jahre später diese Frage, als Patricia Highsmiths hundertster Geburtstag gefeiert wurde und dieser eine Satz in allen Artikeln zum Thema immer wieder auftauchte: »In *Salz und sein Preis* schenkt Patricia Highsmith ihrer Protagonistin ein Happy End.« Das hatte die Autorin selbst im Vorwort bzw. Nachwort zur Neuauflage ihres Romans geschrieben, als er schon ein zeitgenössischer Klassiker geworden war. Und beinahe alle Medien übernahmen das so. Aber was ist das für ein Happy End?, durchzuckte es mich jedes Mal, wenn ich es las, und forderte mich selbst zur Diskussion heraus. Sie sieht ihre Tochter doch nie wieder. Wie kann dieses Ende dann glücklich sein?

Ich musste feststellen, dass dieser Bewertungsmechanismus nicht zum ersten Mal in mir ansprang. Mir ist er nicht nur unangenehm, weil ich ihn so abstoßend finde, er lässt sich auch nicht gut mit dem Feminismus der vierten Welle vereinbaren, den ich täglich sowohl praktiziere als auch predige, sei es auf Twitter oder in echten Gesprächen. Mitglieder meiner Generation waren spät dran mit dem Feminismus, aber das haben wir dadurch ausgeglichen, dass wir zu dessen brennendsten Predigerinnen wurden. Wo immer wir sind, wettern wir gegen jede Misogynie, egal ob jemand unsere Reden hören will oder nicht.

Wenn ich ganz ehrlich bin, muss ich feststellen, dass mein Detektionsmechanismus für zweifelhafte Mütter schon in meiner Jugend aktiv war. Das erste Mal bei *Anna Karenina.* Ich kreidete es Tolstoi an, dass er nicht mehr über Serjoscha schrieb, den Jungen, den Anna verlässt, um mit Wronski durchzubrennen. Jetzt erscheint es mir seltsam, dass ich mit meinen zarten sechzehn Jahren so sehr in Sorge um das Kind war, statt mich darauf zu konzentrieren, wie sehr Anna in der Ehe mit Karenin unterdrückt wurde. Welche Verschwendung meines jugendlichen Verstandes!, wie kleinbürgerlich verbohrt war ich bloß!, denke ich mir heute.

Meine unsichtbare Liste nachlässiger Mütter wuchs mit den Jahren an, wie eine Akte, in der ich alles sammelte und vermerkte, ohne groß über die Einzelfälle nachzudenken, die meinen Weg kreuzten. Ingrid Bergman. Gala Dalí. Maria Montessori. Muriel Spark. Mercè Rodoreda. Doris Lessing. Anna Achmatowa. Susan Sontag. Dabei trenne ich nicht zwischen Autorin und Werk. Mich interessiert generell das Leben der Menschen, die ich lese und verfolge, sehr. Dennoch ging mein Forscherdrang über eine normale Neugier hinaus. Es war, als würde ich ein inquisitorisches Archiv derjenigen Mütter zusammenstellen, die ihre Funktion nicht erfüllten, eine mentale Akte mit dem Titel: *Mütter, die gehen.*

Diese Akte begann ich schon früh zu bestücken. Als Kind sah ich oft samstagvormittags die Fernsehserie *Pippi Langstrumpf,* die auf Televisión Española lief. Ich liebte die knalligen Farben, die blumengesäumten Straßen jener schwedischen Stadt, in der immer die Sonne schien, und ich liebte Pippi. Aber die Serie machte mich auch unruhig. Wo waren Pippis Eltern? Es war ganz wunderbar, dass Pippi allein mit einem Koffer Gold in der Villa Kunterbunt lebte, aber warum war da niemand, der ihr zum Abendessen ein französisches Omelett zubereiten konnte? Das Angebot der Nachbarskinder Tommy und Annika, Pippi könne ja zu ihnen ziehen und bei ihnen und ihren so wunderbar skandinavischen und vitalen Eltern leben, erschien mir keine ganz schlechte Idee. Wahrscheinlich hätte Pippi auf ihr Äffchen und ihr Pferd verzichten müssen, hätte ihre Freiheit verloren und all das, was sie so einzigartig machte, aber dafür hätte sie ein paar ganz normale Eltern bekommen und eine Menge Holzspielzeug und eine ganze Schublade voll stets sauber zusammengelegter senfgelber Rollkragenpullover.

Heute merke ich, dass mein damaliges Verständnis von Pippis Geschichte völlig an der Autorinnenintention und an der antizipierten Reaktion einer jungen Zuschauerin vorbeiging. Ihre Geschichten zelebrieren Anarchie, Kreativität und den freien Willen des Kindes. Was für ein Mädchen geht hin und versteht das alles genau falsch? Ein total unterdrücktes Kind mit katechetischen Ambitionen? Die Geschichten von Pippi Langstrumpf schreiben sich außerdem in die unendliche Tradition der mutterlosen Kinder ein, die Heldentaten vollbringen und denen verschiedenste Dinge zustoßen. Abenteuer, so Sara Ruddick in ihrem Buch *Maternal Thinking*, passieren von der Idee her grundsätzlich ohne Mütter. Aufgabe einer Mutter ist es schließlich, zu verhindern, dass ihrem Nachwuchs schlimme Dinge zustoßen, und im Zuge dessen kann es passieren, dass sie auch die guten verhindert.

Als ich klein war und *Pippi Langstrumpf* im Fernsehen sah, wusste ich nicht, dass die Schöpferin dieser Figur, Astrid Lindgren, schon mit achtzehn Jahren alleinerziehende Mutter geworden war. Die Schwangerschaft war aus einer Beziehung mit dem Leiter der Zeitung entstanden, wo sie als Stenografin arbeitete. Der Kindsvater war dreißig Jahre älter als sie und verheiratet. Und die mittellose Astrid musste ihren Sohn Lars drei Jahre lang einer Pflegefamilie in Dänemark überlassen. Lindgren sprach von dieser Zeit, als sie ohne ihren Sohn allein in Stockholm lebte, als »Ausflug in die Hölle«. Immer wenn sie genug Geld zusammenkratzen konnte, reiste sie nach Kopenhagen, um Lars zu besuchen. Als sie endlich das volle Sorgerecht zurückhatte, tauschte sie die Schuld, ihren Sohn verlassen zu haben, gegen die, ihren Sohn aus einer stabilen Familie herausgerissen zu haben. Eine Familie, die so sehr der von Tommy und Annika ähnelte und die das Kind liebte und gut behandelte.

Mutter sein bedeutet letztlich, eine Sammlung verschiedener Versionen von Schuld anzuhäufen, die sich ohne Rücksicht auf Widersprüche überlagern. Im Universum Mutter ist die Schuld, ein Kind vorübergehend verlassen zu haben, perfekt mit der Schuld kompatibel, es zurückgeholt zu haben. Das ganze Werk Lindgrens ist voller Kinder ohne Eltern, die alternative Lebensläufe erfinden, um die große Abwesenheit zu erklären. So auch Pippi Langstrumpf, die allen erzählt, ihre Mutter sei ein Engel und ihr Vater ein Kapitän bzw. König der Südsee.

Auch die Internats-Bände von Enid Blyton rund um Dolly

und die anderen Mädchen, die ich als Kind verschlungen habe, waren durchzogen von solchen rassistischen, klassistischen und absolut unwiderstehlichen Artefakten. Die Eltern wurden oft erwähnt, und ihre Abwesenheit war in diesem Fall gesellschaftlich akzeptiert, da die Familien es sich leisten konnten, die Kinderbetreuung auszulagern. Genau wie es schon immer und überall gemacht wurde.

Dolly Rieder bzw. Darrell Rivers, die Hauptfigur in der Dolly-Reihe, und die Zwillinge Connie und Ruth, die das Internat Möwenfels bzw. Malory Towers besuchen, werden am Anfang jedes Bandes von ihren Eltern auf dem Bahnsteig des Zuges abgeliefert, der sie ins Internat bringt. Wenn überhaupt, tauchen die Eltern dann noch einmal im letzten Kapitel auf, um sie wieder abzuholen. Da ich das Klassensystem der britischen Gesellschaft und seine Gepflogenheiten in Sachen Kindererziehung damals noch nicht kannte, warfen die abwesenden Eltern bei mir immer viele Fragen auf. Wie konnte es sein, dass diese Mädchen es anstandslos akzeptierten, nach Cornwall ins Internat geschickt zu werden, um dort Lacrosse bzw. Handball zu spielen und Mitternachtspartys mit Kakao, Kuchen und Keksen zu feiern und dafür niemals ihre Familien zu sehen? Nächtliche Kekse und ein Schwimmbecken, aber dafür keine Mutter? Mir schien das kein guter Tausch.

Burg Möwenfels bzw. Malory Towers, das Internat, in dem Blyton die Saga in ihren sechs Originalbänden spielen lässt, ist inspiriert von der Benenden School, wo die Autorin ihre eigenen Kinder hinschickte, was sie sich durch den Erfolg ihrer Kinder- und Jugendbücher leisten konnte. Blyton hatte zwei Töchter, Gillian und Imogen. Als Kinder waren sie ein paarmal in der Zeitung zu sehen, fotografiert mit ihrer berühmten Mutter, wie sie die Hunde streicheln und im Garten der Familie spielen.

Als Erwachsene brachen die Schwestern den Kontakt zueinander ab, und jedes Mal, wenn die Biographen der Mutter sie interviewten, lieferten sie absolut widersprüchliche Versionen dessen ab, was in ihrer Kindheit geschehen und was für ein Mensch ihre Mutter gewesen war.

Die ältere der beiden Töchter Enid Blytons, Gillian, wurde Lehrerin und lebte in einem Haus voller Memorabilia ihrer Mutter. Sie nahm ihren *Tea* jeden Nachmittag an dem Tisch ein, wo Enid Blyton *Fünf Freunde* und *Die Schwarze Sieben* verfasst hatte, und sie erzählte stets, ihre Mutter sei ganz wunderbar gewesen. Die jüngere Tochter hingegen berichtete einem Biographen, Enid Blyton sei »arrogant, unsicher, anmaßend, eine Meisterin im Ablassen hässlicher und schwer zu verkraftender Worte und völlig frei von jeder Spur mütterlichen Instinkts« gewesen. »Als Kind«, so fährt Imogen fort, »sah ich sie als strenge Autorität. Als Erwachsene hatte ich Mitleid mit ihr.«

Es fällt auf, dass sowohl Enid Blyton selbst als auch ihre Töchter den Kontakt zu den biologischen Eltern verloren. Der Vater der Autorin, ein Messerverkäufer aus Sheffield, verließ die Familie, als Enid noch klein war, und ihre Mutter zwang sie dazu, die Nachbarn diesbezüglich anzulügen. Die Frau, die alles dafür tat, den Erziehungsstil der britischen Oberschicht zu propagieren, war selbst nicht in diese Welt hineingeboren worden. Ihren Platz am Tisch hatte sie sich dadurch erarbeitet, dass sie über die gesellschaftliche Schicht schrieb, zu der sie gehören wollte. Viele Jahre später sollte auch ihr erster Ehemann

Hugh die Familie verlassen und keinen weiteren Kontakt zu den Töchtern pflegen.

Die Erfahrung, den Vater zu verlieren, und das nicht etwa durch den Tod, sondern weil er ein neues, mit dem vorherigen nicht kompatibles Leben beginnt, wie es zuerst Enid und später Gillian und Imogen erlebten, ist nichts Ungewöhnliches. Andauernd und überall machen sich Väter vom Acker. Als biographisches Faktum steht es auf Platz drei oder vier von zehn auf der Skala der Ereignisse, die ein Leben bestimmen. Es hat größeren Einfluss als eine schwere Krankheit im Kindesalter, aber geringeren als ein massives wirtschaftliches Unglück. In beinahe keinem Zusammenhang wird der Verlust des Vaters mit dem der Mutter gleichgesetzt. Bei Vätern ist es erwartbar, dass sie gehen. Bei Müttern nicht.

Es heißt, es sei unnatürlich, aber das stimmt nicht, denn die Natur ist voller Rabenmütter und voller Mütter, die gehen. Robbenweibchen verlassen beispielsweise ihre Jungen. Die Kuckuck-Henne legt ihre Eier in die Nester anderer Vögel und fliegt einfach davon. So bringt sie andere Vogeleltern dazu, ihre Brut aufzuziehen. Und es gibt Hunderte Tierarten, bei denen es normal ist, dass die Jungen von den Eltern gefressen werden.

Auch Menschenmütter gehen – manchmal. Das ist zu allen Zeiten und aus allen möglichen Gründen vorgekommen, und es kommt auch weiterhin vor. Der Großteil der Frauen, die ihre Kinder verlassen, tut dies aus der Not heraus. Vielleicht müssen sie in anderen Ländern Geld verdienen – oft betreuen sie dort die Kinder von anderen –, oder sie müssen vor geopolitischen Verwerfungen fliehen. Einige dieser Frauen waren so großzügig, mir ihre Geschichten zu erzählen, die im vorletzten Kapitel dieser gesammelten Akte stehen. Ich habe lange gebraucht, um meine Sammlung »Buch« zu nennen.

Es gibt auch Frauen – wenige –, die auf das Sorgerecht verzichten, sobald sie entbunden haben. Es ist kein Verbrechen, und es geschieht anonym. Das medizinische Personal ist entsprechend geschult und weiß, wie wichtig es in diesen Fällen ist, das Ablaufprotokoll genau einzuhalten und das Neugeborene schnell mitzunehmen, damit keine Bindung zur Mutter entsteht. Sie wird auf eine andere Station verlegt, damit sie keine Säuglinge weinen hört.

Es liegt nahe, dies instinktiv als eine Spielart von Unglück zu verstehen, und wir stellen es als weiteres Gericht zum freien Büffet der Schrecklichkeiten, die der Turbokapitalismus hervorbringt. In unseren Köpfen und mit Hilfe sämtlicher von Kindheit an konsumierter Geschichten voller Mütter, die ihre Kleinen verlassen und ihnen ein Kettchen um den Hals hängen, mit dessen Hilfe sie sich fünfundzwanzig Kapitel später wiederfinden, können wir all das zu Romanen verarbeiten.

In dem Moment, in dem wir auf der Bedürfnispyramide eine Stufe höher steigen, wird das Ganze moralisch etwas unscharf. Alle sind sich wohl einig, wenn Kinder verlassen werden, um sie nicht der völligen Armut auszusetzen, oder wenn die Mutter sich in einem anderen Land den Lebensunterhalt verdienen muss. Aber ein Kind verlassen, um einer schlimmen Ehe zu entkommen?

»Was bedeutet denn schlimm? Gab es körperliche Gewalt?«, fragt der Moralapostel, den wir in uns tragen. Ein Kind verlassen, um die eigene Sexualität nicht länger unterdrücken zu müssen wie in *Salz und sein Preis*? Auf die individuelle Kinderbetreuung verzichten und sie zur kollektiven Aufgabe machen, wie die Frauen in den Kibbuzim in Israel, wo es Voraussetzung zum Erreichen der gemeinschaftlichen Utopie war? Eine Tochter verlassen, um einer vulkanischen Liebe in ein anderes Land zu folgen wie Ingrid Bergman? Ein Kind verlassen, um schreiben zu können, wie es Muriel Spark, Doris Lessing und Mercè Rodoreda in verschiedenen Lebensphasen getan haben? Eine Tochter verlassen, aus keinem von außen ersichtlichen Grund, wie Gala Dalí?

Hier werden Zweifel laut, und wir laufen Gefahr, uns dort wiederzufinden, wo ich als Kind gelandet war. Heute erkenne ich mein damaliges Ich als moralinsaures und abstoßende Bewertungen absonderndes Mädchen auf der Seite eines kleinbürgerlichen Konservatismus.

Eine meiner Intentionen beim Schreiben dieser Zeilen, die ich nach den modernen Regeln des Schreibens überhaupt nicht aufschreiben dürfte, ist die Frage an mich selbst, woher diese automatische Zensur kommt. Und ich sage gleich dazu, dass weder meine Eltern mich noch ich meine Kinder verlassen habe, ich bin also bloß Gast und betrachte den ganzen Schlamassel durchs Schlüsselloch. Warum ist es also so schwer für mich, anzunehmen, dass jemand sich für eine gewisse Zeit von seinen Kindern trennen möchte, obwohl ich mich doch für so versiert in Sachen Feminismus halte und glaube, die menschlichen Komplexitäten zu verstehen und Empathie mit allen möglichen Abweichung von der Norm aufbringe?

Dieses Buch zu schreiben hat mir erlaubt, Zeit mit meiner Akte *Mütter, die gehen* zu verbringen, die sich nun in etwas anderes verwandelt hat. Ich habe versucht, das Warum dieser echten und fiktionalen Menschen zu verstehen, und auch das Wann und das Wie. Ich wollte auch mir selbst die Frage stellen, warum es mir so große Angst macht, wenn eine Mutter eine gewisse Zeit so verbringen will, als wäre sie keine. Ich habe versucht, großmütig und undogmatisch zu sein bei der Antwort auf die Frage, die mich verfolgt: Was für eine Mutter verlässt ihr Kind?

Muriel Spark, ein Schriftstellerleben

Der beste Weg zum Leben als Schriftsteller wurde im Lauf der Geschichte oft getestet und ist gut dokumentiert: Eine Schriftstellerfrau heiraten. Nichts setzt so viel Zeit und geistige Spielräume frei wie das Zusammenleben mit einer Person, die sich um all die weltlichen Probleme kümmert, unter anderem auch darum, dass Geld für die alltäglichen Bedürfnisse da ist. Dies hat zum Beispiel Mercedes Barcha getan, als Gabriel García Márquez den Journalismus an den Nagel hängte, um sich auf seine Romane zu konzentrieren. Von Patricia Llosa, die es so vortrefflich verstand, Mario Vargas Llosa seinen Koffer zu packen, bis zur paradigmatischen Figur der Lektorin/Herausgeberin/Coach/Buchhalterin/Agentin Vera Nabokov, die sogar die Briefmarken für Vladimir anleckte, gibt es eine lange Reihe literarischer Gemahlinnen. Die Ehefrau von John le Carré tippte beispielsweise seine Romane, lektorierte sie dabei und gab ihnen ihre Form. Zwei unschlagbare Fliegen mit einer Klappe.

In der jüngeren Literaturgeschichte taucht tatsächlich eine einzige Autorin auf, die ein vergleichbar effizientes Arrangement lebte: Muriel Spark zum Ende ihres Lebens hin. Die unglaublich produktive Autorin von *Die Blütezeit der Miss Jean Brodie*, die insgesamt über zwanzig Romane verfasste, darüber hinaus Gedichtbände, Essays, Memoiren und Biographien, verbrachte die letzten dreißig Jahre ihres Lebens, als sie schon einen gewissen auch finanziellen Erfolg erreicht hatte, zusammen mit ihrer Sekretärin und Gefährtin. Mit Penelope Jardine bewohnte Muriel Spark eine ehemalige Kirche in dem kleinen Ort Oliveto in der Toskana.

Zuvor hatte Spark immer männliche Partner gehabt, darunter auch einen Ehemann. Die beiden Frauen, Penelope und Muriel, verneinten stets, dass ihre Beziehung eine Liebesbeziehung gewesen wäre oder eine Art Bostoner Ehe, eine lesbische Gemeinschaft *sotto voce*, wie sie früher üblich war. Sie sagten, ihre Beziehung sei einfach ein für alle Beteiligten vorteilhaftes Haushaltsarrangement. Unabhängig davon, ob ihre Verbindung sexuell war oder nicht, erfüllte Jardine mit beinahe Nabokovscher – Vera, nicht Vladimir – Meisterschaft die Rolle der Schriftstellerfrau. Sorgfältig führte sie eine Vielzahl an häuslichen und administrativen Tätigkeiten aus: von Verhandlungen mit Agenten über die Prüfung von Verträgen, die Bestätigung oder Absage von Muriels Teilnahme an Literaturfestivals und Buchmessen, die Reservierung von Flugtickets bis hin zu Fahrdiensten im alten BMW quer durch Europa. Muriel fuhr stets auf dem Beifahrersitz und bediente sich während der Fahrt etliche Male an den Cognac-Fläschchen aus der Minibar im Handschuhfach. Es gibt keinen Beleg dafür, dass Jardine für ihre Arbeit finanziell entlohnt worden wäre. Das ist das Gute an Partnerinnen: Sie kosten nichts.

Muriel Spark gilt als eine der großen Konvertitinnen der englischen Literatur, sie war von Geburt jüdisch, konvertierte zum Katholizismus und umarmte diesen wie ihr Gönner Evelyn Waugh und ihr Förderer Graham Greene. Aber vielleicht bezog sich die wichtigere Konversion in ihrem Leben nicht auf die Religion, sondern auf das Geschlecht. Muriel

Spark gelang es mit viel Fleiß und Beharrlichkeit, Schriftsteller zu werden. Damit dies gelang, mussten ein paar Voraussetzungen erfüllt sein: Sie musste eine so resolute und effiziente Gefährtin wie Penelope gewinnen und die Sorgearbeit für ihr einziges Kind Robin auslagern.

Als sie 2006 verstarb, ließ Sparks Testament keinen Zweifel daran, dass kein einziges ihrer Besitztümer an ihren Sohn Robin gehen würde, der als Maler in Edinburgh lebte. Die Presse stürzte sich darauf und schlachtete ihr Testament aus, denn einen Sohn für eine Gefährtin desselben Geschlechts zu enterben – Jardine hält weiterhin die Rechte an Sparks gesamtem Werk – ist immer ein gefundenes Fressen für die Medien. Wer das Leben der Autorin und ihrer Familie allerdings aus der Nähe kannte, war keineswegs überrascht. Das Testament war nichts weiter als das letzte Kapitel eines schmerzhaften Aneinander-Vorbeilebens, das schon Jahrzehnte zuvor (zum Ende der 1930er Jahre) in dem fernen Land Süd-Rhodesien (heute Simbabwe) begonnen hatte, sodass es einem anderen Leben, einem anderen Roman anzugehören schien.

Im Jahr 1939, als der Zweite Weltkrieg bereits ausgebrochen war, trennte sich Muriel Spark, die schon einige Erzählungen an Zeitschriften geschickt hatte, de facto von ihrem Ehemann, steckte ihren damals 4-jährigen Sohn in ein katholisches Nonnenkloster in der Stadt Gweru und unternahm die lange und gefährliche Überfahrt in ihre Geburtsstadt Edinburgh. Es sollte mehr als zwei Jahre dauern, bis sich Mutter und Sohn wiedersahen. Zusammenleben würden sie nie wieder. Der Junge wuchs bei den Großeltern auf, denen Spark monatliche Unterhaltszahlungen schickte.

Ich begann mich mit Muriel Spark zu beschäftigen, weil ich

eins ihrer Bücher rezensierte, das neu aufgelegt worden war. In dem Zuge erfuhr ich von der seltsamen Beziehung der Autorin zu ihrem Sohn Robin und konnte nicht umhin, an dieser Phase ihrer Biographie hängenzubleiben, die viele für unwichtig halten und die nichts mit dem Buch zu tun hatte, über das ich schreiben wollte. Es gibt viele verschiedene Wege, die ausgehend von verschiedenen Denktraditionen zu dem Schluss führen, die Beziehung zum einzigen Kind sei nicht relevant. So ein Faktum als anekdotisch abzuheften kann entweder Spiegel eines vollständig patriarchalen Denkens sein – »Wen interessiert so etwas wie ein Kind?« –, oder aber ein feministischer und womöglich dezent maternophober Gestus à la »Spark war viel mehr als nur Mutter«.

Ich gehöre zu keiner der beiden Fraktionen. Ich wollte immer wissen, was die Menschen, die mich interessieren, mit ihrem Leben und ihrem Körper anstellen. Und ich verstehe keinen Feminismus, der sich nicht auch mit Mutterschaft auseinandersetzt. Aus Sicht des Patriarchats erscheint es logisch, dass wir in einer ganz bestimmten Weise Mutter sein sollen. Es erscheint logisch, dass das Patriarchat nur eine ganz bestimmte Art der Mutterschaft vorsieht.

Zu diesem Zeitpunkt hatte ich zwei Söhne in einem ähnlichen Alter wie Robin, als er von seiner Mutter getrennt wurde. Einer war etwas jünger, der andere etwas älter. Und der Gedanke, die beiden in einem Internat auf einem anderen Kontinent der Aufsicht Fremder zu überlassen, während ein internationaler bewaffneter Konflikt tobt, erschien mir völlig verrückt und leicht monströs.

Andererseits war ich zu der Zeit aufgrund der Pandemie seit vier Monaten mit meinem Partner und meinen Kindern in einer Wohnung in Barcelona eingesperrt und versuchte unter anderem, meinem Buch Form zu verleihen und die vielen Artikel, die ich jeden Monat schreibe, mitzuverwerten. Spark, die ihre Karriere unglaublich gut voranbrachte, sagte dazu: Nichts motiviert so sehr zum Schreiben wie die Notwendigkeit, vom Geschriebenen zu leben. In dieser Phase gab es bei mir Momente – etwa 37 am Tag –, in denen die Möglichkeit, kurz allein zu sein und sechzig mickrige Minuten ohne Unterbrechung und mit maximaler Konzentration zu arbeiten, unerreichbar erschien. Und das war tatsächlich der Fall. Wenn man kleine Kinder versorgt, lebt man in einem Zustand des permanenten Überfalls – und das wissen alle, die diese Aufgabe schon hatten. Egal was in deinem Kopf entsteht, es wird jeden Moment überfallen und geplündert, und die Gewissheit, dass so ein Sturm plötzlich und ohne Vorwarnung kommt, macht das Denken und das Abstrahieren zu einer heimlichen und flüchtigen Tätigkeit.

Tagsüber trieb mir die Unmöglichkeit, meine Stunden sinnvoll zu verwalten, Tränen der Frustration in die Augen. Nachts hielt mich der Gedanke an all die Literaturbeilagen wach, für die ich geschrieben hatte und die eine nach der anderen eingestampft wurden. Mich beschäftigten die gekündigten Kooperationsverträge, die gesunkenen Honorare, das in Auftrag gegebene Buch, das nicht vorankam und das ich bestimmt morgen anfangen würde zu schreiben, in der Zeit, wenn der Kleine Mittagsschlaf hielt und der Große puzzelte. Diese Zeit würde ganz bestimmt unendlich produktiv werden.

»Wenigstens sind die Kinder gesund«, schrieben wir in dieser Phase oft in den Mütter-Chatgruppen. »Man tut, was man kann«, wiederholten wir. »Wir sind da, wo wir sein sollen.«

Unser Repertoire an beruhigenden Sätzen, die wir hin- und herwarfen, war überschaubar. Die Worte wirkten jedes Mal abgenutzter, fadenscheiniger, wie besagter Pullover, der in der Familie immer weitergereicht wird, bis die Ellenbogen durchscheinen und die Bündchen labberig werden.

Es lag wohl ein Quäntchen Wahrheit in unseren Worten. Aber das Gefühl, alles die ganze Zeit falsch zu machen, überwog. Im Gegensatz zur allgegenwärtigen *Mindfulness* aus präpandemischen Zeiten, jener Lehre des individuellen Wohlergehens, die sich voll und ganz dem Auskosten jedes Augenblicks verschreibt und sich voll und ganz im Hier und Jetzt zentriert, besteht meine Erfahrung als Mutter aus akkumulierten Einzelmomenten voller Stress-Spitzen.

Ich fürchte, mit einem Ratgeber zur von mir erfundenen Disziplin der *Mindlessness* würde ich kaum reich werden. Diese meine Königsdisziplin besteht darin, sich stets am falschen Ort und mit dem Geist anderswo zu fühlen. *Anderswo und danach* statt *hier und jetzt.*

Die Höchstform der *Mindlessness* erreicht man, so würde ich in meinem Ratgeber *Selbstsabotage für Anfänger* schreiben, wenn man drei Stunden pro Tag angespannt am Computer arbeitet und dabei die ganze Zeit weiß, dass man eigentlich mit den Kindern Plastilinfiguren kneten sollte oder wenigstens das Abendessen zubereiten. Eine andere Form höchster *Mindlessness* ist es, wenn man dem Kind etwas vorliest und dabei immer wieder auf die Uhr schielt und sich fragt, ob eine halbe Stunde *Die kleine Raupe Nimmersatt* genug ist, ob irgendjemand all diese Stunden dokumentiert und ob sie am Ende der geschädigten Mutter gutgeschrieben werden.

Muriel Spark hatte 1937 einen dreizehn Jahre älteren Mathematiklehrer geheiratet, den sie kaum kannte. Er hieß Sidney Oswald Spark, und es würde nicht lange dauern, bis Muriel ihn halb als Insider-Witz nach seinen Initialen S. O. S. nannte. S. O. S., ich habe einen Fremden geheiratet.

Wie Muriels Ursprungsfamilie war S. O. S., der allgemein Solly genannt wurde, ebenfalls nicht praktizierender Jude und ebenso wie Barry, Muriels Vater, in Litauen geboren. Mit seinen zweiunddreißig Jahren arbeitete er als Mathematiklehrer in Edinburgh. Sie hatten sich bei einer Tanzveranstaltung im *Overseas Club* kennengelernt, den Muriel mit ihrem einzigen Bruder Philipp frequentierte. Trotz des Altersunterschieds und Sollys schweigsamer Art entwickelte sich eine Verbindung. Beide sprachen gern über Bücher, und sie hörten gemeinsam die Abdankungsrede von Edward VIII., der für ein mondäneres und exotischeres Leben mit Wallis Simpson auf den Thron verzichtete. Solly hatte Muriel ebenfalls – und das ist essenziell –, eine vage Zukunftsvision jenseits des provinziellen Edinburgh in Aussicht gestellt. Er hatte vor, in die britischen Kolonien Afrikas überzusiedeln, um dort zu arbeiten. In Rhodesien seien Hausangestellte viel günstiger, versprach er Muriel, sie würden sich dort Bedienstete leisten können und sie würde sich nicht mehr selbst um den Haushalt kümmern müssen.

Das war eine verlockende Aussicht für eine junge Frau, die bereits eine klare Vorstellung davon hatte, wie wenig Spielraum ihr Leben aufgrund ihres Geburtsorts und ihrer sozialen Stellung bieten würde. Als sie zur Schule ging, hatte die Lieblingslehrerin Miss Kay der kleinen Muriel mit ihren Geschichten von Reisen nach Ägypten, Rom und in die Schweiz einen mächtigen Floh ins Ohr gesetzt. Diese charismatische Lehrerin nahm Muriel und ihre Freundin Frances auch mit zur letzten Vorstellung von Anna Pawlowa ins Empire Theatre in Edinburgh und zum Tea in den eleganten Salon McVities. Spark übernahm von ihrer Lehrerin (unter etlichen anderen Dingen) einen bestimmten Ausdruck und lieh ihn ihrer berühmtesten Figur, der zugleich naiven wie manipulativen Miss Brodie, dem der Roman *Die Blütezeit der Miss Jean Brodie* den sehr zutreffenden Titel verdankt. Für Jean Brodie sind, ebenso wie für Miss Kay, alle sehr guten Dinge die »crème de la crème«. Es ist schier unmöglich, diese Worte nicht mit dem Akzent zu lesen, den Maggie Smith der Figur in der Verfilmung des Romans verleiht. Smith spricht das R ganz wunderbar rollend aus, eher schottisch als französisch: »Meine Schülerinnen sind die *crrrème de la crrrème*«. Und darin kondensiert sich der gesamte Anspruch der Jean Brodie, einer ebenso überzogenen wie realistischen Figur.

Nach einem Jahr des Werbens ohne körperliche Beziehung heirateten Muriel und Solly. Sie verbrachten die Hochzeitsnacht zusammen, die Muriel später als »Pfusch« bezeichnen sollte, und zogen nach Rhodesien. Zunächst lebten die Eheleute in ärmlichen Verhältnissen in der staubigen Kleinstadt Fort Victoria (heute Masvingo). Das von der britischen Kolonialmacht erfundene Land Rhodesien hatte seinen Namen von dem Politiker und Magnaten Cecil Rhodes und existierte in dieser Form damals erst seit etwa fünfzig Jahren. Die Bevölkerung bestand aus anderthalb Millionen Afrikanern und rund fünfundfünfzigtausend europäischen Kolonisten, die sich benahmen, als würde dieses auf der niedersten Form von Rassismus basierende System ewig Bestand haben.

Bereits wenige Wochen nach ihrer Ankunft in Fort Victoria bekam S. O. S. Probleme mit der Bildungsbehörde, die ihn als Lehrer eingestellt hatte. Er war psychisch labil, was an jeder Ecke zu Konflikten führte.

»Warum hast du mir nicht früher davon erzählt?«, fragte sie und meinte seine prekäre psychische Verfassung. »Dann hättest du mich nicht geheiratet«, antwortete er. Die Logik war unanfechtbar.

Kurz nach diesem Geständnis wurde Muriel schwanger. Er schlug eine Abtreibung vor, sie weigerte sich, obwohl sie eigentlich keine große Lust hatte, Mutter zu werden. Noch weniger wollte sie diese Ehe, die sie als Fehler ansah, durch ein gemeinsames Kind zementieren.

Robin Spark wurde dennoch am 9. Juli 1938 nach anderthalb Tagen schwerster Wehen im Krankenhaus Bulawayo geboren. Muriel erzählt davon in ihrer Autobiographie *Curriculum Vitae*, die 1992 erschien, 1994 in der deutschen Übersetzung von Otto Bayer: »Ich war am Ende meiner Kräfte und glaubte nicht mehr, daß ich oder mein Kind am Leben bleiben würde, und es war in der Tat ein Wunder, daß wir beide es gesund und kräftig überstanden. Ich hatte mir einen Fingernagel vollständig abgerissen. Mein Mann brachte mir ein Maniküre-Etui und einen Blumenstrauß. Er zeigte erste Symptome der schweren Nervenstörung, an der er schon sein ganzes Leben gelitten hatte und noch leiden würde. Er hatte Anfälle von Gewalttätigkeit und geriet nach wie vor mit jedem in Streit.«

Eine derart kultivierte und kluge Autorin wie Muriel Spark baut diesen Absatz nicht zufällig so auf: Ein Kind wird geboren. Ein Fingernagel geht zu Bruch. Der Ehemann wird zum Alptraum. Alles kondensiert in insgesamt dreihundert Wörtern. Das ist weniger, als der journalistischen Zunft damals zur Verfügung stand, um die Handlung eines Films zusammenzufassen, als es noch ein Veranstaltungsprogramm in den Zeitungen gab. Weniger, als in einer Arbeitsmail, die ein Meeting verschiebt und einen neuen Termin vorschlägt. Diese derart dichte Passage steckt voller Intention.

Muriel Sparks Biograph Martin Stannard schreibt in *Muriel Spark. The Biography*, Robin würde für seine Mutter stets das Ergebnis ihrer unglücklichen Ehe bleiben und sie würde zeitlebens nie in der Lage sein, das Kind losgelöst vom Vater zu betrachten. Wenn sie ihr Kind ansah, sah sie vor allen Dingen das Gesicht jenes mittelmäßigen und gewalttätigen Mannes, der ihr schon zwei Tage nach der Hochzeit zu kleingeistig geworden war.

Die Chronologie von Sparks nachfolgenden Lebensjahren ist etwas nebulös, sie selbst trug mit verschiedenen Versionen ihrer Zeit in Afrika zu dieser Unklarheit bei. Unmittelbar nach der Geburt ihres Sohnes hatte Muriel keine Milch mehr und fiel in einen Zustand, den damals niemand und erst recht kein Arzt aus Bulawayo in Rhodesien als postnatale Depression diagnostiziert hätte. Muriel und Solly teilten nie wieder das Bett – zumindest schrieb sie es so nieder. Er wurde ihr gegenüber gewalttätig, und sie musste den Revolver verstecken, den ihr Mann wie nahezu alle Weißen in Afrika besaß, weil sie befürchtete, er könne sie erschießen. Diese Angst kam nicht von ungefähr: Muriel hatte in dem Hotel, in dem sie damals zusammen mit Solly und dem Baby lebte, eine alte Schulfreundin getroffen, die sie aus Edinburgh kannte. Nita McEwan war genauso rothaarig wie Muriel und als ihre Doppelgängerin bekannt. Eines Nachts hörte Muriel ein seltsames

Geräusch. Am nächsten Morgen erfuhr sie, dass Nitas Ehemann erst kaltblütig seine Frau erschossen und sich daraufhin selbst das Leben genommen hatte. Dieses Erlebnis verarbeitet sie in der Erzählung »Päng, päng, du bist tot«, in der die Protagonistin Sybil nur überlebt, weil ihr eifersüchtiger und nervenschwacher Liebhaber versehentlich die Nachbarin erschießt, die ihr sehr ähnlich sieht.

Schließlich gelang es Muriel, sich von S. O. S. zu trennen, zumindest faktisch. Er ging seiner Arbeit in der Militäreinheit in Gwelo nach, und sie suchte sich verschiedene Anstellungen als Schreibkraft und Sekretärin in Bulawayo. Sie teilte sich eine Wohnung mit ihrer Freundin May Heygate, die ebenfalls ein kleines Kind und einen Mann beim Militär hatte. Im Dezember 1939 versuchte Muriel, sich offiziell von ihrem Mann scheiden zu lassen, aber das war nicht einfach. Laut Kolonialgesetzen reichte weder die psychische Instabilität noch die Gewalttätigkeit, derer sie ihren Mann bezichtigte, aus, um einen Scheidungsantrag zu genehmigen. Erst vier Jahre später sollte es gelingen. Damals waren die einzigen validen Gründe Untreue oder böswilliges Verlassen. »Da mein Mann mich nicht verlassen würde, verließ ich ihn«, schrieb sie Jahre später. »Das Leben in der Kolonie fraß meine Seele auf.«

Muriel musste aus Afrika weg, aber da Krieg herrschte, war es strengstens verboten, mit Kindern zu reisen. Also ließ sie den 4-jährigen Robin in jenem Kloster in Gwelo zurück und zog selbst nach Salisbury in Südrhodesien, um ihre Scheidung abzuwarten.

»Um nicht verrückt zu werden, beschloß ich, schon einmal alleine vorauszufahren«, schreibt sie in *Curriculum Vitae*, wo sie die Trennung von ihrem Sohn auf pragmatische und rasche Weise abhandelt wie eine praktische Vereinbarung und sie in den Kontext der internationalen Unruhe einbettet: »Ich hatte an der dominikanischen Klosterschule in Gwelo einige sehr liebe katholische Nonnen kennengelernt. Nicht wenige Kinder, die durch den Krieg von ihren Eltern getrennt waren, befanden sich dort im Internat. Ich war überzeugt, daß Robin in dieser Klosterschule gut aufgehoben sein würde, und das war er dann auch. Sogar mein Mann, der von der Nervenheilanstalt aus seinem ›Sorgerecht‹ nachkam, hatte Gefallen an den Nonnen von Gwelo. Robin konnte dort mit den Kindern meiner Freundinnen spielen. Auch diese hatten ein Auge auf ihn. Eine freundliche Kinderschwester und ihre Familie nahmen ihn fast täglich mit zu sich nach Hause und waren mir mit ihren regelmäßigen Briefen eine große Stütze.« Es wird deutlich, dass Spark keine große Lust hat, tiefer in das Thema einzusteigen, aber sie sieht auch eine gewisse Notwendigkeit, ihre Entscheidung den Lesern gegenüber zu rechtfertigen. Die Nonnen waren gut. Das Kind war glücklich. Ich ging, weil ich gehen musste.

In ihrer Autobiographie überspringt Spark die zwei Jahre, die Mutter und Sohn auf unterschiedlichen Kontinenten verbrachten, und fährt fort: »Ich wollte alles dafür vorbereiten, daß gleich nach dem Krieg, sobald die Transportbeschränkungen aufgehoben wären, Robin nachkommen und bei meinen Eltern leben sollte, die sich schon sehr auf ihn freuten. Das klappte alles erstaunlich gut. Ich kam im März 1944 in England an. Mein Söhnchen kam im September des nächsten Jahres nach und wurde von meinen Eltern mit großer Freude in Empfang genommen.«

Als heutige Leserin, die es gewohnt ist, Autobiographisches und Autofiktionales von Autorinnen zu lesen, überrascht es mich, wie reserviert und sparsam Muriel Spark sich in Bezug auf ihren Sohn äußert. Sie vermeidet jeden Hauch von Sentimentalität und schreibt geradezu distanziert über ihr Kind. Das ist nicht selten, es kommt auch bei anderen wunderbaren Schriftstellerinnen vor, beispielsweise Edith Wharton, die nicht in der Lage scheint, ihrer eigenen Geschichte den Zauber einzuhauchen, der in ihren fiktionalen Werken im Überfluss vorhanden ist. Und doch kommt bei Spark noch etwas hinzu. Als Muriel Spark ihre Autobiographie schrieb, war bereits deutlich geworden, dass ihre Beziehung zu Robin zerrüttet war, und vielleicht hatte sie einfach keine Lust, ausführlich über diese gescheiterte Verbindung zu schreiben.

In Sparks Autobiographie wird deutlich, dass sie das Thema einfrieden möchte und der Leserschaft kommunizieren, dass es in der Beziehung kein Problem gab: Das Kind wurde geboren und war zu keiner Zeit eine Last, ein Klotz, ein Fragezeichen. Die Dichterin Elaine Feinstein, die das Vorwort zur englischen Neuauflage des *Curriculum vitae* verfasst hat, schreibt sogar, Spark scheine die Trennung »nicht sehr nahegegangen zu sein«. Eine weitere urteilende Stimme.

Spark widmet viel mehr Seiten ihrer Autobiographie beispielsweise den Spannungen innerhalb der Zeitschrift *Poetry Review*, die sie herausgab und durch die sie sich mit sämtlichen alteingesessenen britischen Dichtern anlegte. Oder dem Hin und Her vor der Publikation ihrer eigenen Bücher und den Einigungen, die mit den Verlegern erzielt wurden, oder den Umständen, unter denen sie einige ihrer Romane verfasste. Aber sie verliert nicht eine Zeile über ihre Schwangerschaft.

Andererseits, warum sollte sie auch? Für sie war das Schreiben über das, was in ihrem Uterus geschah, ähnlich unmöglich, wie wenn ein männlicher Schriftsteller in den 50er oder 60er Jahren – den produktivsten ihrer eigenen Laufbahn – über seine Probleme mit Klistier und Darmeinläufen schriebe. Schmutzig und vulgär.

Noch zu Beginn der 90er Jahre, als ihre Autobiographie publiziert wurde, war es eher seltsam, wenn sich Autorinnen mit dieser intimen Seite ihres Lebens befassten. Ganz im Gegensatz zu heute, wo die Messlatte in Sachen Intimität bei schreibenden Frauen viel höher angelegt wird als bei Männern. Von Autorinnen wird erwartet, dass sie ihre Körperflüssigkeiten über die Buchseiten ergießen und ihre Romane, Essays und Interviews mit möglichst schlüpfrigen Geständnissen spicken. Ist dies nicht der Fall, so empfinden Leserinnen und Leser und natürlich Interviewende es so, als würde ihnen etwas überaus Wichtiges vorenthalten, als würde man nur Reste serviert bekommen. Ich weiß das, weil ich selbst gelegentlich die Interviewerin bin, die Blut verlangt, oder wenigstens Schweiß.

Es ist ein wiederkehrendes Thema in der literarischen Debatte unter Frauen. Junge Autorinnen wie Olivia Sudjic haben darüber berichtet, dass von Schriftstellerinnen, vor allem von Debütantinnen, erwartet wird, ihr Leben in Häppchen zu servieren, damit die Leserschaft sie genüsslich degoutieren kann.

»Einen Roman schreiben und einen Roman publizieren, das sind gegensätzliche Erfahrungen. Unabhängig vom Thema ist das Material zutiefst persönlich. Die Autorin verteidigt dieses Material und sich selbst gegen die Welt. Manchmal schützt sie sich jahrelang vor dem Durchsickern, vor der Kontamination und dem öffentlichen Ausgeliefertsein. Wenn es dann um die Publikation und Vermarktung der eigenen Arbeit geht, wird dieses öffentliche Sich-Zeigen vor allem bei Erstlingen oft zur Rückkehr Saturns, die sich sogar für Extrovertierte überraschend stark und schmerzhaft auf das nichtliterarische Leben auswirken kann. Neben den vielfältigen funktionalen Anteilen, die man als Schriftstellerin in der eigenen Person vereinen muss, braucht es nun auch die Fähigkeit zur Dissoziation.«

Muriel Spark war 1992 nicht in dieser Art Verhandlung begriffen, und auch wenn sie eine traumatische Beziehung zu ihrem einzigen Sohn hatte, sah sie nie die Notwendigkeit, diesen Teil ihres Lebens in ihr literarisches Erbe einfließen zu lassen. Ihre zweiundzwanzig Romane schrieb sie doch nicht, damit über sie als Mutter statt als Autorin gesprochen wurde, so war vermutlich ihr Gedankengang, der sich auf ein ganz grundsätzliches Verständnis von Recht und Unrecht stützte. Kein männlicher Schriftsteller wurde damals als Vater beurteilt. Das geschah erst viel später, als beispielsweise die hässlichen Seiten von Pablo Neruda und Arthur Miller aufgedeckt wurden, die sich ihrer kranken Kinder im Lauf des Lebens entledigten. Zu der Zeit, als beispielsweise Susan Cheever in ihrer Autobiographie über ihre Eltern offenlegte, diese hätten nie das Gefühl gehabt, ihre Probleme mit dem flüchtigen Ruhm der Literatur hätten irgendetwas mit dem ganz normalen Faktum zu tun, dass sie sich für Kinder entschieden.

Nach der Zeit, die Robin und Muriel voneinander getrennt gelebt hatten, entstand nie wieder eine gute Beziehung zwischen Mutter und Sohn. Es gab den vagen Plan in der Familie, der Junge sollte mit der Mutter in London leben, wenn sie das Geld dafür zusammenhätte, aber dazu kam es nie. Zwischen den beiden wuchs mit den Jahren der Groll und eine Art gegenseitige Entfremdung.

Muriels Übertritt zum Katholizismus verschärfte die Differenzen weiter und vertiefte die Gräben zwischen den beiden Fraktionen der Familie. Die jüdischen Cambergs in Edinburgh auf der einen Seite und die katholischen Sparks in London und andernorts auf der anderen. Muriels Entscheidung, den Nachnamen aus ihrer gescheiterten Ehe mit S. O. S. für den Rest ihres Lebens zu behalten, ist in der angelsächsischen Welt recht üblich. Aber es gibt auch Spekulationen, dass sie sich lieber mit einem angelsächsisch klingenden Namen durch die Welt bewegen wollte als mit ihrem jüdisch klingenden Geburtsnamen Camberg. Im Jahr 1952, als Muriel bereits eine berühmte Schriftstellerin war, wollte Robin seine *Bar Mizwa* feiern. Seine Mutter schickte ihm fünfzig Pfund, die sie bei einem Literaturwettbewerb der Sonntagszeitung *The Observer* gewonnen hatte, und bat seine Großeltern, ihm das Geld nach einem gemeinsamen Mittagessen auszuhändigen. Da sie wusste, dass ihr Exmann dort sein würde, der mittlerweile aus Rhodesien zurückgekehrt war, allerdings ohne reich geworden zu sein, wollte sie selbst nicht dabei sein. Und das wiederum verschärfte die Spannungen zwischen Mutter und Sohn.

Es gab weitere ähnliche Episoden, die zeigten, wie schlecht sich Muriel und Robin verstanden. Jedes Jahr zwang sie sich zu einem Familienurlaub in dem englischen Ort Morecambe, von dem aus nasskalte Ausflüge zum nahe gelegenen Lake District unternommen wurden. Muriel bestand auf diesen Urlauben, in der Hoffnung auf das, was in der heutigen Sprache der Mutterschaft *Bonding* genannt wird: Eine Verbindung aufbauen, indem schöne Erlebnisse miteinander geteilt werden. Von diesen mühsamen Reisen hatte sie persönlich nichts. Was sollte sie an diesen verfluchten Seen, wenn sie doch viel lieber nach Italien oder New York gereist wäre? Und dieses Gefühl hatte nichts mit ihrem Sohn zu tun.

Einer ihrer Partner aus dieser Zeit, der angehende Lyriker Howard Sergeant, besuchte sie in Edinburgh, als Robin sieben Jahre alt war. Obwohl sie als geschiedene Frau die meisten Haushaltsausgaben selbst stemmte, konnte sich Muriel nicht einfach so mit einem neuen Partner zeigen. Also mietete sich Sergeant im Caledonian, einem der edelsten Hotels der Stadt, ein. Über die Familiendynamik, die er dort erlebte, schrieb er:

»Es war sehr spannend, Muriel in ihrem Familienumfeld zu erleben. Ganz offensichtlich fühlte sie sich fehl am Platz und ihre Familie ging ihr auf die Nerven. Sogar Robin machte sie nervös und sie hatte wenig Geduld mit ihm. Ich glaube, es lag an ihren inneren Konflikten. Mrs. Camberg hatte auf natürliche Weise für Robin die Mutterrolle übernommen und der Junge betrachtete Muriel als eine Besucherin, die hin und wieder vorbeikommt und Geschenke mitbringt. Muriel gegenüber verhält sich Robin ungezogen und unverschämt.

(…) Sie durchschaut die Situation, löst aber den Konflikt nicht. Teils, weil es mehr Verantwortung bedeuten würde, und teils, weil sie es dabei belassen möchte, nur finanziell für ihr Kind sorgen zu müssen, ohne weitere Verpflichtungen. Gleichzeitig hegt sie einen gewissen Groll gegenüber Mrs. Camberg und Robin. Große Muttergefühle scheint Muriel jedenfalls nicht zu haben.«

Diese Dynamik, die Sergeant hier beschreibt: Die Großmutter, die die Mutterrolle übernimmt und die biologische Mutter als Eindringling betrachtet, die sich ihrerseits ungefragt in den Alltag des Kindes einmischt, ist vielen Frauen wohlbekannt, die ihre Kinder der Obhut ihrer eigenen Mütter überlassen mussten, um selbst im Ausland arbeiten zu gehen. Mit der Zeit beobachten sie, wie der Raum zwischen Großmutter und Kind, die Leerstelle, die eigentlich ihnen zusteht, immer enger und ungemütlicher wird. Niemand weiß mehr etwas mit ihnen anzufangen, sie stören bloß.

Als all das geschah, lebte Muriel in London und später auch in New York, wo sie phasenweise in einem Redaktionsbüro des *New Yorker* arbeitete. Diese Jahre bieten den Stoff für den spannendsten Abschnitt ihrer Autobiographie. Von ihrem winzigen Büro aus konnte sie die rote Leuchtreklame *Time/ Life* des gleichnamigen Magazins auf dem Rockefeller Center sehen. »Wenn *Time* leuchtet, schreibe ich, wenn *Life* leuchtet, bekomme ich Lust, in die Stadt zu gehen«, erzählt sie einem Freund. Tatsächlich hatte sie sowohl Zeit zum Schreiben als auch zum Ausgehen. In New York wohnte sie in einem Apartment im Hotel Beaux Arts und beendete innerhalb eines Monats *Mädchen mit begrenzten Möglichkeiten*, einen ihrer besten Romane.

Unterdessen kümmerte sich ihre Mutter Cissy, die gerade Witwe geworden war, um Robin. Hätte Spark mit derselben Leichtigkeit und Konzentration schreiben können, wenn sie sich täglich auch um zwei bis drei Mahlzeiten für ein Kind hätte kümmern müssen? Sicher wissen wir es nicht, aber es ist unwahrscheinlich. Muriel Spark besaß eine außergewöhnliche Kombination aus Talent, Entschlossenheit, Arbeitsdisziplin und Ehrgeiz. Mit diesem Schriftsteller-Ego gelang es ihr schnell, in der Verlagswelt voranzukommen. Aber auch die Schriftstellerin/Mutter mit dem größten Ego muss hin und wieder innehalten, um Legosteine vom Boden aufzuheben. Auch die Schriftstellerin/Mutter, die sich ihrer Mission absolut gewiss ist, wird feststellen, dass nach einer wegen eines kindlichen Magendarminfekts durchwachten Nacht die Sätze manchmal einfach nicht fließen wollen. Es liegt nahe, dass sie bestimmt auch dann geschrieben hätte, aber wahrscheinlich nicht so viel.

Während der Einschränkungen aufgrund der Corona-Pandemie lieferte ich weiterhin alle Artikel ab, die mir in Auftrag gegeben wurden, obwohl bei gleicher Arbeit die Honorare gesunken waren. Ich hatte in der Zeit auch dafür zu sorgen, dass meine Kinder satt und (fast immer) anständig angezogen waren und dass ihre seelische Gesundheit mehr oder weniger intakt blieb.

Was mir in diesen Monaten nicht gelang, war, mein Buch fertigzustellen, das ich hätte fertigstellen müssen. Ich glaubte, in der aktuellen Lage wäre es sinnlos geworden. Zumindest sagte ich mir das. In jenen Tagen schien uns nichts aus der Welt vor Covid relevant für ein mögliches Danach. Als aber die Terrassen wieder eröffnet wurden und die Gesprächsrunden im Radio aufhörten, sich permanent und ausschließlich um die Pandemie zu drehen, stellten wir nach und nach fest, dass die Debatten, die wir im Frühjahr 2020 irgendwo geparkt hatten, wieder Fahrt aufnahmen.

Bestimmt habe ich mein damaliges Projekt auch deswegen abgebrochen, weil mir der Elan fehlte, es vor allen anderen Dingen zu priorisieren. Ich hätte jeden Morgen um fünf Uhr aufstehen können und die ruhigen Stunden besser nutzen, wie es so viele Autorinnen getan haben, die sich das Schreiben in den Phasen der Dunkelheit und Stille angewöhnten, wenn ihre Kinder schliefen. Ich hätte weniger puzzeln, weniger Kuchen backen, auf Selbstsabotage durch das Annehmen anderer Aufträge verzichten können, hätte darauf beharren können, das Manuskript in eine Richtung zu bearbeiten, die auch nach Corona noch Sinn ergeben hätte, hätte all meine Energie in dieses Projekt stecken und irgendwo noch etwas mehr Energie zusammenkratzen können, um eine anständige Autorinnenstimme und das dazugehörige Ego zu kultivieren.

Es war auch nicht so, als hätte ich meine Mutterrolle mit Auszeichnung hingekriegt. Ich war weiterhin eine zerstreute Mutter, die zu Wutausbrüchen neigte, nicht besonders konsistent war und überhaupt nicht geduldig. »Wenigstens geht es den Kindern gut«, schrieb ich erneut an die anderen Mütter, wenn sie in düsteren Stunden eine Dosis Zuspruch brauchten, den sie benutzen und wegwerfen konnten. In dieser Phase der Pandemie war diese Art Zuspruch zwar noch nicht komplett verbraucht, er war aber schon zu einem der grindigen Lumpen geworden, die wir trotzdem weiterhin ohne jede Überzeugung untereinander weiterreichten. Es gab einen zweiten Teil nach »Den Kindern geht es gut«, den wir aber nie hinzufügten: »Und damit wollen wir uns zufriedengeben?«

Muriel hat sich genau so verhalten wie viele Männer es getan haben, die aus der Ferne die Kosten für ihre Kinder tragen. Als Robin neunzehn Jahre alt wurde, nahm sie ihn mit in den Urlaub nach Nizza. In der entspannten Urlaubsatmosphäre wollte sie die eingerostete Stimmung zwischen den beiden etwas ölen. Aber die paar Tage endeten im Desaster. Die Mutter glaubte, die Beziehung würde sich nun verbessern, da sie mit ihrem Sohn wie mit einem Erwachsenen sprechen konnte, vorausgesetzt, er ließe das, was sie als Edinburgher Provinzmief bezeichnete, hinter sich und würde etwas mondäner, etwas mehr *crème de la crème*. Sie lud ihn zu Aufenthalten in London ein, bei denen sie ihn stolz auf Partys herumzeigte. Allerdings entwickelte sich keine freundschaftliche Beziehung zwischen den beiden Menschen mit nur zwanzig Jahren Altersunterschied, wie sie es sich ausgemalt hatte.

Bei ihrem letzten Aufeinandertreffen tauchte wieder die Frage nach dem Judentum auf. Sowohl in ihren Interviews als auch in ihrer Autobiographie betonte die Autorin stets, dass man in der Familie mit der jüdischen Religion so locker wie nur möglich umging, dass die Camberg zwar kulturell jüdisch geprägt, aber praktisch Nichtjuden waren, sie nannte es selbst »gentile Jews« und schrieb darüber einen autobiographischen Essay *The Gentile Jewesses*. Sie hatten keinerlei Verbindung zu jüdischen Riten oder der jüdischen Religion. Robin dagegen hatte eine starke Verbindung zu seiner Religion entwickelt, und sein Verständnis der Familiengeschichte war ein komplett anderes. Er warf seiner Mutter ihren in seinen Augen beschämenden Übertritt zum Katholizismus vor, der für ihn durch eine Art Selbsthass motiviert war. Womöglich war dies für ihn schlicht und ergreifend der einfachste Weg, seine Mutter zu töten.

Im Jahr 1998 hielt Robin eine Pressekonferenz ab, bei der er mitteilte, er habe die Eheurkunde seiner Großeltern, ihre *Ketubba* gefunden, der zu entnehmen sei, dass die Ehe in der Synagoge in Ost-London geschlossen worden war. Diese Urkunde belegte also, dass sowohl Muriels Mutter als auch ihr Vater jüdischen Ursprungs waren und nicht nur der Vater, wie es Muriel darstellte. Die Londoner Presse besprach diese augenscheinlich unbedeutende Nachricht ausführlich, denn sie implizierte, dass die berühmte Schriftstellerin möglicherweise gelogen hatte. Zusammen mit den Elementen »Übertritt zum Katholizismus« und »Streit zwischen Mutter und Sohn« bot der Fund dieser Urkunde ausreichend Stoff, um ganze Seiten in der Rubrik Klatsch und Tratsch zu füllen.

Am Ende ihrer Geduld, lautete Muriels Antwort an die Presse: »Mein Sohn stochert in der Familiengeschichte herum, weil er Aufmerksamkeit möchte. Er kann seine schrecklichen Gemälde nicht verkaufen und möchte auf diese Weise etwas von meinem Erfolg abbekommen. Für mich hat er nie etwas getan, außer mir auf die Nerven zu fallen.« Nach dieser Episode wollte sie ihn nie wiedersehen oder irgendetwas mit ihm zu tun haben. Wenn sie nach Edinburgh reisen musste, meist um an Veranstaltungen teilzunehmen, auf denen sie als die berühmteste zeitgenössische schottische Autorin gefeiert wurde, mietete sie sich mit Penelope Jardine in einem Hotel ein.

Dass Muriel Spark ihren Sohn gegen eine literarische Karriere eingetauscht hätte, wäre zu kurz gegriffen. Ihr literarisches Erbe ist für sich betrachtet schon überaus bedeutend. Für eine Frau aus der Arbeiterklasse, von der Peripherie, deren Beziehung zu ihrer schottischen Heimat zeitlebens kompliziert bleiben sollte, für eine Frau ohne Universitätsausbildung und ohne andere Fürsprecher als diejenigen, die sie durch Talent gewann, ist ihr Werdegang geradezu verblüffend. Die Vorstellung, dass sie sich inmitten eines erfüllten Lebens und einer erfolgreichen Laufbahn oder zusätzlich dazu auch eine gute Beziehung zu ihrem einzigen Sohn gewünscht hätte, liegt nahe. Aber dies war nicht der Fall. Nicht einmal in den erfülltesten Lebensläufen wie dem von Muriel Spark findet alles Platz.

Schlechte Mütter im guten und schlechte Mütter im schlechten Sinn

Es gibt ein journalistisches Textgenre, das ich seit meinem zwanzigsten Lebensjahr gierig konsumiere, obwohl ich mich ein bisschen dafür schäme: Echte Erlebnisse, fast immer von Frauen verfasst und in der ersten Person erzählt. Dieses Genre hatte seine Hochzeit zu Beginn der 2000er Jahre, in der Zeit vor Twitter, als Facebook noch ein Ort war, wo man Partys ankündigte, und als es noch so etwas wie ein selbstgebasteltes Internet mit digitalen Medien gab, die nicht an großen Konzernen hingen.

In diesen Jahren verfestigte sich dieser Trend der Texte in der ersten Person, der sicherlich auch einen gewissen Einfluss auf einen Teil der namhaften Literatur hatte, die heutzutage publiziert wird. Sicher wurden einige essayistische und autobiographische Texte, die sich mit den Worten der Journalistin Jia Tolentino zusammenfassen lassen als: »das Schlimmste, was dir je passiert ist, ist das Beste, was du aufschreiben kannst« von diesen Texten beeinflusst. Tolentino schrieb dies, bevor sie selbst als Autorin bekannt wurde, in einer Phase, als sie diese Art Texte als Redakteurin für das feministische Portal *Jezebel* betreute. Solche Texte schossen besonders im digitalen Raum nur so aus dem Boden. Portale wie *Jezebel* oder *XOJane* trieben diese Art des Schreibens auf die Spitze mit Artikeln wie: »My Story. How I Lost My Friend to ISIS‹ oder ›My Gynaecologist Found a Ball of Cat Hair in My Vagina.«

Das war auch die Zeit, als ich dachte, ich würde bestimmt Mutter werden, aber irgendwann später, wenn ich eine höhere Daseinsstufe erreicht hätte, nämlich die Mutterversion meiner Selbst. Damals glaubte ich, man würde sich mit den Jahren immer weiter verbessern und erneuern, wie das IOS auf dem Handy, und irgendwann hätte man das Optimum erreicht, das endlich mit der Mutterschaft kompatibel ist. Aber das passiert natürlich nie. Man macht einfach immer weiter mit all seinen Fehlern, legt sich sogar noch ein paar neue zu und wenn man sich am Ende dafür entscheidet, Kinder zu bekommen, konzentriert man sich darauf, die Fehler so gut es geht vor ihnen zu verbergen.

Viele der Essays, die ich damals las, hatten mit Mutterschaft zu tun, und vermutlich nutzte ich sie gewissermaßen als Anleitung, manche auch als eine Art homöopathische Medizin oder Beschwörungsformel. Vielleicht blieb mir ja durch das Lesen, durch eine winzige Dosis von einer ganz bestimmten Horrorversion der Mutterschaft genau diese erspart. So funktionierte es in meinen Gedanken.

Die digitale Presse servierte mir diese Texte zu Dutzenden, einen nach dem anderen. »How I Knew My Son Had Autism«, »I Hated My Husband After Having a Baby—and That's OK«, »I Never Expected to Lose So Many Friends after Becoming a Parent«, »My Vulva Looks Unrecognizable«. Und ich verschlang sie gierig mit einer Mischung aus Horror und Faszination und allen Stufen des Augenbrauenrümpfens von *lowbrow* zu *middlebrow* und schließlich zu einem vagen *highbrow*.

Als ich dann schwanger wurde und wusste, dass ich das Kind bekommen wollte, bildeten diese Texte ein öliges Magma in meinem Kopf, das neue und sehr spezifische Ängste erzeugte.

Die Angst, nicht mehr zum Lesen zu kommen, kam von vermeintlich scherzhaften Tweets und Kommentaren von Müttern, die behaupteten, drei Jahre lang keinen einzigen Roman zu Ende geschafft zu haben. Die Angst davor, dass niemand mehr mit mir reden wollen würde. Die Angst davor, nichts mehr zu sagen zu haben. Kurz, die panische Angst davor, nur noch eine verdammte Mutter zu sein.

In den ersten beiden Schwangerschaftswochen, noch bevor ich es meinem Umfeld erzählte, funktionierte ich tagsüber einigermaßen normal. Und sobald der Abend kam, saß ich weinend auf dem Sofa. Es waren die Jahre der Fernsehserie *Españoles en el mundo*, die in allen Teilen der Welt lebende Spanier und Spanierinnen porträtierte. Jeder Sender hatte ein vergleichbares Format. Man schaltete den Fernseher ein, und es kam jemand aus Murcia, der in Aserbaidschan lebte, und dann eine Frau aus Castelldefels, die ja so glücklich war über ihr Leben in Neuseeland. Ich sah diese Leute und bekam Beklemmungen. Was war mit mir? Würde ich jemals in New York leben oder in Berlin, wie es sich alle aus meiner Generation vorgenommen und einige auch geschafft hatten? Das am wenigsten originelle Ziel der Welt. Eine absolut klischeehafte Sehnsucht. Welche Wendungen würde ich meinem Leben geben können, wenn es nur noch von Verpflichtungen und Routine bestimmt sein würde, wenn das Einzige, was mich noch erwartete, die Mutterschaft war, für immer gekettet an diesen einen Ort und an diese eine Rolle?

An diesen zehn oder fünfzehn Abenden setzte ich mich mit meinem Partner auf unsere weiße Couch (ein paar Jahre später musste ich sie neu beziehen lassen, weil weiß nicht mit Kindern kompatibel ist). Mein Partner weinte überhaupt nicht.

Im Gegenteil, er musste sich anstrengen, um mir nicht mit seiner reinen, unbändigen Freude auf die Nerven zu gehen, während ich mich von einem Lebensentwurf nach dem anderen verabschiedete, da es ja jetzt in meinem Kopf nur noch eine Gewissheit gab, die Mutter aller Gewissheiten.

Ich war mir nicht darüber im Klaren gewesen, dass Schwangerschaftsverläufe überhaupt nicht vorhersehbar sind. Und meine Schwangerschaft verband die beiden schlechtesten Möglichkeiten: Sie endete mit einer späten Fehlgeburt. Nach diesem Verlust gab es nur noch die animalische Notwendigkeit in mir, ein Kind zu bekommen. Ab diesem Zeitpunkt und bis ich wenig später wieder schwanger wurde, schienen alle anderen Dinge im Leben nichtig. Wer schon einmal für eine bestimmte Zeit davon besessen war, sich fortzupflanzen, weiß, bis zu welchem Punkt diese Obsession das gesamte Vorstellungsvermögen besetzt und wie wenig Raum sie für irgendetwas anderes lässt.

Unterdessen las ich weiter Artikel in der ersten Person. »I Am a Mom and I Am an Alcoholic«, »The Worst Thing That Could Possibly Happen To a Parent«, »How I Learned To Love My Mom Hips«.

Das Einzige, worüber ich keinen einzigen Text finden konnte, war, wie eine Frau ihre Kinder zurücklässt. Nach Überschriften wie »Why I Left My Children« oder »How I Decided to Leave My Children« suchte ich vergebens. Es ist einfacher, einen Text in der ersten Person zu finden, in dem es darum geht, wie man eine sexuelle Beziehung zum eigenen Vater unterhält (es gibt erstaunlich viele davon, einige sind authentisch), als von einer Frau zu lesen, die sich freiwillig dafür entschieden hat, nicht mehr selbst für ihre Kinder zu sorgen.

Der erste Google-Treffer bei der Suchanfrage auf Englisch »Why I left my children« ist ein relativ kurzer Artikel von 2019 aus der Zeitschrift *Today's Parent*. Die Autorin legt ihren Fall dar und versucht gleich zu Beginn, mit einer guten Prise Selbstkasteiung die Absolution der Leserschaft einzuholen – genau so sind diese Texte immer gestrickt. Sie schreibt, sie habe einen kontrollsüchtigen Mann geheiratet, der sie gezwungen habe, ihre Arbeit und auch ihren Traum vom Schreiben aufzugeben, da ihr Mann ihr nicht erlaubte, das Masterstudium Kreatives Schreiben zu absolvieren. Sie durfte weder mit Freundinnen Urlaub machen noch ausgehen, noch ins Kino. Deswegen beschloss sie, sich scheiden zu lassen, und der Richter gewährte ihr nur 40% der Zeit mit ihren Kindern, die damals elf und acht Jahre alt waren.

In der Standard-Version dieses Textgenres steht am Ende immer eine Art Selbstaffirmation, die bestätigt, dass die Schreibende letztlich das Richtige getan hat. Die Autorin gesteht sich ein, dass die Trennung für die Kinder schmerzhaft war, aber dass sie schließlich eine bessere Beziehung zu ihnen ermöglichte und sie sich dadurch weniger auf dem Abstellgleis fühlte.

Auch auf *Medium*, der Plattform des selbst ernannten *Social Journalism*, der aus dem Gedanken geboren wurde, sehr persönliche Texte zu publizieren und wo extrem diverse Beiträge ihre Nische finden, wird man nicht fündig. Dort finden sich auch in der ersten Person geschriebene Texte von berühmten Persönlichkeiten oder Pressemitteilungen zu Fehltritten bekannter Figuren. Doch auch unter dem Stichwort »Social Journalism« entdeckt man extrem wenige Texte über Mütter, die ihre Kinder verlassen haben, obwohl dort Zigtausende Selbstoffenbarungen publiziert sind. Von einem generischen »I Love My Husband – But I Don't Want to Have Sex With Him« bis zum sehr spezifischen »What My Autistic Son's Fear of Cycling Taught Me about Parental Guilt«.

In diesem Wust aus Selbstoffenbarungstexten gibt es nur einen Artikel von 2106, verfasst von einer Autorin namens Michon Neal, in dem sie erklärt, warum sie sich entschieden hat, etliche Kilometer entfernt von ihrem 3-jährigen Sohn zu leben. Der Grund ist schwer zu verdauen: Sie muss aus ihrer Kleinstadt weg, da dort der Mann lebt, der sie vergewaltigt hat, mitsamt Freunden und Familie. Neal gesteht, dass sie ihren Sohn nur zweimal im Jahr sieht, aber jedes Mal an ihn denkt, wenn ihr ein fremdes Kind begegnet, und dass es auch für das Kind schmerzhaft ist. »Ich möchte nicht, dass er mit der Gewissheit aufwächst, dass Mütter kein eigenes Leben jenseits ihrer Kinder haben, oder dass ein Vater keines hat. Ich möchte nicht, dass er seine Träume, seinen Verstand, seine Gesundheit und seinen Mut für irgendjemanden opfert. Ich möchte nicht, dass er verrückt wird bei dem Versuch, das Richtige zu tun.« Und sie schließt ihren Text mit der obligatorischen Selbstaffirmation ab: »Bin ich eine schlechte Mutter, weil ich ein Jahr lang nicht bei ihm gelebt habe?«, fragt sie. »Es ist nicht einfach, aber ich glaube, er ist es wert. Und ich bin es auch.«

Ein weiterer Text dieser Art erschien 2011 in der Zeitschrift *Salon* unter dem Titel »Why I Left My Children«. Im ersten Absatz wird deutlich, dass die Autorin, Rahna Reiko Rizzuto, ihre Kinder nicht eigentlich verlassen hat. Sie erhielt ein Stipendium, das sie dazu verpflichtete, für sechs Monate von den USA nach Japan zu ziehen. Und ihre Kinder blieben für diese Zeit beim Vater. Wenn ein männlicher, heterosexueller Autor oder Journalist so etwas publizieren wollte, würde er ganz bestimmt in jeder Redaktion auf Widerstände und Unverständnis stoßen.

»Dann erzähl mal, du sagst, du hast ein Stipendium bekommen, ja?«

»Genau, so ist es.«

»Und du gehst für eine Zeit weg, um an deiner Dissertation zu arbeiten.«

»Ganz genau.«

»Und deine Kinder bleiben in der Zeit bei der Mutter.«

»Ja.«

»Entschuldige, ich kann dir gerade nicht folgen. Wo ist denn da die Story? Auf der Journalistenschule hat man uns beigebracht, dass nur das Unübliche, das Seltene oder das Überraschende, eine Nachricht ist. Obwohl sich seitdem einiges weiterentwickelt hat, gelten bestimmte Grundsätze noch immer.«

Rahna Reiko Rizzuto nahm ihr Stipendium an. Sie zog allein nach Japan, und innerhalb von nur zwei Monaten ging ihre Ehe in die Brüche. Das Paar trennte sich, und die Autorin verzichtete auf das primäre Sorgerecht. Sie zog in die gleiche Straße, in der auch ihr Exmann mit den Kindern lebte, und konzentrierte sich auf das »phasenweise« Muttersein. In diesen Phasen, die ihr die Arbeit hin und wieder erlaubte, konnte sie, wie sie selbst schreibt, eine »idealtypische Mutter der 1950er Jahre sein, die nach der Schule mit einem Tablett frisch gebackener Kekse auf die Kinder wartet«.

Nach der Scheidung, als ihr wieder einfiel, dass sie tatsächlich nie Mutter sein wollte, konnte sie ihre Mutterschaft so leben, wie es getrennte Väter traditionell taten, bevor sich das

50:50 geteilte Sorgerecht durchsetzte. Sie holte die Kinder an Feiertagen und in den Ferien zu sich.

2010 erschien dann Rahna Reiko Rizzutos Memoir *Hiroshima in the Morning*. Darin finden sich Interviews mit Überlebenden der Atombombe, für die Rahna Reiko Rizzuto ihr Stipendium in Japan bekommen hatte, und Berichte über die eigene Trennungserfahrung von ihren Kindern und ihre ambivalenten Gefühlen bezüglich der Mutterschaft. Diese Zusammenführung ist zumindest gewagt.

Das Buch wurde hochgelobt und war Finalist der National Book Critics Circle Awards in den USA. Gleichzeitig traf die Autorin eine Welle aus Beleidigungen und Anfeindungen online wie offline. Ihre Nachbarn wechselten die Straßenseite, um sie nicht grüßen zu müssen. Im Internet bekam sie Hunderte Hasskommentare und die Art Mord- und Vergewaltigungsdrohungen, die in der digitalen Welt standardmäßig gegen Frauen aufgefahren werden. Sie wurde als »Abfall« bezeichnet und war »schlimmer als Hitler«. Völlig Unbekannte sprachen die Autorin auf der Straße an, um ihr persönlich die Frage an den Kopf zu werfen: »Wie konntest du nur deine Kinder verlassen?«. Für Rahna Reiko Rizzuto war dies ein Schock, zumal die Äußerungen oft fielen, wenn ihre Kinder dabei waren, im Supermarkt oder beim gemeinsamen Spaziergang. Sie schrieb dazu:

> Die Feindseligkeit und die verbale Gewalt, die der Mutter entgegengebracht werden, hängt nicht davon ab, ob sie geht. Wir wollen, dass Mütter Märtyrerinnen sind, dass sie die Interessen ihrer Kinder vor ihre eigenen stellen und ihr eigenes Wohlergehen an die allerletzte Stelle, falls am Ende noch Zeit ist. Die Mutter muss das Abendessen zu-

> bereiten und sich um die Wäsche, eine saubere Wohnung, die Pausenbrote und die Sportsachen für die Schule kümmern. Unsere Gesellschaft leidet, die Schulen sind am Ende, die Familienkassen sind leer, und wir erwarten von der Mutter, dass sie all das ganz allein bewältigt. Das ist eine Riesenaufgabe, zu groß für eine Person, besonders wenn diese auch noch Arbeit und Leben unter einen Hut bringen muss. Aber nochmal: Etwas dagegen zu tun ist eine Bedrohung.

Von dem Moment an, als ihr Buch erschien, erhoben die Medien Rahna Reiko Rizzuto für eine kurze Zeit zur Fürsprecherin der Frauen, die sich gegen ein Leben mit ihren Kindern entscheiden. In der Marketing-Kampagne ihres Buchs ging jede Referenz auf Hiroshima verloren, und die vermeintlich pikanten Details ihrer Familiengeschichte rückten in den Fokus. Damit ließ sich die Autorin auf einen Pakt ein, der ihr im Gegenzug für die öffentliche Präsenz die zwei Worte anhängte, mit denen sich niemand identifizieren will: Schlechte Mutter.

Also schlechte Mutter im *schlechten* Sinn, klar, nicht im *guten* Sinn. Eine schlechte Mutter im guten Sinn zu sein ist anerkannt und wird weitgehend akzeptiert. Es ist das tägliche Brot vieler Instagram-Mütter und früher einiger Bloggerinnen mit Kindern. Der Diskurs der *schlechten Mutter im guten Sinn* prägt die Sprache der Elterngruppen auf WhatsApp, ein leicht ironischer und selbst kasteiender Ton, der einfach zu erlernen scheint, was allerdings täuscht, da er extrem spezifischen Regeln folgt. Es gibt eine subtile Grenze zwischen dem, was gesagt werden darf und was nicht. Es ist essenziell, diese Barriere erkennen zu lernen, denn wer sie versehentlich übertritt, erzeugt unverzüglich einen Riss, einen *glitch* im System.

In Spanien gibt es sogar einen offiziellen Club der schlechten Mütter, den *Club de las Malasmadres*, der auf Facebook entstand und im besten Wortsinn zu einer Art Lobbyvereinigung wurde. Dort werden nützliche Studien zum Thema Mutterschaft und Vereinbarkeit von Familie und Beruf gepostet, und die Plattform erhält mediale wie politische Aufmerksamkeit. Kurz nachdem Pedro Sánchez spanischer Ministerpräsident wurde, nahm er im Neonshirt und mit kurzen Hosen an einem vom *Club de las Malasmadres* organisierten Festakt teil, den er nutzte, um politische Versprechungen zur Kinderbetreuung von 0 bis 3 Jahren und zu weiteren politischen Vorstößen zu machen, die vermeintlich nur für Frauen wichtig sind.

Jenseits dieser Vereinigung meint der im Internet vorherrschende Begriff der *schlechten Mutter im guten Sinn* eine, die das Theaterkostüm bei Amazon kauft statt es selbst zu nähen, die einen gekauften Kuchen zur Geburtstagsfeier mitbringt statt selbst mit Vollkornmehl und Bio-Eiern zu backen oder eine, die ihre Kinder an einem verregneten Samstag im Schlafanzug acht Stunden am Stück vor Bildschirmen herumgammeln lässt und es dann in einem Tweet beichtet, der auf jeden Fall zahlreiche Likes bekommt. Die *schlechte Mutter im guten Sinn* unterläuft subtil und ein bisschen frech die allgemeingültigen Regeln der Erziehungsnorm der Mittelschicht, aber ohne zu übertreiben. Das Stereotyp der *schlechten Mutter im guten Sinn* zu leben, das in den vergangenen Jahren massenhaft in TV-Serien über Mütter in Bedrängnis repräsentiert wurde (die Kategorie auf Netflix hält unzählige Einträge bereit), erfordert ein genaues Maß und eine genaue Kenntnis der herrschenden Erwartungen und der tolerierbaren Überschreitungen. Niemals und unter keinen Umständen beinhaltet das Konzept der *schlechten Mutter im guten Sinn* eine Frau, die sich freiwillig gegen ein Zusammenleben mit ihren Kindern entscheidet.

Tatsächlich gibt es viele Möglichkeiten, als schlechte Mutter den Hass des Internets auf sich zu ziehen. Meine eigenen Erfahrungen diesbezüglich sind nicht besonders schwerwiegend, aber als es aktuell war, habe ich durchaus darunter gelitten, wie bei jeder feindseligen Äußerung in den sozialen Medien. Ich schreibe dort normalerweise nicht über meine Kinder oder über Themen, die mit Mutterschaft zu tun haben. Bei Mutterthemen bin ich wohlweislich passive Konsumentin. Als ich gerade mein erstes Kind bekommen hatte, thematisierte ich die Tatsache, dass ich gerade Mutter geworden war, aus einer Mischung aus Strategie und Selbstverleugnung heraus ausdrücklich nicht. Ich erwähnte meinen Sohn niemals als Grund dafür, einen Auftrag ablehnen zu müssen, und schob lieber zu viele andere Aufträge, Krankheit oder irgendetwas anderes vor, statt meine Auftraggeber daran zu erinnern, dass ich nicht nur eine aufmerksame und wandlungsfähige Autorin war, sondern auch Mutter. Ich wehrte mich dagegen, als diejenige abgestempelt zu werden, die »Mamasachen« schreibt, als eine, die nichts mitbekommt und alles Wichtige verpasst, weil sie damit beschäftigt ist, sich in Mütter-Chats über *baby-led weaning* auszutauschen. Es ist bemerkenswert oder deprimierend, je nachdem wie man es betrachtet, bis zu welchem Grad auf diese Weise die Mutterthemen in einem derart frauendominierten Beruf wie dem Journalismus entwertet werden. Ich habe es instinktiv verstanden, als ich mit Anfang zwanzig meine erste

Stelle in einer großen Redaktion antrat. Alle männlichen Kollegen hatten Kinder, aber keine der Frauen. In zwanzig Jahren kam keine Autorin oder Fotografin dieses Blattes (Kunststück, Fotografinnen gab es keine) in die Verlegenheit, Mutterschutz oder gar Elternzeit zu beantragen.

Die Tendenz, die eigene Mutterschaft zu verschweigen, wird mit dem zweiten Kind eliminiert, so meine Beobachtung. Mit zwei Kindern gibt es keine Möglichkeit mehr, als kinderlos durchzugehen, alle Welt erkennt dich sofort als Mutter. Niemand kann dich mehr davor retten, und jeder Versuch endet in tiefer Melancholie. Es ergibt Sinn. Wenn du zwei Kinder hast, kann es kein Unfall gewesen sein. Du hast es dir selbst eingebrockt und bist auch noch rückfällig geworden.

Die wenigen Male, die ich meine eigene Regel, nicht über Mütterthemen zu schreiben, verletzt habe, verbrannte ich mir die Finger. Und das ist kein Zufall. Artikel rund um Mutterschaft und Kindererziehung zu veröffentlichen ist beinahe eine Garantie für Kontroversen. Man kann eine unverrückbare Position zu fast jedem Thema einnehmen: Transsexuellenrechte, die Arbeitsrechtsreform, den Mindestlohn, die Mietbremse, den Ursprung des Zionismus. Nichts wird so sehr eine völlig irrationale Debatte anfeuern wie die Dinge, die wir in unseren heimischen vier Wänden mit unseren Kindern tun oder lassen.

Bei einer Gelegenheit wurde ich massenhaft beschuldigt, das Fötale Alkoholsyndrom zu befürworten, da ich einen Beitrag über Emily Oster veröffentlicht hatte. Oster ist Professorin für Wirtschaftswissenschaften und Expertin für Gesundheitsökonomie und Forschungsdesign mit Schwerpunkt Entwicklungsländer, und sie hat drei Bücher zu Themen rund um Schwangerschaft und Kindererziehung geschrieben. Sie vertritt eine optimierte und produktivistische Methode der Kindererziehung, die eine erschreckende Seite hat. Osters Methodik, durch die sie auch bekannt wurde, basiert auf der grundsätzlichen Infragestellung des Einsatzes ausgewählter wissenschaftlicher Studien zur Rechtfertigung bestimmter politischer Maßnahmen. Denn diese würden in vielen Fällen Frauen gezielt infantilisieren, statt Licht ins Dunkel bestimmter Gebiete zu bringen, so Oster. Eines der Themen, die sie in ihrem ersten Buch *Das einzig wahre Schwangerschafts-Handbuch* behandelt, ist die allgemeinbekannte Empfehlung, in der Schwangerschaft keinerlei Alkohol zu konsumieren. Oster kommt nach Auswertung zahlreicher wissenschaftlicher Studien zu dem Schluss, dass es zwar tatsächlich klare Belege dafür gibt, dass Föten durch starken Konsum von Alkohol erheblichen Schaden nehmen, nicht aber durch moderaten Alkoholkonsum.

Bei meinem Artikel zum Thema beging ich einige Fehler. Der erste Fehler war, ohne jemals über dieses Thema geschrieben zu haben, meinen Text für eine Rubrik vorzuschlagen, wo die Beiträge kurz sind und es wenig Raum für Nuancen gibt. Der zweite Fehler war, dass ich weder die Überschrift noch den Vorspann meines Beitrags vor Publikation noch einmal überprüfte. In den meisten Medien ist es üblich, dass die Überschriften nicht von den Autorinnen der Beiträge stammen. Den Text selbst ging ich vor Abgabe Dutzende Male durch, tauschte Verben aus, korrigierte Ausdrücke und tat alles dafür, um die Polemik zu verhindern, die ich schon kommen sah. Ich widmete all meine verfügbare Aufmerksamkeit dem Teil des Beitrags, wo es um das Thema Stillen und Muttermilch ging, das immer und überall einen sich in Stromschnellen überschlagenden Sturzbach an Meinungen provoziert und bei dem niemals und unter keinen Umständen irgendjemand von seiner von Hause aus überlieferten Meinung auch nur einen Millimeter weit abrückt. Und dadurch befasste ich mich nicht ausreichend mit der Entschärfung jenes anderen Themas: Alkohol in der Schwangerschaft.

Dieser Artikel führte also zu einer kurzen, aber lauten Polemik. Etliche Leserinnen und Leser nannten mich verantwortungslos und mörderisch und warfen mir, wie es so oft geschieht, ihre feindseligen Anführungszeichen um die Ohren: Und so was wie du nennt sich »Journalistin«. Manche Menschen glauben tatsächlich, nichts täte mehr weh als ein paar Gänsefüßchen.

Nach dieser Episode verließ ich Twitter für ein paar Tage und schickte mein Statement – dass der Text keinerlei Unwahrheiten enthielt und Oster sämtliche ihrer Aussagen auf evidenzbasierte Daten stützt – an den Leserbeauftragten der Tageszeitung, der mich aufgrund der riesigen Welle an Beschwerden zu meinem Beitrag, unter anderem von Ärztevereinigungen, darum gebeten hatte.

Nachdem diese Episode überstanden war, schwor ich mir, nie wieder in Schriftform irgendein Thema zu behandeln, das etwas mit Schwangerschaft, Mutterschaft oder Kindererziehung zu tun hat, denn kein noch so gutes Honorar würde jemals die vielen schlaflosen Nächte aufwiegen können, die man damit verbringt, lauernd hinter jedem Vibrieren des Handys eine neue Beleidigung zu vermuten. Eine befreundete Journalistin, die wie alle Journalistinnen, die ich kenne, bereits mehrfach die Erfahrung eines Shitstorms machen musste, hat das seltsam dissoziative Gefühl, wenn man mit dem Alltag einigermaßen normal weitermacht, während man zeitgleich auf Twitter aufs

Übelste zerfetzt wird, in einer sehr treffenden Szene auf den Punkt gebracht: »Mein Kind schaute Peppa Pig auf dem Tablet, und alle zwei Sekunden poppten Push-Mitteilungen auf, dass ich auf Twitter als »Beschissene Drecksfotze« beschimpft worden war. Gut, dass der Kleine noch nicht lesen konnte.«

Mir passierte etwas Ähnliches, als ich Sophie Lewis interviewte. Lewis ist Soziologin und Marxistin und hat eine Theorie zur Abschaffung der Familie verfasst. Mein Artikel wurde mit voller Absicht kurz vor Heiligabend veröffentlicht. »Hoffentlich stirbst du einsam zwischen deinen Katzen«, hieß es auf Twitter, kurz nachdem ich die Geschenke eingepackt hatte und mich mit meiner normativen Kleinfamilie auf die nervenzehrendste und erschöpfend normativste aller Familienfeiern vorbereitete.

Etwa um die gleiche Zeit kam mir die Idee, einen Artikel zu schreiben, der mir einfach nur leicht und freundlich erschien. Ich wollte darüber schreiben, wie ich mir den Film *Soul* zusammen mit meinen Kindern angesehen hatte. Obwohl ich den Film insgesamt mochte, schrieb ich, mir hätte der Teil der Handlung, in dem sich der Protagonist Joe mit seiner Mutter, seinen Schülern und seinem Arbeitsfrust auf der Erde aufhält, besser gefallen als das komplizierte metaphysische Konstrukt des restlichen Films. Außerdem würden meine Kinder die Filme von Pixar generell immer weniger verstehen. Für eine derart radikale Meinungsäußerung wurde ich am ersten Weihnachtsfeiertag zur *Trending Topic*, weil Twitter über etwas anderes diskutieren wollte als die Pandemie, während wir noch mitten in der heftigen zweiten Welle steckten. Etliche Hundert User äußerten Mitleid mit meinen Kindern, weil ihre Mutter nicht kapieren würde, dass Kinder auch Gefühle hätten, und sie schamlos für ihre Artikel instrumentalisieren würde. »Wenigstens hat Salvador Illa gerade seinen Rücktritt als Minister verkündet, damit er sich in Katalonien zur Wahl stellen kann, bestimmt bist du bald nicht mehr interessant«, versuchte mich eine Freundin aufzumuntern.

Wenn etwas von dir viral geht und du den entsprechenden Shitstorm abbekommst, was ich niemandem ohne narzisstische Störung empfehlen kann, bekommst du Beileidsbekundungen und Umarmungen von Freunden und Bekannten geschickt, und je mehr sie dich trösten, desto mehr bedrückt dich das Ganze. Da draußen passiert gerade etwas Schreckliches, denkst du, während du dich hinter deinem Vorhängeschloss verschanzt und der Versuchung widerstehst, deine weit mehr als fünfzig *mentions* zu checken. Denn in der Sprache von Twitter bedeutet das, dass du dir einen ganz schönen Schlamassel eingehandelt hast. Ab einer bestimmten Menge *mentions* zeigt Twitter nicht einmal mehr die genaue Anzahl derer an, die dich beleidigt haben, der Algorithmus sagt dir nur noch, dass es mehr als fünfzig sind, und ganz bestimmt stehen sie alle genau jetzt mit dem Baseballschläger vor deiner Tür.

Ich möchte mir gar nicht vorstellen, durch welche digitalen Kreuzwege sich andere Frauen oder Mitglieder der LGBTQ-Gemeinschaft kämpfen müssen. Mir haben jedenfalls meine einigermaßen lächerlichen Shitstorms einen winzigen Bruchteil dessen gezeigt, was es bedeutet, im Netz mit der schlimmsten Bezeichnung beworfen zu werden, die es gibt: Schlechte Mutter.

Im Jahr 2005, das heißt, vor vier oder fünf Internet-Zyklen, verfasste die Journalistin und Drehbuchautorin Ayelet Waldman einen Artikel für die berühmte Rubrik *Modern Love* der

New York Times. Ihr Ausgangspunkt ließ gleich zu Beginn Gewitterwolken aufziehen: Würde sie in ihrer hypothetischen Version von *Sophies Entscheidung* vor der Wahl gestellt, entweder ihren Ehemann (den Schriftsteller Michael Chabon, mit dem sie noch immer verheiratet ist) oder eines ihrer vier Kinder zu verlieren, dann würde sie Letzteres wählen: »Wenn eine gute Mutter eine ist, die ihr Kind mehr liebt als alles auf der Welt, bin ich keine gute Mutter. Dann bin ich eine schlechte Mutter. Denn ich liebe meinen Mann mehr als meine Kinder«, schreibt sie zu Beginn ihres Essays.

Obwohl es Twitter damals zu Waldmans Glück noch nicht gab, fand die empörte Leserschaft einen Weg, zur Autorin durchzudringen und ihr zu verstehen zu geben, für wie monströs, unmenschlich und teuflisch man sie wegen ihrer Aussage hielt. Sie verteidigte sich in der Talkshow von Oprah Winfrey und schlug später mit ihrem Buch *Böse Mütter* Kapital aus der Kontroverse.

Seitdem hat es viele Frauen gegeben, denen der Titel der schlechten Mutter im Internet verliehen wurde. Sei es wegen einem Zuviel an dieser oder einem Zuwenig an anderer Stelle, weil sie ihre Kinder zu kurzhielten oder weil sie ihnen zu viel Freiheit zugestanden. Im Jahr 2011 ging der Titel der schlechten Mutter an Amy Chua, die mit ihrem Buch *Tiger Mom* weltweit bekannt wurde. Chua verfasste einen Artikel im *Wall Street Journal*, der eine Lanze für den Erziehungsstil chinesischer Eltern brach, die ihre Kinder zur Perfektion antreiben und keine Zeit mit solchem Unsinn wie emotionalen Bedürfnissen vergeuden. Dem Text voran steht ein Foto Chuas zusammen mit ihren beiden Töchtern – die eine am Klavier, die andere an der Geige – und eine Liste der Dinge, die den beiden Mädchen verboten waren: Sich mit anderen Kindern zum Spielen verabreden, an Schulfeiern teilnehmen, sich beschweren, weil sie nicht an Schulfeiern teilnehmen dürfen. Ich stellte mir den verantwortlichen Redakteur vor, wie er den Text ins Netz warf wie eine Granate und sich danach flugs vor der Explosion und dem Flammenmeer in Deckung brachte.

All diese Verbote sollten jede Ablenkung von akademischer Exzellenz ausmerzen und waren deshalb im Hause Chua strikt zu beachten. Auch ihre eigene Disziplin, die sie sowohl bei ihrer Erziehungsmethode als auch bei ihren eigenen Bemühungen um Berühmtheit einsetzte, zeigte Erfolg. In dem Buch, das sie auch veröffentlichte, um Kapital aus der Kontroverse rund um den Artikel zu schlagen, arbeitete sie das Konzept der *Tiger Mom* weiter aus und berichtete beispielsweise, sie habe ihre Tochter einmal als »Abfall« bezeichnet, weil sie nicht gehorchte. Außerdem drohe sie regelmäßig damit, die Puppen ihrer Kinder zu verbrennen. Ihre Tochter sei einmal von zu vielen Stunden Klavierüben ohnmächtig geworden und habe einen Zahnabdruck auf der Tastatur hinterlassen.

Nach dieser Episode fanden Chua und ihr Ehepartner Jed Rubenfeld, die beide zu der Zeit hohe Posten im US-Rechtssystem innehatten, ihren Weg in das mediale Bewusstsein als rechtskonservative Trolle. Gemeinsam verfassten sie ein offen rassistisches Buch darüber, warum einige ethnische Gruppen sich nach der Migration erfolgreich integrieren würden und andere nicht. Schließlich wurde Rubenfeld aufgrund des Vorwurfs sexueller Übergriffe an seinen Studentinnen entlassen, und Chua wurde beschuldigt, zu enge und zu freundschaftliche Beziehungen zu ihren Schülern zu pflegen. Außerdem würde sie ausschließlich hübsche Studentinnen als Praktikantinnen für den umstrittenen konservativen Bundesrichter Brett Kavanaugh auswählen. Mit dieser Wendung wurde der Fall des Paars auf der Gegenseite durchaus mit einer gewissen Schadenfreude gefeiert. Endlich bekam diese schreckliche Mutter das, was sie verdiente. Die Häme wäre nur dann noch größer ausgefallen, wenn die beiden Mädchen missraten wären. Über Chuas Töchter ist allerdings bekannt, dass sie derzeit an der Yale Law School studieren.

Wenn Chua der Prototyp der schlechten Mutter im rechten Spektrum wurde, so fiel Lenore Skenazy der Ruf der schlechten Mutter auf der progressiven Seite zu. Sie sorgte im Jahr 2009 für eine Kontroverse, weil sie ihrem 9-jährigen Sohn erlaubte, allein mit der New Yorker U-Bahn zu fahren. Und sie sprach sich für eine freiheitliche Erziehung im Sinne von sich weitgehend frei bewegenden *free-range kids* aus. Sie wurde als »die schlechteste Mutter der USA« bezeichnet, und auch sie schlug in Form eines Buchs, eines Blogs und etlicher Medienauftritte Profit aus dem Skandal. Natürlich fahren zahllose 9-Jährige in New York allein U-Bahn und machen sich selbst das Abendessen. Fast immer sind es die Kinder alleinerziehender berufstätiger Mütter – nur werden diese niemals gebeten, Bücher oder Artikel darüber zu schreiben.

Es gibt noch weitere Möglichkeiten, wie man zur zweifelhaften Mutter wird, die nicht so sehr mit dem Erziehungsstil, sondern eher mit der Haltung zu Mutterschaft zu tun haben. So sorgte die deutsche Fotografin Sarah Fischer mit dem 2016 erschienenen Buch *Die Mutterglück-Lüge* für einen Skandal. Fischer schreibt in ihrem Buch, dass sie ihre 2-jährige Tochter zwar über alles liebe, gleichzeitig aber bereue, sie geboren zu haben. Sie berichtet vom Übergang ihres Lebens als unabhängige Frau, die vor der Mutterschaft mit Reisen ihr Geld verdient und Preise gewonnen habe, hin zu dem Hausfrau-und-Mutter-Dasein danach, was in Deutschland noch immer ein verbreitetes Modell ist. Womöglich stammt das Wort *Rabenmutter*, das auch für Frauen gebraucht wird, die ihre Arbeit über die Kinder stellen, nicht zufällig aus der deutschen Sprache. Fischer listet auf, womit sie ihre Mutterschaft bezahlt hat: »Mit Lebenszeit, Karriereaus, Schlafmangel, Freiheit, Inkontinenz, Gewichtszunahme, Armut, Verblödung, Hängebrüsten, Nervenkostümzerlöcherung, Langeweile, Dehnungsstreifen, Depressionen, Romantikverlust, Unterforderung, Burn-out, Sexverlust und so weiter.«

Fischers Buch, das ihr allerlei Beleidigungen, Anfeindungen und auch Morddrohungen eingebracht hat, ist nicht das einzige seiner Art. In dem Maß, in dem der Mutterkult unserer Ära gedeiht, wächst mit ihm auch der Hunger, in den düsteren Ecken desselben zu stochern. Das hat wiederum ein Feld auf dem Sachbuchmarkt zutage gefördert, auf dem Titel erscheinen wie *Regretting Motherhood. Wie Frauen mit einem unerlaubten Gefühl leben* von der israelischen Soziologin Orna Donath. In ihrem Buch versammelt Donath die Erfahrungen von dreiundzwanzig Frauen, die ähnliche Aussagen treffen wie Sophia, Mutter von einem 2- und einem 5-jährigen Kind: »Weil ich sie nicht will, und ich will sie wirklich nicht. (...) Selbst wenn sie, Gott bewahre, sterben würden, wären sie trotzdem immer noch bei mir. Die Trauer um sie, die Erinnerung an sie, der Schmerz würden unerträglich sein. Sie jetzt zu verlieren – natürlich würde es auch eine gewisse Erleichterung bringen (...)«.

Jetzt, da eine Bresche geschlagen wurde, um ehrlich über

moderne Mutterschaft zu sprechen und zu schreiben, werden auch verschiedene kontroverse Erfahrungen als Teil der Erfahrung gewertet, die es auszuloten gilt. Und Kontroversen sind gut für die Suchmaschinenoptimierung, Google liebt Kontroversen.

Trotz der öffentlichen Gier danach, die dunkle Seite der Mutterschaftserfahrung auszuleuchten, ist die Zahl der Berichte in der ersten Person von Frauen, die ihre Kinder verlassen, weiterhin spärlich. Auf *Mumsnet*, dem bekannten britischen Gesprächsforum für Mütter, werden von den Teilnehmerinnen Threads über die frivolsten und tiefgründigsten Themen erstellt. Vom Wertverlust des Designer-Apartments von Mark & Spencer bis zu Tipps zur Ermittlung des Eisprungs. *Mumsnet* steht in dem Ruf, eine riesige verborgene Macht zu sein und als Ideologiemaschine zu fungieren. Die tatsächliche politische Bedeutung des Forums lässt sich daran bemessen, dass sämtliche britischen Präsidentschaftskandidaten der letzten Jahre ihre Fragebögen auf *Mumsnet* platzierten. Außerdem wird dem Forum beispielsweise der Aufstieg der TERF-Ideologie zugesprochen, einer selbsternannten feministischen Strömung, die Transfrauen ausschließt. Im Lauf der langen Geschichte von *Mumsnet* wurden dort Tausende und Abertausende Gespräche über jedes auch nur annähernd mit Mutterschaft, Kindererziehung und Familie in Verbindung stehende Thema angestoßen. Allerdings ist auch dort kein Platz für Mütter, die gehen. Unter sämtlichen im digitalen Archiv verfügbaren Threads findet sich nur ein einziger, in dem eine Frau kurz davor steht, ihren Mann zu verlassen, und überlegt, ob sie eins ihrer beiden Kinder bei ihm zurücklassen soll, wenigstens bis er die Nachricht verkraftet hat. Die anderen Mütter lassen in ihren Kommentaren die eigentliche Frage, wie die Fragende ihren Mann am besten verlassen könnte, außen vor und konzentrieren sich darauf, dass sie offenbar ein Kind zurücklassen will. Alle und jede einzelne der Kommentierenden bittet sie darum, es nicht zu tun. Wie willst du dich entscheiden?, wird mit derselben Verachtung gefragt, mit der mir auf Twitter gewünscht wurde, ich solle einsam zwischen meinen Katzen sterben (tatsächlich bin ich fürchterlich allergisch, ich würde also sowieso nicht lange überleben) oder das Sorgerecht für meine Kinder verlieren, denen ich die großartigen Kunstwerke von Pixar angeblich vorenthielt.

Generell ist in den Foren von *Mumsnet* Empathie mit der Person, die ihr Problem vorstellt, verpflichtend. Die ungeschriebene Nettikette der Seite verlangt eine gewisse Höflichkeit gegenüber der Mutter, die beichtet, ähnlich wie bei den Anonymen Alkoholikern. Im beschriebenen Fall schießen die Kommentierenden allerdings weit über das Ziel hinaus. Sämtliche Frauen verbünden sich zu einer einzigen Stimme und teilen der Fragenden unzweifelhaft und mit eindeutigen Worten mit, ihr Vorhaben sei abscheulich und unnatürlich. Zwei Kinder zu haben und eines davon zurückzulassen liegt jenseits jeder Nachvollziehbarkeit, das wird hier überdeutlich.

Angesichts dieser Vorgeschichte scheint es normal, dass es keine Texte in der ersten Person über fortgehende Mütter gibt, ohne dass Gewalt oder wirtschaftliche Not im Spiel wären. Es stehen diesbezüglich auch keinerlei Statistiken zur Verfügung. In Spanien sind 83 Prozent der Alleinerziehenden Frauen. Bei den übrigen 17 Prozent sind Witwer, getrennte Eltern, die sich das Sorgerecht teilen, und Männer, die ohne Frauen Väter werden wollten, inbegriffen. Die Zahl wird auch einige Haushalte einschließen, wo die Mutter gegangen ist. Doch sind all diese

Frauen *schlechte Mütter im schlechten Sinn*, die sich lieber nicht öffentlich oder privat dazu äußern. Ihre Geschichten bleiben unerzählt und sind weder im Internet noch in Buchläden zu finden, um sich darin zu spiegeln oder darüber aufzuregen. Immerhin hat sich aber mittlerweile eine Literatur der traurigen Mütter entwickelt, die einen kleinen Ausflug in ihr Leben ohne Kinder machen, um sich daran zu erinnern, wie es damals war. Zu Beginn begleitet sie das Gefühl des Verbotenen, wie bei einem Seitensprung, aber auch eine gewisse Kühnheit. In Elena Ferrantes Roman *Die Frau im Dunkeln* verlässt Leda ihre Töchter für drei Jahre, um eine Liebe mit ihrem ehemaligen Mitdoktoranden zu leben und ihre Universitätskarriere voranzubringen. Claire Vaye Watkins schreibt in ihrem Roman *I Love You But I've Chosen Darkness* über eine Frau namens Claire, wie sie selbst Schriftstellerin, die ihr Baby ein Jahr lang zurücklässt, weil sie sich verhalten will wie ein Mann, ein etwas schlechter Mann, »like a man, a slightly bad one«. In diesen Büchern über fehlgeleitete Frauen besteht keine Notwendigkeit mehr, die Protagonistin eine Läuterung durchlaufen zu lassen. Ja, es kommt auch Schuld vor, eine vielfältige, egoistische und nicht gleichförmige Schuld, die die traurige Mutter heimsucht, wenn sie es am wenigsten erwartet. Und einige fehlgeleitete Erkenntnisse. Niemand findet irgendetwas Wichtiges heraus, niemand lernt etwas, und die Beziehungen von »unnatürlichen« Müttern, wie Leda sich selbst bezeichnet, zu ihren Kindern sind nicht friedlich. Aber sie sind auch nicht katastrophal. Sie zappeln in einem Sumpf herum, der dem echten Leben erstaunlich ähnlich sieht.

Gala Dalí und der Fall der Magnetischen Frau

Die Rolle einer magnetischen Frau ist nicht einfach. Eine magnetische Frau findet nicht leicht Freundinnen. Eine magnetische Frau lacht wenig, und wenn sie lacht, dann an unpassenden Stellen, um alle zu verwirren. Jede magnetische Frau ist außerdem dazu verdammt, zu enttäuschen, denn wenn sie doch einmal den Mund aufmacht, wird es schwer, den Erwartungen gerecht zu werden. Es ist besser für sie, es nicht zu tun.

Gala Éluard oder Gala Dalí oder Jelena Dmitrijewna Djakonowa war zweifelsohne eine magnetische Frau. Man könnte sogar sagen, sie war eine Magnetische Frau, eine der fünfzehn, zwanzig Damen, die offiziell in den Kanon des 20. Jahrhunderts eingingen und über die ohne Unterlass geschrieben wurde, noch bevor Zeitungen und Verlage Interesse an anderen, weniger großartigen, weniger gut vernetzten und definitiv weniger magnetischen Frauen zeigten.

Über sie wurde oft ausschließlich im Kontext ihrer Ehemänner gesprochen. Es ist bemerkenswert, dass Galas Leben in den meisten Biographien erst mit neunzehn Jahren beginnt, als sie Paul Éluard kennenlernt. Als wäre ihre Kindheit und Jugend bloße Formsache gewesen, um sie auf das vorzubereiten, was wirklich zählt: Beziehungen mit wichtigen Männern.

Neuere Arbeiten über sie wie Estrella de Diegos Biographie oder der biographische Roman *La intrusa* (Die Hochstaplerin) von Monika Zgustova aus dem Jahr 2018, sowie die Ausstellung *Una habitación propia de Púbol* (Ein eigenes Zimmer in Púbol), die im gleichen Jahr im MNAC in Barcelona gezeigt wurde, bewegen sich in umgekehrter Richtung. Sämtliche dieser Relektüren der Figur Gala entfernen sich vom traditionellen Bild, das von ihr im Lauf des 20. Jahrhunderts gezeichnet wurde. Der patriarchale und reduktionistische Begriff der Muse wird vermieden, und sie wird als elementar wichtige Förderin ihrer berühmten Gatten rehabilitiert, als eine Art Künstlerin ohne Werk, als Künstlerin, die ihr Leben damit verbrachte, ihr wichtigstes Werk zu perfektionieren: sich selbst. De Diego, die etliche Arbeiten über Gala publiziert hat, vertritt sogar die These, dass ihr eine Koautorschaft eines Teils von Éluards Werken zukommen sollte. Aber sogar diese Neuinterpretationen bewegen sich weiterhin innerhalb des festgefahrenen Rahmens der Magnetischen Frau. Zwar wurde ihr der Titel der Muse entzogen, doch bleibt sie Schlangenbeschwörerin.

Eine weitere Besonderheit magnetischer Frauen liegt darin, dass ihr Status schwer mit Mutterschaft vereinbar ist. Nichts liegt dem Bild einer Karyatide, die nur dazu da ist, fasziniert betrachtet zu werden, ferner, als sich einem kleinen Wesen zu unterwerfen, dessen einzige Mission darin besteht, ihr allen Glanz zu nehmen. Aus naheliegenden Gründen tauchen magnetische Frauen traditionellerweise nur in den Künstlerszenen der gehobenen Klassen auf, wo die Kinderbetreuung outgesourct werden kann.

Die besonders grausame Erzählung *Pferdchen* von Dorothy Parker offenbart auf beeindruckende Weise die Dichotomie zwischen der faszinierenden und der gewöhnlichen Frau. In der Geschichte gibt es das reiche und schöne Ehepaar Cruger und die Hauspflegerin Ms. Wilmarth, die für die Sorgearbeit an ihrer neugeborenen Tochter Diane eingestellt wurde. Ihr geben die Crugers den Spitznamen Pferdchen. Camilla Cruger ist alles, was Pferdchen nicht ist: humorvoll, besonnen, schön, kurz, die Art Frau, für die der Begriff ›ausdrucksvoll‹ erfunden wurde. Eine hat Magnetismus im Überfluss, die andere hat ihn nie gekannt und wird ihn niemals kennenlernen.

Mutterschaft taucht als heimliche Randerscheinung der Erzählung auf, die in Wirklichkeit von der ungerechten Verteilung von Schönheit handelt bzw. von der Ungerechtigkeit, sie nicht zu besitzen. Das Konzept Mutterschaft verleiht der Erzählung eine weitere Dimension, denn man kann darauf schließen, dass der Magnetismus einer Frau erlischt, wenn sie zu einer operativ funktionalen, also im Allgemeinverständnis zu einer guten Mutter wird.

In der Erzählung hat Camilla kaum Berührungspunkte mit ihrer Tochter, und sie will die Kleine auch nicht in ihren Armen halten, wenn Ms. Wilmarth, die sich um das Mädchen kümmert, den Eltern jeden Abend von Dianes Fortschritten berichtet. Sie erfahren, wie viele Stunden das Baby geschlafen und wie viel Gramm es zugelegt hat. Die Informationen treffen aber keineswegs auf ein besonders interessiertes Publikum. Camilla nennt den Säugling »Nichtsnutz«, und ihr Mann schimpft auf sein Kind, weil es für ihn daran schuld ist, dass seine Frau, die schon immer »bleich wie der Mondschein« war und »immer eine Verächtlichkeit ausgestrahlt hatte, zart wie die Spitze, die ihre Brust bedeckte«, nun ans Bett und die apricotfarbene Satin-Chaiselongue gefesselt ist. Jetzt sieht er sich gezwungen, täglich mit Pferdchen zu Abend zu essen, deren Status leider zu hoch ist, um sie mit dem Chauffeur und der Köchin an den Bedienstetentisch zu setzen.

Die Hauspflegerin Ms. Wilmarth hat »große Hände, die abgeschrubbt und trocken waren und zupacken konnten, die Nägel waren so kurz geschnitten und wurden mit einem kleinen, scharfen Instrument so gründlich gereinigt, dass die Ränder von den spatenförmigen Fingern wegstanden«, es sind die Fingernägel einer Mutter oder Amme, während Camillas Hände »wie matte Lilien im lauen Wind« sind, mit den zarten Fingernägeln einer magnetischen Frau.

Dies ist nur eine der schier unzähligen Blumenreferenzen, die in dieser von Anfang bis Ende blumig duftenden Erzählung auftauchen. An ihrem letzten Tag im Hause Cruger bekommt Pferdchen einen Strauß Gardenien geschenkt. Die Blumen sind ein Scherz auf ihre Kosten, denn Gardenien werden auch für die Siegerkränze der Gewinnerpferde bei Pferderennen genutzt. Die Arme versteht natürlich den Witz nicht und geht glücklich mit ihren Gardenien aus dem Hause Cruger fort. Die Leserschaft weiß, dass viel Zeit vergehen wird, vielleicht ein ganzes Leben, ehe ihr wieder jemand Blumen schenkt.

Wir neigen dazu, zu glauben, dass in den bekannten Märchen keine Mütter vorkommen, die gleichzeitig magnetische Frauen sind, und dass es in der Überlieferung, die mittlerweile von Disney und Pixar umgefärbt wurde, nur zwei Muttertypen geben kann: tote und aufopferungsvolle. Die magnetischen Frauen, die eitlen, nach dem eigenen Spiegelbild suchenden, sind fast immer Stiefmütter. Beispielsweise bei Schneewittchen, wo die Stiefmutter ihre Stieftochter ermorden lassen will, als deren Schönheit erblüht, oder bei Hänsel und Gretel, wo die Stiefmutter lieber die Kinder opfert, die sie nicht selbst geboren hat, weil es sowieso nicht genug zu essen für alle gibt. Da ihr offenbar das Mutter-Gen der Aufopferung fehlt, isst sie lieber selbst, statt das Wenige, was da ist, den Kinder ihres Mannes zu überlassen.

Fakt ist, dass diese Figuren in den ursprünglichen Versionen der Brüder Grimm Mütter waren, Mütter wider die Mutternatur, aber tatsächlich Mütter. In einem Text über ihre eigene Erfahrung als Stiefmutter erklärt die Autorin Leslie Jamison, dass die Brüder Grimm ihre Märchen aus den volkstümlichen mündlichen Überlieferungen erstmals im Jahr 1812 zu Papier brachten. Dann wurden die Texte für eine viel spätere Ausgabe überarbeitet, die erst 1857 erschien. In dieser zweiten Fassung waren viele der grausamen, gewalttätigen und manipulativen Mütter zu Stiefmüttern oder falschen Müttern geworden. Beispielsweise bei Rapunzel, wo die vermeintliche Mutter das Mädchen als Säugling entführt und es glauben macht, es sei ihre leibliche Tochter. Diese Veränderung sollte es dem lesenden oder lauschenden Kind erlauben, das Ideal der Mutterfigur aufrechtzuerhalten und sowohl Bosheit als auch Eitelkeit auf eine externe Figur zu konzentrieren, die nicht blutsverwandt ist. Wenn diesen Frauen aus den Märchen etwas gemeinsam ist, dann der Versuch, am Ende ihrer fruchtbaren Jahre den Vater oder Ehemann, der zugleich den Angelpunkt der Familie darstellt, zu verführen und überhaupt alle, die ihnen vorgesetzt werden.

Der Gedanke liegt nahe, dass Gala bzw. Jelena niemals Mutter werden wollte. In ihrem Tagebuch von nur 106 Seiten, das

2004 in ihrem Schlösschen in Púbol gefunden wurde, taucht ihre einzige Tochter Cécile nicht auf. Sie erwähnt gelegentlich die Abscheu, die ihr der Anblick ihrer kleinen Schwester Lidia bescherte, die zur Welt kam, als Jelena sieben Jahre alt war. »Sie war ein roter Fleischklumpen, verquollen, aufgedunsen und laut. Sie zu sehen war mir überaus abscheulich.«

Auf diesen Seiten schreibt Gala ebenfalls über die Übergriffe, die sie durch ihren Bruder Vadka erleiden musste. Als sie klein war, schreibt sie, begannen Vadkas nächtliche »obsessive, unwiderstehliche Besuche, voll von jener dunklen, gequälten, unglücklichen Leidenschaft« in ihrem Zimmer. Es ist interessant, aber nicht überraschend, dass dieses Geständnis kaum Galas öffentliche Wahrnehmung verändert hat. Vielleicht hätte sie es genau so gewollt, denn ihr Temperament wollte nicht zu einer Opferfigur passen.

Als sich Gala und Paul Éluard kennenlernten, gab es beide Namen noch nicht. Er trug seinen Geburtsnamen Eugène Grindel und war jugendlicher Sohn einer kleinbürgerlichen Familie in Saint-Denis, seine Mutter war Schneiderin, der Vater Immobilienmakler. Und sie hieß noch Jelena Dmitrijewna Djakonowa. Beide waren erst siebzehn Jahre alt und trafen sich im Sanatorium Clavadel, nahe Davos, wo ihre Familien sie hingeschickt hatten, um ihre Tuberkulose auszukurieren. Eines Tages zeichnete er ein Dreieck auf einen Zettel und schrieb dazu: »Porträt des jungen Künstlers«. Er steckte ihr den Zettel zu und die »kleine Russin«, wie sie von seiner Familie später genannt werden sollte, antwortete: »Heute essen Sie mit mir zu Abend.« Er erzählte ihr von seinem Vorhaben, Dichter zu werden, dem sich seine Familie entgegenstellte, und sie übernahm die Rolle der Inspiratorin und Kritikerin, wurde Anfang und Ende seiner Gedichte. Es gibt ein berühmtes Foto der beiden, das sie, für einen Maskenball beide als Pierrot verkleidet, in Clavadel zeigt – sie sehen darauf beinahe aus wie Zwillinge.

Das junge Paar wurde im April 1914 getrennt, drei Monate bevor Europa in die Luft ging. Eugène wurde zum Kriegsdienst eingezogen, kam aber wegen seiner fragilen Gesundheit zunächst in die Nachhut. Nach Kriegsausbruch erkrankte er an Bronchitis, Anämie und chronischer Blinddarmentzündung und verbrachte beinahe das gesamte Jahr 1915 in einem Lazarett nahe Paris. In dieser ganzen Zeit schickten sich die beiden Verliebten zahlreiche Briefe und Gedichte. Sie hatten einen Plan. Jelena überredete ihre Mutter und ihren Stiefvater, sie an der Sorbonne studieren zu lassen. Überraschenderweise stimmten sie zu, obwohl der Krieg in vollem Gange war. Aus Moskau reiste Jelena in Begleitung einer Schweizer Hausdame zunächst mit dem Schiff nach Helsinki, von dort ging es weiter nach Stockholm und dann nach London. Sie kam in Southampton an, überquerte den Kanal nach Dieppe und erreichte schließlich Paris. Das Paar heiratete am 21. Februar 1917 während Pauls Heimaturlaub. Die Hochzeitsnacht verbrachte das Paar in einem Hotel. Wochen später brach in Russland die Revolution aus, und der Kontakt zu Jelenas Familie wurde unmöglich. Wenig später wurde sie schwanger, und im Mai 1918 kam ihre Tochter Cécile zur Welt. Es heißt, sie hätte lieber einen Sohn gehabt, der den Namen Pierre bekommen sollte.

Gala/Jelena lebte zurückgezogen bei ihren Schwiegereltern, während ihr Mann an der Front kämpfte, und sie fand das Muttersein unerträglich. Als Paul schließlich zurückkehrte, hatte sich ihr junger, tuberkulöser Dichter stark verändert. Er war zu einem gewöhnlichen Mann geworden, gewillt, einer Arbeit im Kontor seines Vaters nachzugehen und sich nun in eine nur leicht modifizierte Version seines Vaters zu verwandeln. Er war bereit, ein ruhiges Leben mit seiner kleinen Tochter und seiner russischen Frau in den Vororten von Paris zu führen. In *La intrusa* zitiert Monika Zgustova das russische Wort *byt*, so kurz und dabei so treffend. In diesem Wort vereint sich alles Häusliche, die Familie, der Alltag, alles, was nicht *bytie*, also spirituell, ist. *Byt* war alles, was diese junge, lebenshungrige Frau nicht interessierte. Und unter diesen häuslichen Überdruss fasste Gala auch ihre Tochter Cécile. Wie sollte sie das eine vom anderen trennen, wenn doch alles zusammengehörte: Ein Kind bedeutete weniger Poesie, schlechteren Sex und die vielen anstrengenden Seiten des bürgerlichen Lebens, dem sie geglaubt hatte, entflohen zu sein, indem sie einen angehenden Dichter heiratete.

Die kurzfristige Lösung für Gala, Paul und Cécile bestand darin, die Sorgearbeit mit anderen Frauen der Familie zu teilen. Pauls Mutter und Schwestern waren letztlich die, die Cécile großzogen. So bestanden Jelenas Aufgaben weiterhin hauptsächlich darin, ihren Mann in seinen neuen Abenteuern zu bestärken. Zusammen mit André Breton, Louis Aragon, Tristan Tzara und anderen hatte er die Zeitschrift *Littérature* gegründet, und Jelena gefiel diese Gruppe, obwohl sie es nicht leicht hatte, die Intellektuellen für sich zu gewinnen, die diese exzentrische Frau als seltsam und schwierig wahrnahmen.

Das Ganze gewann im Sommer 1921 an Fahrt, als die Éluards (ohne Cécile) ihre Sommerfrische in Köln verbrachten, um Max Ernst kennenzulernen. Ernst war mit der Historikerin Louise Straus verheiratet, und die beiden hatten einen Sohn, Hans-Ulrich, genannt Jimmy. Dies hinderte Max allerdings nicht daran, eine Dreierbeziehung mit Gala und Paul einzugehen: Wieder ein Dreieck, wie damals in Clavadel, diesmal mit drei beteiligten Menschen.

Im darauffolgenden Sommer ließ das Paar ihre Tochter Cécile wieder bei den Großeltern zurück und fuhr zusammen mit Hans Arp, Tristan Tzara und deren Partnerinnen nach Tirol in die Ferien. Max Ernst verbrachte diesen Sommer mit Gala und Paul und trennte sich schließlich von seiner Frau. Für Gala war die Situation nicht durchweg angenehm, trotz der anfangs unaufgeregten Zustimmung ihres Mannes. Nach Ende des Sommers blieb Ernst im großzügigen Wohnhaus des Ehepaars Éluard in Eaubonne. Paul nahm jeden Morgen den Zug, um zur Arbeit im Immobilienunternehmen seines Vaters nach Paris zu fahren, während Max und Gala zu Hause blieben. Er malte, sie beobachtete ihn dabei, und die kleine Cécile lief dazwischen umher. Gala gefiel die neue Energie in ihrem Haus, das nun nicht mehr an eine Versicherungsgesellschaft mit einer Hausangestellten erinnerte, sondern das Haus dreier Künstler in einer polyamorösen Beziehung war. Ernst bemalte überall im Haus Türen und Wände: Hier eine nackte, in der Mitte zerteilte Frau, deren Eingeweide in der Luft hängen und die Cécile Angst machte. Dort über Céciles Bett eine Ente mit Rädern. Im größten Schlafzimmer malte er große Menschenhände und Ameisenbären, die gerade Ameisen verschlingen. »Wir lebten dort alle auf natürliche Weise zusammen. Ich kann mich nicht erinnern, dass es mir irgendwie seltsam vorgekommen wäre«, beschrieb es Cécile als alte Frau in einem Interview mit *The Guardian*. Dieses Arrangement dauerte ein paar nicht immer harmonische Jahre an, in denen die Gruppe der Surrealisten Gala für Éluards wachsende Verzweiflung verantwortlich machte. Nach einer Reise nach Saigon, bei der Gala, Paul und Max drei Wochen zusammen im Hotel Casino verbrachten, packte Max seine Sachen in Eaubonne zusammen und ging. Seine Wandgemälde ließ er zurück. Viele Jahre später restaurierte Cécile die Fresken zusammen mit einem ihrer vier Ehemänner, nachdem sie die damaligen Eigentümer des Hauses überzeugt hatte, die Bilder unter ihren bunten Tapeten freizulegen. Sie baten Max Ernst, die Fresken auf Leinwand zu übertragen und zu unterzeichnen. Die Leinwände wurden dann in den 1960er Jahren an die iranische Königin Farah Diba verkauft, die gerade dabei war, eine Sammlung zeitgenössischer Kunst zusammenzustellen. Heute ist das Zeugnis dieses Liebes-Dreiecks unter Surrealisten im Teheraner Museum für Zeitgenössische Kunst zu sehen.

Nach der Phase der Dreierbeziehung kehrten Paul und Gala zurück in ihre Ehe zu zweit, aber nicht für lange. Das prekäre Gleichgewicht wurde im Sommer 1929 erneut gestört, als das Paar die Einladung eines jungen Malers annahm, den sie bis dahin noch nicht kannten: Salvador Dalí. Dalí hatte das Paar für zwei Wochen in sein Heimatdorf Cadaqués eingeladen. Diesmal kam Cécile mit, und René Magritte mit seiner Frau Georgette sowie der Galerist Camille Goemans mit seiner Frau waren ebenfalls dabei. Was sich dort abspielte, wurde schon tausendfach erzählt. Dalí war hingerissen von dieser ephebischen Frau, die sich keinerlei Mühe gab zu gefallen. Sie war fasziniert von diesem Typen, der mit Dreck an der Hose Frauen malte. Zugstova imaginiert in ihrem biographischen Roman, dass sich Dalí und Gala in einem der ersten Gespräche darüber unterhalten, wie Cécile in Galas Gedankenwelt mit ihrer jüngeren Schwester verschmilzt, jenem Wesen, das ihr so abscheulich war. Sie wollte einen Jungen, und es gelang ihr nicht, ihre Tochter so zu lieben, wie es von Müttern erwartet wurde. Am Ende des Sommers bekam Cécile Typhus, was es Gala ermöglichte, etwas länger im Hotel Miramar in Cadaqués zu bleiben. Doch war sie die Rolle der fürsorglichen Mutter nicht gewohnt, hatte keine Geduld für die Pflege ihrer Tochter und entwischte immer wieder, um mit dem Maler Bootstouren zu unternehmen. »Nachdem sie Dalí kennengelernt hatte, interessierte sie sich nicht mehr für mich«, so formulierte es Cécile in zahlreichen Interviews, als die Medien herausfanden, dass sie, die sämtliche Mitglieder der Avantgarde-Bewegungen in ihrem eigenen Haus erlebt hatte, mit fünfundneunzig Jahren noch am Leben war. »Sie war nie besonders warmherzig, auch davor schon nicht. Sie war rätselhaft, hatte immer Geheimnisse«, so beschrieb Cécile ihre Mutter.

Im Herbst desselben Jahres wurde Cécile zu ihrer Großmutter väterlicherseits geschickt, bei der sie nun dauerhaft leben sollte und die sich in Wirklichkeit schon seit ihrer Geburt meist um sie gekümmert hatte. Wer weiß, ob ihre Mutter dachte, sie wäre dort besser aufgehoben, zumal sie mit Salvador Dalí den ersten gemeinsamen Winter in einer Fischerhütte von 25 Quadratmetern in Port Lligat verbringen würde. Glaubte sie womöglich, dort sei nicht der richtige Ort für ein Kind? So oder so begann Dalí wenig später Geld zu verdienen. Viel Geld. Und das Paar tauschte die Fischerhütte ohne elektrischen Strom gegen das Zimmer 1610 im Hotel St. Regis in Manhattan, wo sich Gala und Salvador für den nächsten Winter einmieteten. Vor der Tür sammelten sich die Touristen, um einen Blick auf den spanischen Maler mit dem exzentrischen Schnurrbart zu erhaschen, wie er mit einem goldenen Umhang mit Bienen darauf oder einer Schachtel voller Fliegen spazieren ging, wie in sämtlichen Zeitungen zu lesen war.

In diesem Universum der echten Celebrities, wo sich Mickey Mouse auf Augenhöhe mit geschmolzenen Uhren bewegt und das Gala und Salvador Dalí nun bewohnten, gab es keinen Platz für Cécile. Das Mädchen lebte bei den Großeltern. Zu ihrem Vater hatte sie außerdem regelmäßigen Kontakt, und sie verstand sich gut mit Paul Éluards zweiter Frau Nusch. Mutter und Tochter trafen sich etwa einmal im Jahr. Geld war ein Grund für Spannungen zwischen Céciles Eltern, da Paul höhere Unterhaltszahlungen für das Mädchen verlangte, das im Übrigen überaus gewöhnlich, kaum faszinierend und keineswegs magnetisch war. Zumindest in den Augen der Mutter, die ihrerseits in den Augen der Welt immer faszinierender und magnetischer wurde. Gala und Salvador zusammen waren ein perfektes zweiköpfiges Monstrum. Und so unterzeichneten sie auch ihre Werke: Gala Salvador Dalí. Einzeln war sie eine »Performerin, die bewusst ihr eigenes Bild erschuf«, so Estrella de Diego, die Gala als Künstlerin im Kleid eines Models versteht, als weiblichen *Dandy*. Keine dieser Rollen, weder Performerin noch Dandy wollte so richtig zur traditionellen Mutterrolle passen.

Zwischen Mutter und Tochter gab es im Lauf der Zeit eine Handvoll unschöner Szenen. Im Juni 1940, als die deutsche Wehrmacht Richtung Paris vorrückte, floh die damals 22-jährige Cécile aus der Stadt. Sie wusste, dass ihre Mutter in diesem Sommer eine Villa in Arcachon angemietet hatte, fünfzig Kilometer von Bordeaux. Die Straßen waren verstopft, es wimmelte von Menschen, die versuchten, in Richtung Süden aus Paris hinauszukommen. Als Cécile in Arcachon ankam, hielt die Hausangestellte sie für eine Betrügerin. Sie sagte, die Hausherrin habe keine Tochter, und als sie ihr schon die Tür vor der Nase zuschlagen wollte, fiel ihr doch noch ein, die aktuellen Gäste des Hauses zu fragen, Man Ray und Marcel Duchamp. Die Hausangestellte öffnete die Tür, und da saßen die beiden Surrealisten beim Schachspiel. Beide bestätigten, dass es sich tatsächlich um Galas Tochter Cécile handelte, und so konnte sie ein paar Tage in Arcachon bleiben, während die Nazis in Paris einmarschierten.

Viele Jahre später stand Cécile erneut vor verschlossener Tür im Hause ihrer Mutter. Im Jahr 1982 hatte Cécile die Nachricht erhalten, dass Gala mit achtundachtzig Jahren im Sterben lag. Sie reiste nach Port Lligat, um ihre Mutter ein letztes Mal zu sehen, aber die Hausangestellten schickten sie diesmal auf Galas Wunsch hin fort, da sie ihre Tochter nicht sprechen wollte. Cécile musste also zurück nach Frankreich reisen, ohne persönlich Abschied nehmen zu können. Joan Bofill, der seit Jahren an einem Dokumentarfilm über Cécile Éluard arbeitet und sie sehr oft im fortgeschrittenen Alter interviewt hat, ist sich nicht sicher, ob Gala noch ausreichend bei Sinnen war, um ihre Tochter bewusst fortzuschicken, oder ob die Anweisung von einer anderen Person im Haus kam, die ihre eigenen Interessen verfolgte.

In der traurigen Trennungsgeschichte zwischen Mutter und Tochter gibt es ein Puzzleteil, das erst in den letzten Jahren zum Vorschein kam. Der Journalist José Ángel Montañéz eröffnet in seinem Buch *El niño secreto de los Dalí* (Der geheime Sohn der Familie Dalí), dass sowohl Gala als auch Salvador eine enge Beziehung zu einem anderen Kind pflegten, Joan Figueras. Joan wurde von dem Paar adoptiert und verbrachte viel Zeit im Hause Dalí. Er trug den Spitznamen *Juanett buniquet,* der schöne Joan, und bekam Mitbringsel von sämtlichen Reisen des berühmten Paars. Beispielweise schenkte ihm Walt Disney einmal eine Baseball-Ausrüstung, und er wurde auf Ausflüge nach Barcelona mitgenommen, wo die Familie stets im Ritz abstieg. Montañéz schreibt in seinem Buch, dass auch Gala eine liebevolle Beziehung zu diesem Kind hatte, womöglich weil er ein Junge war, wie sie ihn sich anstelle von Cécile gewünscht hatte.

Nicht einmal auf dem Sterbebett wollte Gala sich mit ihrer Tochter versöhnen. Cécile kam nicht in ihrem Testament vor und erhielt nur fünfzig Millionen Peseten sowie nach Salvador Dalís Tod in Absprache mit der spanischen Regierung ein paar seiner Werke. Cécile, die im August 2016 verstarb, ist neben Nusch, der zweiten Frau ihres Vaters, bestattet. Als sie gefragt wurde, ob Nusch so etwas wie ihre zweite Mutter sei, antwortete sie, so etwas gebe es nicht. Sie hätte schon eine Mutter, nämlich die schlechteste überhaupt. In den Gesprächen zwischen Bofill und der mittlerweile alten Dame Cécile zeigte sie eine absolute Bewunderung für ihren Vater, den sie ihr Leben lang idealisierte. Und das, obwohl er sie in letzter Minute auch in seinem Testament nicht bedachte. Wenn es um ihre Mutter ging, äußerte sich Cécile stets mit einer großen Portion Groll und distanzierter Bewunderung.

Es entsteht der Eindruck, dass sogar ihre eigene Tochter der Legende der magnetischen Frau erlegen war, die Gala umgab. Fast alle sehen wir unsere Mütter aus solcher Nähe, dass wir kaum ihre Umrisse erkennen können. Sie sind uns so nahe, dass wir kaum in der Lage sind, ihnen ihre Größe zuzugestehen. Wir können kaum erfassen, dass sie nicht nur Mütter sind, sondern darüber hinaus hochkomplexe Wesen. Für Cécile war Gala das genaue Gegenteil: Sie sah sie aus der Ferne, aus großer Ferne, so dass Gala für sie die trügerische Mixtur aus Faszination und Geheimnis behielt, die Mütter selten vor irgendjemandem, geschweige denn vor den eigenen Kindern, beibehalten. Die Erfindung der magnetischen und nicht magnetischen Frau ist allerdings eine sibyllinische Falle, die dazu dient, Frauen in Verruf zu bringen, indem sie augenscheinlich überhöht werden. Manchmal tragen die Frauen selbst dazu bei, die Kategorien der Camillas und der Pferdchen, die magnetischen und die entmagnetisierten, aufzubauen – stets in der Hoffnung, auf der richtigen Seite zu landen.

Als ich um die Zwanzig war, das Leben noch vielversprechend und die Freundschaften flüchtig, hatte ich eine Zeit lang engen Kontakt zu einem Mädchen, das so sehr Camilla war wie niemand, den ich bis dato außerhalb von Filmen kennengelernt habe. Sie hatte eine ausgeklügelt komplexe und düstere Figur für sich erschaffen, die in komplizierte Liebschaften verstrickt war und große Dilemmas erlebte, die ihr niemals den Raum ließen, sich mit irgendetwas außer sich selbst zu befassen. Ihre Probleme waren ein Vollzeitjob. Wenn man mit ihr sprach, besonders wenn es nicht ums Verführen ging, ruhte ihr Blick etwa eine Handbreit über dem Kopf ihres Gegenübers, und ihre Aufmerksamkeit war auf jeden Fall nicht mehr bei ihrem Gesprächspartner, wenn sie denn jemals dort gewesen war. Meine Camilla mit ihrer halblangen roten Mähne kleidete sich sogar so, als wäre sie die Hauptperson in ihrem eigenen *Film Noir*, ohne die Mode der Zeit zu beachten, die wir anderen mit unterschiedlich großem Enthusiasmus mitmachten. Schon mit fünfundzwanzig Jahren war sie sich des kinematographischen Werts eines gut taillierten Trenchcoats überaus bewusst.

Mit der Zeit löste sich unsere Gruppe auf, und ich verlor sie aus den Augen. Viel später trafen wir uns an einem Ort wieder, wo ich sie am wenigsten erwartet hätte: auf einem Festival für Familien, das Eltern gern mit kleinen Kindern besuchten, da es einen Vorwand bot, tagsüber Alkohol zu trinken. Solche Veranstaltungen sind normalerweise gut organisiert. Es gibt immer allergenfreies Essen für die Kinder, DJ-Workshops und Gesichterschminken. Vormittags spielen Kinderbands, und abends sind die Gruppen auf der Bühne, die die Eltern mochten, als sie noch ein etwas würdigeres Sozialleben hatten.

Das Hauptproblem bei solchen Festivals ist, dass man unweigerlich in der Schlange vor dem Wermutstand oder beim Graffiti-Workshop Gesichtern aus anderen Zeiten begegnet, die man in einer lange vergangenen Ära in Bars und auf Konzerten traf, als noch mehr Kollagen in den Wangen war, die Haut noch straffer und die Augen glänzender. Den Verfall all dieser Gesichter aufs Mal festzustellen, bringt einen sofort dazu, über das eigene Altern nachzudenken, und das versaut einem dann auf dieser abgesperrten Fläche mit fünfhundert anderen erschöpften Erwachsenen nebst Nachwuchs ein bisschen den Wermut.

An einem dieser Samstage, ich weiß nicht mehr, ob es in der Schlange vor der Toilette, beim Bastel-Workshop für David-Bowie-Masken aus Moosgummi war oder beim Warten auf die Nudelbox am Essensstand, sah ich Camilla. Auch sie zog ein Kind in ähnlichem Alter wie das auf meinem Arm hinter sich her. Wie war das nur möglich? Sie doch nicht, sie kann doch nicht in der gleichen Situation stecken wie ich! Es ist, als würde mir jemand erzählen, dass Gene Tierney jetzt Inklusionsbeauftragte im Elternbeirat ist oder Barbara Stanwyck alle Lieder aus *Frozen* auswendig als Betthupferl singt. Es ergab überhaupt keinen Sinn, dass diese magnetische Frau, neben der ich mich so oft wie ein Nichts gefühlt hatte, an so einem Ort unterwegs war. Dabei bestand überhaupt kein Zweifel, dass sie es wirklich war. Ihr Haar glänzte noch immer, ihre Wangen waren noch immer elastisch und voll. Sie hatte Augenringe, sicher, aber diese wurden von einer Sonnenbrille verborgen, die nicht der aktuellen Mode entsprach, eigentlich überhaupt keiner Mode. Sie trug Budapester statt wie neunzig Prozent der anderen Eltern Sneaker. Sie sah mich nicht oder tat so, als würde sie mich nicht sehen, denn ihr Kind forderte ihre gesamte Aufmerksamkeit. Definitiv war sie jetzt nicht in der Lage, eine Handbreit über meinen Kopf in meine Richtung zu schauen.

Ein Oger, eine Prinzessin und eine Idiotin. Die abwesenden Mütter in den Filmen von Meryl Streep

Seit Meryl Streep vom Publikum und der Filmindustrie zu *der* Schauspielerin ihrer Generation gekürt wurde, hatte sie Gelegenheit, alle möglichen Identitäten vor der Kamera auszuprobieren. Sie war Nonne, Arbeiterin, Premierministerin, Modezarin, romantische Schriftstellerin, Rockstar, Hexe, Fuchsmutter (in *Fantastic Mr. Fox*) und Menschenmutter. Sehr oft war sie in ihren Filmen Mutter.

In *Mamma Mia!* spielte sie eine aus freien Stücken alleinerziehende Mutter, in *Im August in Osage County* eine kranke, grausame, tablettensüchtige Mutter, eine multitaskende wohlhabende Mutter, die high auf Marihuana Croissants backen kann, in *Wenn Liebe so einfach wäre* und eine von ihrem eigenen Kind gehasste Mutter in *Ein Schrei in der Dunkelheit*. Dieser Film erzählt die berühmte Geschichte von einem australischen Dingo, der 1980 einen Säugling riss. Alle Welt glaubte, die Mutter habe ihr Kind ermordet, da sie im Fernsehen nicht ausreichend aufgelöst aufgetreten war oder weil ihre Trauer nicht den Erwartungen des Publikums entsprach. Kate McCann, die Mutter der 2007 in Portugal verschwundenen, fast 4-jährigen Madeleine McCann, wurde Jahre später Opfer der gleichen Vorurteile. Es gab massenweise Artikel darüber, wie oft sie die Kleidung wechselte und dass sie bunte Haarbänder trug, während ihre verschwundene Tochter gesucht wurde. Eine trauernde Mutter, eine unschuldige Mutter schmückt sich nicht das Haar mit bunten Haarbändern, blökten etliche wütende Klatschreporter und vor allem viele Privatpersonen zu Hause am Küchentisch.

Die Kino-Mutter Meryl Streep war in ihren Filmen öfter eine Mutter, die geht, oder zumindest eine, die anfällig dafür ist, ihre Kinder zu verlassen. In drei Filmen, die bei Erscheinen polarisierten und auch heute noch das moralische Empfinden derjenigen auf die Probe stellen, die zufällig darüber stolpern, stellt sie eine ambivalente Mutterfigur dar, die (vielleicht) geht: *Sophies Entscheidung*, *Kramer gegen Kramer* und *Die Brücken am Fluss*.

Sophies Entscheidung basiert auf dem gleichnamigen Roman von William Styron und zeigt einmal mehr, wie gut Meryl Streep jeden nur erdenklichen Akzent in jeder Sprache – in diesem Fall einen polnischen Akzent im Englischen und im Deutschen – darstellen kann. Meisterlich verkörpert sie ein unlösbares Dilemma, das die Zuschauerschaft zu einer Reaktion zwischen ernster Begeisterung und einer Portion Pflichtbewusstsein animiert. Wie es sich eben für einen oscarwürdigen Film gehört. Der Film fesselt, weil er bei allen die Frage provoziert: Was würde *ich* tun?

Sowohl im Buch als auch im Film wird die Figur der Sophie bzw. Zofia nicht als Mutter vorgestellt, sondern als alleinstehende Frau, die Anfang der 1950er Jahre in einem Gästehaus in Brooklyn lebt. Sophie gerät mit ihrem Verlobten Nathan, der behauptet, Biologe bei Pfizer zu sein, und dem gerade aus Virginia angereisten angehenden Schriftsteller Stingo, der sowohl im Buch als auch im Film der Erzähler ist, in die Vorstufe einer klassischen Dreiecksgeschichte.

In der zweiten Hälfte des Films erfahren wir, dass Sophie

zwei Kinder geboren hat, die sie in Auschwitz verlor. Erst am Ende des Films gesteht sie Stingo, was wirklich geschehen ist. Obwohl sie katholisch ist und ihr Vater ein antisemitischer Juraprofessor, der mit Feuereifer auf Seiten der Nazis stand, wird sie nach Einmarsch der Wehrmacht ins Konzentrationslager Auschwitz verschleppt. Dort angekommen, stellt sie der KZ-Arzt, der darüber entscheidet, wer leben darf und wer nicht, aus reiner Grausamkeit vor eine unmögliche Wahl. In dieser Szene steigt Zofia zusammen mit Tausenden anderen Gefangenen aus dem Zug, ihre 3-jährige Tochter Eva im Arm und ihren Sohn Jan an der Hand. Vor den Toren des Konzentrationslagers, unter Hunderten Wartenden, macht ihr der Nazioffizier das unmögliche Angebot: Sie soll auswählen, welches ihrer Kinder ins Kinderlager kommen und somit überleben soll. Das andere geht sofort ins Gas. Und wenn sie nichts sagt, werden sofort beide Kinder in den Tod geführt. Zunächst weigert sie sich. Wie könnte sie auch so eine Wahl treffen?

Innerhalb von Sekunden versteht sie aber, dass ihr die Kinder wirklich weggenommen werden, und Zofia trifft eine Entscheidung. Sie übergibt ihre Tochter dem Offizier, der sie mitnimmt und für immer von der Mutter trennt. Im Film sind an dieser Stelle die herzzerreißenden Schreie der damals 4-jährigen Schauspielerin Jennifer Lawn Lejeune zu hören, die Eva spielt, wie sie ihrer Mutter entrissen wird. Das Mädchen vertraute der Schauspielerin, da sie etliche Tage darauf verwendet hatte, mit ihr zu spielen und ihre Zuneigung zu gewinnen. Es heißt, es wäre Streeps Idee gewesen, nicht die des Regisseurs Alan J. Pakula, dass in der Szene nur das Kind zu hören ist, während Streeps Lippen sich zu einem stummen Entsetzensschrei formen.

Weder das Buch von William Styron noch der Film von Alan Pakula erklären, warum Sophie Jan auswählt, der am Ende trotz allem in einem Todeslager stirbt, und nicht Eva. Die verbreitetste Theorie ist, dass der Junge zu diesem Zeitpunkt schon älter ist und kräftiger und somit größere Überlebenschancen hat. Diese Entscheidung, die sich am Ende als nutzlos erweist, da die Nazis letztlich beide Kinder ermorden, prägt Sophies Schicksal. Zwar überlebt sie den Holocaust, nicht aber das eigene Gewissen: Am Ende nimmt sie sich das Leben.

Ihr Partner Nathan begleitet sie zum Schluss in den Tod, und es stellt sich schon im Laufe des Films heraus, dass er in Wirklichkeit kein Biologe ist, sondern in einer Bibliothek arbeitet. Er leidet an einer paranoid schizophrenen Störung und unterhält mit Sophie eine komplexe und anstrengende Beziehungsdynamik aus Gewalt, übermäßigen Liebesbekundungen, Schuld und Schikane. Als sie völlig ausgehungert und zerstört in den USA ankommt, lernen sich die beiden kennen und er hilft ihr zurück ins Leben, nur um sie zum Schluss doch in den Tod zu drängen. In einer Schlüsselszene schikaniert der jüdische und von der Shoah besessene Nathan Sophie mit bohrenden Fragen, was sie, die Katholikin, wohl getan haben mag, um das Todeslager zu überleben. Er will auf Teufel komm raus wissen, mit welchen sexuellen Diensten sie sich wohl bei den Nazis freigekauft hat.

Die erste feministische Lesart des Films stammt von der Literatur- und Genderwissenschaftlerin Lisa Carstens. Für sie wird die Hauptfigur bereits in Styrons Roman zum mehrfachen Opfer, da der Text insinuiert, sie habe ihr grausames Schicksal verdient, habe sich ihr Problem selbst erschaffen, indem sie dem Nazi-Arzt in nahezu perfektem Deutsch und nicht auf Polnisch antwortete und so mit dem Tod zu verhandeln versuchte (»Ich bin keine Jüdin und meine Kinder auch nicht«). Der Roman gehört zur Unterhaltungsliteratur und verkaufte sich extrem gut, im Gegensatz zu den wenigen literarischen Werken, die in den Händen der Literaturwissenschaft landen. Dennoch wurde das Buch vielfach analysiert, bisher allerdings eher aus ethnisch religiösem Blickwinkel und nicht in Hinblick auf das Thema Mutterschaft. Cinthya Ozick wirft Styrons Roman beispielsweise vor, er würde den Holocaust in eine allgemeinmenschliche und nicht spezifisch jüdische Tragödie verwandeln, indem er eine katholische Protagonistin wählt, und würde somit den Juden ihre Hauptrolle in der Shoah streitig machen.

Über Sophie als schuldige Mutter gibt es kaum Literatur. Gleich zu Beginn der Geschichte wird deutlich, dass sowohl Styron als auch Pakula die intuitive Gewissheit nähren, eine Mutter könne die Last, eins ihrer Kinder freiwillig geopfert zu haben, nicht überleben. Eine richtige Mutter, so der implizite Schluss, bestraft sich selbst mit dem Tod, wenn sie nicht in der Lage ist, ihre Kinder zu retten. Und die Tatsache, dass all das inmitten eines Krieges und eines Völkermordes geschieht, verändert das Ganze nicht grundsätzlich. Sophie konnte ihre Kinder nicht retten, daher glaubt sie, auch sie habe den Tod verdient.

Im Film unternimmt der in Sophie verliebte Stingo einen Rettungs- und Befreiungsversuch der Hauptfigur. Er bietet Sophie an, sie zu heiraten und mit ihm gemeinsam die Ranch zu führen, die er in Virginia geerbt hat. Das ist die Stelle, an der sie ihm ihre ganze Tragödie eröffnet. Sie könne ihm niemals

Kinder schenken, da sie keine Kinder mehr verdient habe. Denn sie habe freiwillig ihre Tochter den Nazis überlassen.

Wenige Monate nachdem der Film in die Kinos kam, trat die hochschwangere Meryl auf die Bühne, um ihren Oscar für die Rolle der Sophie entgegenzunehmen. Und das Publikum, das die Vermischung von Fiktion und Wirklichkeit niemals wirklich ablegt, war angesichts des Babybauchs und des strahlend schönen und gesunden Aussehens der Schauspielerin zutiefst erleichtert. Am Ende war für dieses zerbrechliche blonde Mädchen, das kurz davor stand, ihr Kind zu gebären, zum Glück alles nochmal gut ausgegangen.

Erst drei Jahre waren seit Meryl Streeps letztem Academy Award vergangen, den sie für die beste Nebenrolle, wieder als tragische Mutterfigur *in Kramer gegen Kramer*, erhalten hatte.

Am Übergang von den 1970er- zu den 1980er Jahren war Betty Friedans Buch *Der Weiblichkeitswahn oder die Selbstbefreiung der Frau* schon fast zwanzig Jahre auf dem Markt, und dennoch war die Erzählung von der frustrierten Ehefrau im Mainstream noch sehr präsent. Das 1981 erschienene Jugendbuch *Homecoming* von Cynthia Voigt, eines der erfolgreichsten Bücher der US-Jugendliteratur, beginnt mit einer Mutter, die ihre vier Kinder an einer Tankstelle zurücklässt. 1979, im gleichen Jahr, als *Kramer gegen Kramer* in die Kinos kam, hatte die Sängerin Marianne Faithfull unerwarteten Erfolg mit ihrer Version von *The Ballad of Lucy Jordan*. Das Lied erzählt die Geschichte von Lucy, einer 37-jährigen Frau aus der Vorstadt, die eines Tages einfach im Bett liegen bleibt, nachdem sie die Kinder in die Schule gebracht hat, und davon träumt, einmal in einem Cabriolet durch Paris zu fahren, den Wind im Haar. Die letzte Strophe, in der ihr ein Mann die Hand anbietet, um ihr vom Dach ihres Hauses in sein weißes Auto zu helfen, wurde oft als Bild für ihren Suizid interpretiert, doch, so Faithfull, steigt Lucy tatsächlich in einen Krankenwagen, der sie in die Psychiatrie bringt. Lucy hat den Teil ihres Verstandes verloren, der es ihr ermöglichte, ein konventionelles Leben zu führen.

Joanna Kramer ist mondäner als Lucy Jordan. Sie lebt in der Upper West Side und nicht in der pittoresken Vorstadt mit ordentlichen weißen Zäunen und gepflegten Vorgärten, in der wir uns Lucy vorstellen. Sie war bestimmt schon das eine oder andere Mal in Paris. Vielleicht verbrachte sie dort ein Auslandssemester während ihres Studiums an der Smith University und saß in Pariser Cafés und las womöglich Baudelaire und tat die Dinge, die junge Amerikanerinnen in Paris eben tun. Doch hat Joanna letztlich das gleiche Problem wie Lucy Jordan und steht vor derselben Wahl: Weggehen oder verrückt werden.

Zweifelsohne traf *Kramer gegen Kramer* einen Nerv, als der Film 1979 in die Kinos kam. Er spielte mehr ein als alle anderen Filme des Jahres: Mehr als *Alien*, mehr als *Rocky II*, mehr als *Apocalypse Now*. Der Film *Kramer gegen Kramer* wurde in der Presse als Zeichen eines sozialen und generationalen Paradigmenwechsels diskutiert. Und in den über vierzig Jahren, die seit Erscheinen vergangen sind, wurde er unter verschiedensten Aspekten analysiert, einige davon widersprüchlich. Eine Lesart ist die der sogenannten »Vorzeigeväter«, die mit Ted Kramer, der die Sorgearbeit für seinen Sohn am Ende besser erledigt als die Mutter, einen mehr als würdigen Vertreter gefunden hat. Die Interpretation als antifeministischer Film, als Reaktion auf die zweite Welle des Feminismus, der vorgeworfen wurde, das traditionelle Familienmodell gesprengt zu haben, schlägt in die gleiche Kerbe.

Die Scheidung als gesellschaftliches Scheitern war ein Topos, der zu Beginn der 1980er Jahre in reicheren Ländern in der Luft lag. Natürlich nicht in Spanien, wo die Ehescheidung erst seit 1981 erlaubt ist und lange als progressive Wunschvorstellung galt. In Spanien wurde die Scheidung nicht in Dramen, sondern in Komödien wie *¡Qué gozada de divorcio!* (Was für eine spaßige Scheidung!) von Mariano Ozores als etwas Absurdes verarbeitet. Während zeitgleich in den USA das Thema der »Schlüsselkinder« mit Ernst und Sorge diskutiert und medial behandelt wurde. So bei Elliot und seinen Geschwistern in *E. T.*, deren Eltern geschieden sind. Die Kinder müssen ihre Haustüre selbst mit einem eigenen Schlüssel öffnen, wenn sie von der Schule nach Hause kommen. Es ist niemand zu Hause, der ihnen aufmachen könnte, denn die Mutter arbeitet und der Vater lebt woanders, vielleicht hat er schon neue Kinder und eine neue Frau, die nicht so zerstreut und nicht so frei ist wie die alte.

Kramer gegen Kramer beginnt damit, dass Joanna Billy verlässt. Was für eine Mutter verlässt ihr Kind? Diese schlanke blonde Mutter mit ihrem klassischen Burberry-Trenchcoat, die im Kinderzimmer Wolken an die Wände gemalt hat, damit ihr Sohn sich fühlt, als schliefe er im Himmel. An dem Abend, als Joanne beschließt zu gehen, bringt sie Billy ins Bett, streicht ihm über den Kopf und sagt, dass sie ihn lieb hat. Danach packt sie das Nötigste in ihren Koffer und legt ein gebrauchtes T-Shirt ihres Sohnes obenauf. Als ich den Film zum ersten Mal als Mutter sah, verstand ich sofort, warum sie das tat. Natürlich wollte sie Billys Geruch bei sich haben, für den Fall, dass die Sehnsucht zu stark würde.

In diesem Moment kommt Ted nach Hause. Er ist fröhlich und aufgeregt, da er nach fünf Monaten harter Arbeit zusammen mit seinem Chef aus der Werbeagentur einen neuen Kunden gewonnen hat. Nun steht seine eigene Beförderung zum Creative Director an, und darauf hat er mit seinem Vorgesetzten ein paar Gläser getrunken. Dieser Tag, so sagt er später im Film, hätte eigentlich einer der fünf glücklichsten seines Lebens werden sollen. In der Beschreibung des Films auf Netflix wird Ted als *Yuppie* bezeichnet, was historisch nicht ganz korrekt ist. Erstens wurde dieser Begriff erst 1983 populär, vier Jahre nach Erscheinen. Und zweitens entspricht Ted mit seinen einstudierten Gesten, seinen Cordhosen und den altmodischen Werbeschildern hinter seinem Schreibtisch in der Agentur keineswegs dem Bild eines klassischen Yuppie. Ted ist ein Kind der 1960er Jahre, wählt definitiv die Demokraten, hat es aber irgendwie verpasst, die feministische Perspektive in seine progressive Ideologie einzubeziehen.

Joanna versucht wiederholt, ihm klarzumachen, dass sie ihn tatsächlich verlässt, aber Ted hört ihr nicht zu. Sie legt ihre Schlüssel und die Abholscheine für die Reinigung auf die Anrichte im Flur und sagt noch einmal deutlich, dass sie wirklich geht. Auf dem Weg nach unten erklärt Joanna ihrem Mann, der ihr den Koffer weggenommen hat und ihr in den Fahrstuhl gefolgt ist, dass sie sich aus dem Fenster stürzen wird, wenn er sie nicht gehen lässt. Ihren Sohn nimmt sie nicht mit, weil sie nicht gut mit ihm zurechtkommt. Sie ist zu ungeduldig. Der ungläubige Ted bleibt allein mit seinem Sohn in der Wohnung zurück – wahrscheinlich zum ersten Mal seit dessen Geburt.

Ab diesem Augenblick bis zum letzten Drittel des Films, als sie erholt und mit blauem Lidschatten, einem Therapeuten und einer guten neuen Arbeitsstelle aus Kalifornien zurückkehrt, verlieren wir Joanna aus den Augen. Es steckt viel reaktionäres Gedankengut in diesem Film, aber ein Detail wird nahezu jeder Feministin, die mit dem Gender Pay Gap vertraut ist, ein Lächeln entlocken: Ted verliert seine Stelle in der Werbeagentur, da sein Sohn zu viel Zeit fern des Büros einfordert. Er findet mit einigem Einsatz direkt am Tag nach seiner Entlassung eine neue Arbeit, bei der er allerdings wesentlich weniger verdient. Seine Frau hingegen, die nach sechs Jahren Kinderpause zurückkehrt auf den Arbeitsmarkt, ist nun ohne Kind erfolgreicher als er. Der wirtschaftliche Schaden der Mutterschaft geht hier auf den Vater über, der wohl oder übel die Sorgearbeit für das gemeinsame Kind übernehmen muss.

Der Hauptteil des Films befasst sich mit Ted und Billy. Ted entwickelt sich von der Sorte Vater, der nicht weiß, welche Klasse sein Kind besucht (diese Frage stellt er Billy am Eingang zur Schule, als er ihn zum ersten Mal dort abliefert), zu einem Vater, der den Text soufflieren kann, den sein Sohn beim Schultheaterstück aufsagen muss. Diese Wandlung vom abwesenden zum aufmerksamen Vater kondensiert sich im French Toast, der Ted beim ersten Frühstück als alleinerziehender Vater nicht gelingen will und den die beiden dann nach anderthalb Jahren zu zweit am Ende des Films zum vermeintlich letzten Mal als perfekt abgestimmtes Zweierteam stumm genießen. Eier, Milch, Brot, Butter, Pfanne.

Der *Mann, der sich um seine kleinen Kinder kümmert* war im Kino der 1980er Jahre ein sehr fruchtbares Konzept und fand alle möglichen Formen, Blickwinkel und Register, um sich Bahn zu brechen. Das zeigt, dass es ausreichend außergewöhnlich war, um darüber Filme zu machen, aber gleichzeitig so plausibel, dass man es sich vorstellen konnte. Tatsächlich hatte Al Pacino die Rolle des Ted Kramer abgelehnt, und am Ende wurde es Dustin Hoffman, womöglich weil er vorher schon den Film *Tootsie* gemacht hatte. *Tootsie* handelt von einem Mann, der sich als Frau verkleidet, weil ihn seine Freundin mit ihren fünf Kindern von verschiedenen Vätern, keines von ihm, allein lässt – auch eine Mutter, die geht.

1983 hatte Michael Keaton großen Erfolg mit der Komödie *Mr. Mom*, in der er einen Ingenieur spielt, der Hausmann und Vater wird, als er seine Arbeit verliert und seine Frau vor ihm einen guten Job findet. Kurz darauf kam *Noch drei Männer, noch ein Baby*, in dem drei alleinstehende Männer, die offenbar erfolgreich genug sind, um sich ein Penthouse am Central Park leisten zu können, plötzlich für die Tochter von einem der drei Männer sorgen müssen. Das Mädchen im Säuglingsalter wird von seiner Mutter abgegeben, weil sie wohl nicht genug Geld hat, um für die Kleine aufzukommen – auf ihre Situation wird im Film nicht näher eingegangen. Es ist eine typische Komödie der 1980er Jahre, und irgendwoher musste das Baby eben kommen.

Der Film ist ein Remake des handlungsgleichen französischen Streifens *Trois hommes et un couffin*, der in den USA am Thanksgiving-Wochenende 1987 anlief und unerwarteten Erfolg hatte. Bei mir zu Hause war das amerikanische Remake auf VHS zusammen mit dem Sequel *Drei Männer und eine kleine Lady* eine der abgegriffensten Kassetten im ganzen Schrank. Auch *Kramer gegen Kramer* sah ich allein als Kind im Fernsehen. Ich fand den Film spannend, weil es um das Thema Scheidung ging. Dieses Thema stand ganz oben auf meiner Liste, weil sich meine Eltern auch hatten scheiden lassen. Von dem Filmerlebnis weiß ich nicht mehr viel, außer dass ich weinte, mich ein bisschen wie Billy fühlte und das Ende nicht wirklich verstand. Bestimmt wünschte ich mir, dass die Eltern am Schluss wieder zusammenkamen, wie es in meinem Lieblingsfilm *Die Vermählung ihrer Eltern geben bekannt* mit Hayley Mills passierte, nicht im Remake mit Lindsay Lohan.

Joanna Kramer kehrt schließlich nach New York zurück und ist verwandelt. Nun ist sie, wie sie selbst sagt, »ein vollständiger Mensch« und möchte ihren Sohn zu sich holen. Und an dieser Stelle kommt es zur titelgebenden Gerichtsverhandlung um das Sorgerecht für Billy. Beide Anwälte gehen mit harten Bandagen in den Kampf. Joannas Rechtsbeistand gibt Ted die Schuld an dem Verlust seiner Arbeitsstelle, und Teds Anwalt wirft Joanna natürlich die Frage vor die Füße, wie sie denn überhaupt so etwas hatte tun können, einfach ihr Kind zu verlassen. Obwohl Meryl Streep zu diesem Zeitpunkt noch nicht der Superstar war, der sie wenig später werden sollte, schrieb sie selbst einen zentralen Monolog im Film, der so nicht im Drehbuch stand, dem sie aber höchstwahrscheinlich ihren ersten Oscar verdankt. Diese Anekdote ist grundlegend für das, was später »die Legende Meryl Streeps« werden würde. Als die Schauspielerin den Roman von Avery Corman las, auf dem der Film weitgehend beruht, hatte sie folgenden Eindruck von Joanna, wie sie es später in einem Interview formulierte: »ein Oger, eine Prinzessin und eine Idiotin«. Ihre Bedingung dafür, dass sie die Rolle übernahm, war, dass die Figur mehr Tiefgang bekam, und vor allem sollte sie einen echten Grund erhalten, warum sie ihr Kind verließ. Einen Grund, der über die moralische Fabel hinausging, die die Handlung im Sinne eines selbstbezogenen Mannes voranbringt, der dadurch erfahren darf, was im Leben wirklich zählt.

Der Regisseur James Benton hatte Joannas Monolog, der die Richter überzeugen sollte, ihr Billy zurückzugeben, konzipiert wie eine weibliche Version von Shylocks Monolog in *Der Kaufmann von Venedig* (»Wenn ihr uns stecht, bluten wir nicht?«): »Nur weil ich eine Frau bin, kann ich nicht die gleichen Träume und Hoffnungen hegen wie ein Mann? Habe ich kein Recht auf ein eigenes Leben? Ist mein Schmerz geringer, nur weil ich eine Frau bin?«. Benton hatte den Verdacht, den er auch Streep gegenüber äußerte, dass dieser Text nicht unbedingt davon profitierte, dass ihn ein Mann für eine Frau geschrieben hatte, und bat sie, den Monolog zu überarbeiten. Am nächsten Tag beim Dreh sprach Meryl Streep ihre eigenen Worte:

»Ich weiß, ich habe meinen Sohn verlassen. Ich weiß, das ist etwas Schreckliches. Glauben Sie mir, denn ich muss jeden Tag damit leben. Um das überhaupt zu schaffen, musste ich glauben, dass es meine einzige Wahl und das Beste für ihn war. Ich war nicht in der Lage, in diesem Haushalt zu funktionieren, und ich wusste nicht, wie die Alternative aussehen würde. Also war es für mich nicht die beste Option, ihn mitzunehmen. Ich war fünfeinhalb Jahre lang seine Mutter. Ted hat diese Rolle in den letzten achtzehn Monate übernommen. Ich weiß nicht, wie irgendjemand glauben kann, ich hätte weniger Recht darauf, für diesen Jungen zu sorgen als Mr. Kramer. Ich bin seine Mutter. Ich bin seine Mutter.«

Diese sich im Kreis drehenden abschließenden Worte haben die Autoritätsfunktion eines unhinterfragbaren Arguments. Ich bin seine Mutter, muss man dazu noch mehr sagen? In *Da-*

nach. Über Ehe und Trennung schreibt Rachel Cusk über ihre Scheidung. Die Autorin, die Joanna Kramer in nichts ähnelt, entwickelt eine ähnliche Argumentation, um zu rechtfertigen, warum die Kinder bei ihr und nicht bei ihrem Mann, einem Fotografen, der seine Arbeit aufgegeben hat, um sich um seine Töchter zu kümmern, bleiben sollen. »Es sind meine Töchter, sie gehören zu mir«, ist ihr einziges Argument gegenüber ihrem Exmann, der ihr mit aller Verachtung entgegnet, die ein erst kürzlich getrennter Partner in fünf Worte packen kann: »Und du nennst dich Feministin?«

»Ein Mann und eine Frau sind, trotz allem, verschieden. Mutterschaft ist nicht dasselbe wie Vaterschaft«, schrieb Marguerite Duras, die nie Mutter werden wollte, in *Das tägliche Leben*: »Als Mutter überläßt die Frau ihren Körper dem Kind, den Kindern, diese tummeln sich auf ihr wie auf einem Hügel, wie in einem Garten, verschlingen sie, trampeln auf ihr herum, schlafen auf ihr, und sie läßt sich verzehren und schläft manchmal, während die Kinder auf ihrem Körper sind. Nichts dergleichen geschieht in der Vaterschaft.«

Joanna Kramers Argumentation geht in eine ähnliche Richtung. In ihrem Monolog steckt etwas von »eine Mutter wird immer etwas essenziell anderes sein als ein Vater«, und der Richter versteht es, ohne Marguerite Duras gelesen zu haben. Es fällt ihm nicht schwer, sich der althergebrachten Entente anzuschließen, die besagt, dass die Kinder zur Mutter gehören, und er spricht der Mutter das volle Sorgerecht zu.

Allerdings kommt es in der Schlussszene des Films zu einer Wendung, die dazu dient, der Zuschauerschaft ein befriedigendes Ende zu bieten. Erinnern wir uns daran, dass dieser Film von Anfang an vor allem die Geschichte von Ted Kramer ist.

Viel mehr als Joannas oder sogar Billys Geschichte. Es kommt also der Tag, an dem der Junge zur Mutter ziehen soll. Die Zuschauer haben schon mit ansehen müssen, wie der Junge seinen Vater fragt, ob er ihm jetzt abends keine Märchen mehr vorliest und was mit seinen Spielsachen passiert. Ted und Billy warten schweigend und traurig mit gepackten Koffern auf Joanna. Und da erscheint Joanna völlig aufgelöst vor der Tür und möchte unten noch einmal allein mit ihrem Exmann sprechen. Sie eröffnet ihm, dass sie ihre Meinung geändert hat. Sie wollte in der neuen Wohnung für Billy Wolken an die Wände malen wie in seinem alten Zimmer, damit er sich beim Aufwachen gleich zu Hause fühlt. Und in diesem Moment fiel es ihr wie Schuppen von den Augen: Billy hat schon ein Zuhause, wo er auch bleiben sollte. »Ich liebe ihn so sehr«, wiederholt sie immer wieder unter Tränen. Joanna ist und bleibt eine Mutter, die geht, diesmal für immer, obwohl sie ihren Sohn an den Wochenenden und in den Ferien sieht. Sie verliert ihr Kind, ja, aber ihr Ruf ist gerettet, denn der Film lässt keinen Zweifel daran, dass Joanna für Billys Wohlergehen am Ende ein großes Opfer bringt. Das Opfer ist in diesem Fall Billy selbst. Es ist eine meisterhaft paradoxe Wendung. Die Figur der Joanna behält die traditionellen Eigenschaften einer Mutter und stellt die eigenen Wünsche hinter das Wohlergehen des Kindes. Und so gewinnt Joanna die Gunst des Publikums zurück, obwohl sie eine Mutter ist, die geht – und zwar zweimal, um genau zu sein.

Viele Jahre später verlässt Meryl Streep erneut ihre Kinder in dem kleineren Film *Ricki – wie eine Familie so ist* von Regisseur Jonathan Demme und Autor Diablo Cody. Hier spielt die bereits 66-jährige Streep die Figur Ricki bzw. Linda, die ihren Mann und die drei Kinder zusammen mit ihrem konventionellen Leben in einer Vorstadt in Indiana hinter sich lässt, um Musikerin zu werden. Es gelingt ihr halbwegs. Sie tritt mit ihrer Band in einigen Spielhallen auf, aber nur, wenn ihr Brotjob an der Supermarktkasse es zulässt. Viele Jahre später erleidet ihre älteste Tochter Julie aufgrund der gescheiterten Ehe ihrer Eltern einen Nervenzusammenbruch, und Rickis Exmann, dargestellt von Kevin Kline, bittet sie, zurückzukommen. Wie zu erwarten ist, empfangen die erwachsenen Kinder ihre abtrünnige Mutter mit Vorwürfen und einer großen Bandbreite an Emotionen, von Verachtung bis Gleichgültigkeit. Die Tatsache, dass für die Rolle der ältesten Tochter Meryl Streeps eigene Tochter Mamie Gummer gecastet wurde, die praktisch ein jüngerer Klon ihrer Mutter ist, fügt dem Film eine spannende Metaebene hinzu. Aus schwer verständlichen Gründen entschieden sich sowohl die vier Söhne als auch die drei Töchter Meryl Streeps ebenfalls für eine Schauspiellaufbahn. Und das, obwohl sie wissen mussten, dass sie immer mit ihrer Mutter verglichen würden, das Publikum immer ihre Mutter in ihnen suchen würde und nichts Gutes dabei herauskommen konnte.

Das Gegenstück zu *Kramer gegen Kramer* stellt aber ein anderer Film aus dem Merylversum dar. Francesca Johnson ist das genaue Gegenteil von Joanna Kramer, sie ist die Hauptfigur in *Die Brücken am Fluss*. Die beiden Filme liegen nur dreizehn Jahre auseinander, ein Zeitraum, der im Leben eines männlichen Schauspielers nicht für einen Paradigmenwechsel ausreicht. Ein Tom Cruise rettet weiterhin die Menschheit und seilt sich aus den unwahrscheinlichsten Höhen ab. Ein Paul Giamatti spielt weiterhin mehr oder weniger neurotische Figuren mit mindestens einem jüdischen Großvater. Bei einer

Schauspielerin stellen diese dreizehn Jahre sogar für jemanden wie Meryl Streep die Schwelle dar, an der sie die Dreißiger hinter sich lässt und damit auch ihre Rollen begehrenswerter Mütter wie Joanna gegen menopausale Matriarchinnen eintauscht, denen ihr restliches Leben wie Sand durch die Finger rinnt.

Francesca ist eine italienische Kriegsbraut, die ihren *Tommy*, in diesem Fall Richard, in ihrer Heimat Bari kennenlernt, als die US-Army dort ankommt. Die beiden heiraten, und sie muss folglich den Rest ihres Lebens auf einer Ranch in Madison County, Iowa, verbringen. Dort tut sie alles, was von ihr verlangt wird. Ihre Küche ist makellos, sie bereitet das Abendessen zu und hört dabei Opern (mit diesem Detail lässt uns der Regisseur Clint Eastwood wissen, dass in Francesca eine gebildete Frau mit Tiefgang schlummert) und sorgt für ihre heranwachsenden Kinder. Bis sie ein Wochenende allein auf der Ranch verbringt, weil der Rest der Familie auf den Iowa State Cattle Fair gefahren ist. Just an diesem Wochenende entfacht Clint Eastwood als der geschiedene und weltgewandte Fotograf des *National Geographic* Robert Kincaid den Funken der Leidenschaft in ihr.

Vier Tage lang leben Francesca und Robert eine Romanze in Kompaktversion: Sie lernen sich kennen, verlieben sich, schlafen miteinander und streiten. In Matrosinnen-Pose ohne Hafen wirft sie ihm einen der wahrscheinlich besten Sätze aus Meryl Streeps Filmkarriere vor die Füße: »Willst du noch Eier, oder sollen wir ein letztes Mal auf dem Linoleum vögeln?«. Die beiden eröffnen einander, dass sie füreinander die Liebe ihres Lebens sind. Als dann die Rückkehr des Mannes und der Kinder näher rückt, wird Francescas Dilemma am Küchentisch offenbar. Gehen oder nicht gehen. Wenn sie ihren Mann verlässt und nach Italien zurückkehrt, was ihr Robert schmackhaft machen will, dann muss sie auch ihre Kinder zurücklassen. In den Streitgesprächen zwischen Robert und Francesca kommen die Kinder allerdings kaum vor, denn sie würden die Kraft des romantischen Dramas und das, was als unmögliches, aber einfaches Dilemma gezeigt werden soll, zu sehr verwischen: Der Rancher oder der Fotograf.

Der ganze Film, der auf einem Bestseller von Robert James Waller basiert, ist aus der Sicht von Francescas Kindern erzählt. Nach dem Tod ihrer Mutter finden sie die Briefe und Tagebücher, in denen Francesca ihre Geschichte festgehalten hat, aus deren kurzlebigem Idyll die Kinder Rezepte zur Rettung ihrer eigenen Ehen ableiten. Eastwood reicht es nicht, sich selbst eine Rolle à la Gary Cooper auf den Leib zu schneidern, er legt auch Spuren nicht emanzipierter Männlichkeit, für die seine Filme bekannt sind, in Francescas Sohn Michael an. Michael tituliert seine Mutter als verrückt gewordene Ehebrecherin, als er von ihrer drei Jahrzehnte zurückliegenden wilden Romanze erfährt. »Ich fühle mich, als würde sie *mich* betrügen statt Pa. Wenn du der einzige Sohn bist, findest du, dass deine Mutter keinen Sex mehr haben sollte. Sie hat ja dich«, sagt er in aller Seelenruhe. Seine Schwester hingegen ist überrascht, dass ihre Mutter offenbar die Anaïs Nin der Maisfelder war.

Wie in *Kramer gegen Kramer* ist auch hier das Haupttopos wieder Verzicht. Der emotionale Höhepunkt des Films ist weder der erste Kuss zwischen Robert und Francesca noch der Augenblick, als sie zum ersten Mal miteinander schlafen. Der Höhepunkt des Films ist der Schluss: Robert taucht im strömenden Regen plötzlich noch einmal auf, verabschiedet sich von ihr aus seinem Pick-up heraus. Und sie öffnet unter Tränen die Autotür ihres Mannes nicht, geht nicht zu Robert, sondern bleibt gequält neben ihrem Mann im Pick-up sitzen. Die Füße für immer versunken im Schlamm von Madison County, Iowa. Für immer bei ihrem wortkargen »sauberen« Ehemann und ihren zwei Kindern. Wenigstens belastet Francesca ihre Kinder nicht mit ihrem Opfer. Im Gegenteil, aus dem Jenseits scheint sie ihnen zuzuflüstern: Macht nicht den gleichen Fehler wie ich!

Meryl Streep hat über ein halbes Jahrhundert das geprägt, was in der Welt der Schauspieler als *middlebrow* galt: hochwertige, erfolgreiche und gleichzeitig kommerzielle Filme. Am Ende ihrer Filmographie zeichnet sich allerdings ein einigermaßen deprimierendes Bild von Mutterschaft ab. Betrachten wir die Oger, Prinzessinnen und Idiotinnen Francesca, Ricki, Zofia und Joanna, so wird deutlich, dass die einzige Möglichkeit, beim Muttersein zu gewinnen, das Verlieren ist. Und es wird auch deutlich, dass die Essenz der gesellschaftlich akzeptierten Mutterschaft der Verzicht ist. Verzicht auf das Kind in *Kramer gegen Kramer*, Verzicht auf die Selbstverwirklichung in *Ricki*, Verzicht auf erfüllte Sexualität und Liebe in *Die Brücken am Fluss* und zuletzt Verzicht auf das eigene Leben in *Sophies Entscheidung*.

Außerhalb der großen Leinwand scheint Meryl Streep ein von Gleichgewicht und Erfolg auf allen Ebenen geprägtes Leben fern jeden Konflikts zu führen. Kurz nachdem sie den Tod ihres 42-jährigen Partners John Cazale mit nur vierundzwanzig Jahren verkraften musste, lernte sie den Bildhauer Don Gummer kennen. Es heißt, Cazales Familie habe sie nach dessen Tod gedrängt, die gemeinsame New Yorker Wohnung zu verlassen, und mit Hilfe ihres Bruders schaffte sie den Auszug. Zum Auszug brachte ihr Bruder einen Freund Namens Don mit. Sechs Monate später heirateten Meryl und Don im Garten ihres Elternhauses. Sie leben mittlerweile beinahe fünfzig Jahre zusammen und stehen ganz oben auf den Listen der stabilsten Paare in Hollywood. Und ihr Vorsprung wird immer größer. Streep gelang es, in der erfolgreichsten Phase ihrer Schauspielkarriere nacheinander vier Kinder zur Welt zu bringen, und laut Aussagen ihrer Freundin Viola Davis macht sie noch immer ihren Apfelkuchen selbst, knetet den Teig mit ihren eigenen Händen, statt eine Backmischung im Supermarkt zu kaufen – natürlich, sie ist ja Meryl Streep.

Selbstgestrickte Mutterschaft

Vor etlichen Jahren, als ich selbst noch nicht Mutter war, habe ich eine Frau kennengelernt, die sowohl ein Kind als auch einen sehr fordernden Job hatte. Sie lebte im Speckgürtel der Stadt und brauchte mit ihren drei Butterbrotdosen ungefähr fünfzig Minuten zur Arbeit. In einer Dose hatte sie Frühstück, in der zweiten Mittagessen und in der dritten Kleinigkeiten für den Nachmittag, um nicht dem Snackautomaten zu erliegen. Geschnittenes Obst und zwei Reiswaffeln in einer Plastikbox mit rundem Deckel.

Insgesamt verbrachte diese Frau an Werktagen elf bis zwölf Stunden außer Haus. Wenn sie abends nach Hause kam, war ihr Kind schon im Bett. Sie legte sich zu ihm und schlief mit ihm im Arm ein, in der Hoffnung, dass das irgendwie als gemeinsame Zeit zählte, auch wenn das Kind längst tief und fest schlief. Falls jemand mit einem Mütter-Messgerät wartete, würden ihr mindestens 0,25 Punkte mütterliche Anwesenheit für jede so zugebrachte Stunde gutgeschrieben. Zumal sie sich in dem achtzig Zentimeter breiten Bett mit Winnie-the-Pooh-Bettwäsche regelmäßig etliche Knochen verrenkte, während sie den lauen Duft einatmete, den schlafende Kinder ausströmen.

In diesem Moment war ich überzeugt, dass im Leben dieser Frau alles schieflief. Ihr Familienmanagement war komplett verkehrt, und in zwei Monaten würde sie bestimmt einen Schlaganfall erleiden. Das habe ich mit der Arroganz der Kinderlosen, die sich das Maul über die Erziehungsmethoden anderer zerreißen, ganz bestimmt irgendeiner Freundin genau so gesagt.

Bei dieser Frau hatte ich mich jedenfalls ganz schön getäuscht. Nicht nur ertrug sie ihre immer anspruchsvoller werdende Arbeit mehrere weitere Jahre und erkämpfte sich sogar eine noch höhere Position mit noch mehr Verantwortung, sie bekam mit über vierzig auch noch ihr zweites Kind.

Leider ergab sich kein zweites vertrautes Gespräch mit ihr, daher weiß ich nicht, ob sie sich abends noch immer in das Bett ihres Ältesten kuschelt, ob sie jetzt zu ihrem Jüngsten unter die Decke kriecht oder ob sie es gar nicht mehr tut. Jedenfalls erscheint es mir heute weder befremdlich noch tragisch – ich könnte mir sogar vorstellen, genau das Gleiche zu tun.

Jetzt, Jahre später, habe ich die Sprache dieser Frau gelernt, ich verstehe ihre Psychose, und ich fühle sie selbst. Wie oft bin ich gehetzt aus Stadtbussen ausgestiegen, die mir zu langsam erschienen, und bin sämtliche Alternativen durchgegangen (Taxi? Durch die Straßen rennen wie eine Wahnsinnige?), damit ich doch noch drei oder sieben Minuten Zeit mit meinen Kindern herausholen könnte, nachdem ich den ganzen Tag außer Haus gewesen war. Ich habe auf Dienstreisen in Hotelzimmern geweint, wenn ich merkte, dass es schon zu spät war, um mit meinen Kindern zu facetimen, da am anderen Ende der Welt in ihrer Zeitzone längst Schlafenszeit war. Und fünf Minuten nach diesem Anfall von Frust und Schmerz spürte ich plötzlich eine tiefe Gelassenheit. Es fühlte sich an wie die sofort einsetzende Wirkung eines Medikaments zur Muskelentspannung, weil ich allein im Bademantel in meinem Zimmer herumlungern konnte, ohne den Kindern ein Abendessen hinstellen zu müssen. Ein Abend, ohne um 19:50 Uhr den Brokkoli im Dampfgarer zubereiten zu müssen, ein Abend ohne um 20:02 Uhr Eier für die Tortilla schlagen zu müssen, ein Abend ohne um 19:42 Uhr über die korrekte Anwendung von Shampoo und danach über die korrekte Ausspül-Technik diskutieren zu müssen.

Beinahe alle überforderten Mütter in meinem Umfeld hecheln dem absurden Ideal hinterher, sämtliche Aufgaben perfekt zu erfüllen, dabei das zu bewahren, was von ihrem Liebesleben noch übrig ist, und gleichzeitig mit ihren eigenen Händen jene selbstgestrickte Mutterschaft zu erschaffen, die wir für erstrebenswert halten. Unsere Mutterschaft, sagen wir uns, ist wie die hässliche, aber moralisch überlegene Karotte aus der Bio-Kiste. Sie wird sein wie hausgemachte Bratkartoffeln. Weder industriell gefertigt noch aus der Dose und frei von Konservierungsstoffen.

Alle Frauen mit Kindern haben eine mentale App, die man den Quality-Time-Kalkulator nennen könnte. Sie funktioniert ungefähr wie ein Währungsrechner, aber mit Stunden und Minuten. Für den Fall, dass jemand mit Programmier-Skills und soziologischen Kenntnissen Lust hat, diese App für Android und Apple zu entwickeln, müsste sie so aussehen: Jede Minute, die man bei nicht grundsätzlich notwendigen Aufgaben mit dem Kind verbringt (essen oder baden zählen nicht), generiert eine Anzahl Punkte, die je nachdem, ob ein Bildschirm im Spiel ist oder nicht, größer oder kleiner ist. Bildschirme und Displays geben Punktabzug. Aber es gibt auch Abstufungen. Alle wissen, dass ein Film mehr Wert ist als eine Zeichentrickserie, dass ein Ghibli-Film mehr Punkte bringt als ein Pixar-Film, dass ein Pixar-Film mehr Punkte bringt als einer von

Illumination und so weiter und so fort. *Paw Patrol* gibt wahrscheinlich die meisten Minuspunkte.

In dieser App bringt alles Punkte, was die Bindung zwischen Mutter und Kind fördert und dem emotionalen Wohl des Kindes zuträglich ist. Muffins backen: 2,5 Punkte. Ein Puzzle zu Ende bringen: 3 Punkte. Mit Wasserfarben malen: 4 Punkte. Mit Wachsmalstiften malen: 2,5 Punkte. Die meisten Punkte gibt so etwas wie: Zusammen mit dem Kind ein Theaterstück schreiben und es gemeinsam mit Marionettenfiguren aus Filz und nachhaltigem Holz aufführen.

Mit den angesammelten Punkten macht man dann zwei Dinge: Erstens richtet man sich in der Überzeugung ein, dass man es so schlecht gar nicht macht, besser jedenfalls als die Mutter von Mateo aus der 5c. Zweitens wiegt man sie mit Arbeitsstunden und eigenen Aktivitäten auf, bei denen die Kinderversorgung an andere Menschen oder Bildschirme ausgelagert wird, je nachdem wie viel Einkommen die Familie zur Verfügung hat.

Eine solche App würde nichts anderes tun als die Kalkulationen, die wir sowieso permanent vornehmen und die uns manchmal in schwer erklärbare Situationen bringen, ins Reine zu schreiben. In der Ökonomie der Quality-Time zieht die Mutter immer den Kürzeren.

Genauso wie viele andere Selbstständige arbeite ich immer sonntagnachmittags. Wenn ich gut bin, verlege ich das Mittagessen vor, schaue nach dem Essen nur ganz kurz in die Zeitungen und setze mich auch nicht aufs Sofa, um einen halben Film zu sehen, sondern gehe gegen vier Uhr an den Rechner, schreibe den Artikel für die jeweilige Woche und stelle ihn am besten auch fertig. Vielleicht habe ich danach sogar noch etwas Zeit und kann den Abend vor dem Abendessen, bis ich sie ins Bett schaffe, mit meinen Kindern verbringen. Wenn es so läuft, ist es laut meiner mentalen App, die ich selbst designt habe und die ich nicht deinstallieren kann, ziemlich ideal. Noch besser wäre es, wenn ich statt einem anderthalb oder zwei Artikel schreiben würde. Oder Rechnungen. Oder mit den Kindern Hafer-Nuss-Kekse backen würde für den Nachmittagskaffee der nächsten Woche. Wenn man mit dieser App erfolgreich sein will, ist es wichtig, die Ziele bescheiden zu halten.

An irgendeinem Sonntag war es mir gelungen, mit den Kindern kurz vor Einbruch der Dunkelheit noch auf den fast leeren Spielplatz Schaukeln zu gehen. Normale Eltern mit normalen Jobs und normalen Wochenenden schaukeln mit ihren Kindern tagsüber, nicht nachts. Als ich auf dem Spielplatz stand, textete mir eine Freundin, auch eine überforderte und schuldgefühlgeplagte Mutter, die ich durch meinen ältesten Sohn kennengelernt hatte und die eine sehr viel wichtigere Arbeit hat als ich. Wir unterhielten uns eine Weile über eine gemeinsame Bekannte, eine Gewinnerin durch und durch, die alle respektierten und die auch noch all ihren Erfolg aus eigener Kraft erreicht hat. Meine Freundin war übers Wochenende bei ihrer Mutter gewesen, schleppte gerade etliche Koffer und zog obendrein noch ihre Tochter am Arm hinter sich her. Als ich ihr sagte, dass ich jetzt, so spät am Abend, noch auf dem Spielplatz war, fand sie das eine ganz hervorragende und völlig normale Idee, statt mich zu bemitleiden. Sie beschloss, noch kurz auf dem Heimweg vorbeizukommen, obwohl sie eigentlich überhaupt keine Lust hatte. »Und danach gehe ich arbeiten. Wenn wir jetzt auf den Spielplatz kommen und die Kinder ein bisschen zusammen spielen, dann haben die Kleinen wenigstens etwas soziale Interaktion gehabt, oder?«, fragte sie mich sehr ernst. Ich bejahte, dass dieses kurze Treffen als Sozialleben ihrer geschwisterlosen Tochter zählte. Meine Freundin plagten doppelt und dreifache Schuldgefühle wegen der Geistergeschwister, die sie ihrer Tochter vorenthalten hat. Diese zwanzig Minuten Spielplatzzeit bei Dunkelheit entlasteten sie von dem Vergehen, das sie tagtäglich beging, indem sie spätabends arbeitete und ihrer Tochter ihre direkte Aufmerksamkeit vorenthielt.

So kamen Mutter und Tochter mit dem Rollkoffer fürs Wochenende, der Erschöpfung von der Busreise und einem Jutebeutel mit Tupperdosen voller Essen von Oma im Schlepptau auf den Spielplatz. Warum geht diese Frau nicht nach Hause, lässt die Koffer Koffer sein, macht der Kleinen ein Käsebrot und fängt an zu arbeiten? Was macht es so unverzichtbar, ihre Tochter zur Geisterstunde am dümmsten Tag der Woche auf der Rutsche zu sehen?

Diese Fragen würde sich eine vernünftige Person stellen, jemand ohne Kinder. Jemand wie ich, als ich noch glaubte, die Frau, die ihren Sohn unter der Woche nur schlafend antrifft, wäre übel dran. Diese Frau sammelt Punkte, jeden Sonntag verzeiht sie sich schon vorab alle mütterlichen Fehltritte, die sie zweifelsohne in der Woche begehen wird. Sie macht Abstriche in ihrer Arbeit, genauso wie bei der Kinderbetreuung, und versucht, sich nirgendwo runterzustürzen. Sie erledigt alles nicht ganz perfekt und vergisst jede Phantasie von Großartigkeit.

Ingrid Bergman, eine tägliche Traurigkeit

Es kommt nicht oft vor, dass eine auseinanderbrechende Familie zur Staatsaffäre wird. Aber hier geht es auch nicht um irgendeine normale Familie. Im Jahr 1949 schrieb Ingrid Bergman ihren berühmten Brief an Roberto Rossellini, der ihre Romanze entfachen sollte, lange bevor sie einander tatsächlich begegneten. Liest man den Brief heute, so scheint es, als habe Bergman ihn in dem Wissen geschrieben, dass er Tausende Male zitiert werden würde. Er ist knapp und kompakt, aus dem Stoff, aus dem heute die Instagram-Captions gemacht sind. Es ist definitiv ein Groupie-Brief und ein Appell an die Eitelkeit eines Mannes wie Rossellini, dem nach Erhalt des Briefes nichts anderes übrigblieb, als a) einen Film für diese Frau zu schreiben, b) seine Frau zu verlassen und c) auch seine Geliebte in die Wüste zu schicken, die keine andere war als Anna Magnani.

Der Brief lautete wie folgt:

> Sehr geehrter Herr Rossellini,
> ich habe Ihre Filme *Rom, offene Stadt* und *Paisà* gesehen, sie haben mir sehr gefallen. Sollten Sie einmal Verwendung für eine schwedische Schauspielerin haben, die sehr gut Englisch spricht, ihr Deutsch noch nicht ganz vergessen hat, auf Französisch nicht besonders gut zu verstehen

ist und auf Italienisch nur sagen kann »ti amo«, bin ich sofort bereit, einen Film mit Ihnen zu machen.

Ingrid Bergman

Mit einer Flut von Briefen, die immer intimer wurden, bereiteten Rossellini und Bergman gemeinsam den Film *Stromboli* vor, der auf der gleichnamigen Insel gedreht werden sollte. Sie sollte die Litauerin Karin spielen, die den einheimischen Fischer Eolias heiratet, um kurz nach dem Zweiten Weltkrieg aus dem Internierungslager entlassen zu werden.

Während der Dreharbeiten verliebten sich Ingrid und Roberto oder besser gesagt verstetigten sie das, was bereits per Brief begonnen hatte. Sie bat ihren schwedischen Mann Petter Lindström um die Scheidung – ebenfalls per Brief –, und er weigerte sich. Während der zähen Verhandlungen wurde Ingrid von Roberto schwanger, und er verbot ihr die Rückkehr nach Amerika, da er befürchtete, sie zu verlieren. Mitten zwischen allen Stühlen saß Pia, ihre 10-jährige Tochter, die in den USA geblieben war, als ihre Mutter zum Dreh nach Italien reiste. Zwei Jahre sollten vergehen, ehe Pia ihre Mutter wiedersah. Und insgesamt war Pia sechs Jahre von Ingrid getrennt. In dieser Zeit begegneten sie sich bei den seltenen und ungemütlichen Treffen, die Petter Lindström in verschiedenen Londoner Hotels organisiert hatte. Pia, die später Journalistin wurde, beschrieb diese Treffen als traurig und unpersönlich.

Während sich bei Pia zu Hause das Trennungsdrama abspielte, nahm die Geschichte von Bergmans Ehebruch kaum vorstellbare Dimensionen an. Die Medien, angeführt von Louella Parsons, der bösen Königin des Klatsch und Tratsch von Hollywood, zerfleischten den schwedischen Star, den sie zuvor für eine Heilige, für ihre Jeanne D'Arc oder für eine Nonne wie in *Wem die Stunde schlägt* gehalten hatten. Im März 1950 brachte der demokratische Senator aus Colorado, Edwin C. Johnson, ein Moralapostel vor dem Herrn, der sich Franklin D. Roosevelts New Deal widersetzt hatte, das Thema sogar in den Kongress der Vereinigten Staaten: »Sehr geehrter Herr Präsident, wird sich nun, da jener törichte Film über eine schwangere Frau und einen Vulkan die Vereinigten Staaten gesprengt hat, (...) unsere Reaktion auf ein Gähnen beschränken, weil dieser Horror endlich vorbei ist, und werden wir die ganze Sache vergessen? Ich hoffe nicht. Wir müssen einen Weg finden, die Menschen vor einer künftigen Wiederholung dieser Art Ereignisse zu bewahren.«

Senator Johnson legte im Folgenden einen Gesetzentwurf vor, der den Hays Code entschieden in den Schatten stellte und dem gemäß sämtliche Filme eine Sittlichkeits-Genehmigung bezüglich ihrer Regisseure und Hauptdarsteller benötigten. Johnson fügte noch, in der Hoffnung auf Zustimmung durch seine konservativen Amtskollegen, an, Ingrid Bergman habe einen »einen Überfall auf die Institution der Ehe gestartet« und sagte, sie übe einen »mächtigen bösen Einfluss« aus. Er stellte außerdem einen Antrag, der Bergman verbieten sollte, künftig in den USA zu drehen.

Und das alles wegen eines Ehebruchs? Hollywood hatte schon weitaus schlimmere Skandale erlebt, allen voran die Neigung von Erol Flynn und Charlie Chaplin, mit extrem jungen Frauen ins Bett zu steigen und, in Chaplins Fall, diese zu heiraten. Man bemerke, seine Frauen waren in historisch korrekter Reihenfolge am Tag der jeweiligen Hochzeit sechzehn,

sechzehn, einundzwanzig und achtzehn Jahre alt. Ebenfalls im Jahr 1949 hatte ein weiterer, ähnlich berühmter Star wie Bergman, Rita Hayworth, eine Romanze mit dem verheirateten Aga Khan begonnen und ihn geheiratet, als sie bereits schwanger war, wie es auch Ingrid kurz darauf tun würde. Allerdings hatte Hayworth nach dem Film *Gilda* bereits ein hypersexualisiertes Image, und obwohl ihre Romanze für Schlagzeilen sorgte, konnte sie ihre Karriere mehr oder weniger unbehelligt fortführen.

Pia Lindström gab in einem Interview mit Larry King, das in dem Dokumentarfilm *Ingrid. In Her Own Words* gezeigt wird, eine recht plausible Erklärung dafür ab, warum ihre Mutter dem US-Publikum so naheging, dass alle ihr Liebesleben derart persönlich nahmen. »Meine Mutter ging fort, um mit einem Italiener zu schlafen. Es war, als würde ein ganzes Land sagen: Nach allem, was wir für dich getan haben, fällt dir ein, dass du Amerika doch nicht magst?« Die Öffentlichkeit hatte sich ihr eigenes mentales Schema von Ingrid Bergman erschaffen, einem europäischen Star, den sie sich trotz ihrer Schönheit nahbar und geerdet vorstellten. Außerdem gefiel dem Publikum die Geschichte ihrer Ehe mit einem bodenständigen schwedischen Arzt, der dem glitzernden Trubel Hollywoods fernblieb, wie in der Boulevardpresse erzählt wurde. Die beiden hatten sich 1933 in Stockholm kennengelernt, als sie achtzehn war und er mit vierundzwanzig gerade das Studium der Zahnmedizin abgeschlossen hatte. Sie heirateten 1938, und ein Jahr später kam ihre Tochter Pia zur Welt. Als David O. Selznik Ingrid eine Rolle in Hollywood anbot, ermutigte Petter sie dazu, in die USA zu reisen, und blieb selbst für ein paar Monate allein mit dem Kind in Schweden, bis sie wieder zusammen sein konnten. Sie gaben ein in tolerierbarem Maß modernes skandinavisches Familienbild ab. Bei genauem Hinsehen nahm die erste Reise Ingrids bereits vorweg, dass sie die Mutterrolle auf ihre eigene Art spielen würde.

In ihrem Tagebuch schrieb Ingrid Bergman, dass sie in ihrem schwedischen Haus eine tägliche Traurigkeit spürte, »a daily sadness«, so viel steht fest. Sie führte ihr Leben lang Tagebuch, sicher zu einem Teil, weil sie seit jungen Jahren davon überzeugt war, dass eines Tages jeder ihren Namen kennen würde und dass sich alle für das, was sie so tat, interessieren würden. Bergman hatte einen kuriosen Schreibstil, der von den mentalen Kurzschlüssen zwischen mehreren Sprachen profitierte. »A daily sadness« kann als poetisch gelungener Ausdruck oder als Beinahe-Fehler einer Nicht-Muttersprachlerin gelesen werden. Eine tägliche Traurigkeit ist nicht dasselbe wie eine alltägliche Traurigkeit. Jeden einzelnen Tag traurig sein ist nicht dasselbe wie immer traurig sein. Es ist viel schlimmer.

Lindström ließ schon damals eine stark calvinistische Haltung erahnen, die weltlichen Freuden und jeder Form von Luxus misstraute, und er war streng mit Ingrid. Vier Jahre bevor sie den Brief an Rossellini schrieb, hatte Bergman bereits eine Affäre mit dem Fotografen Robert Capa gehabt. Danach war sie wieder zu Lindström zurückgekehrt, hatte mit ihm zusammen ein Haus in Los Angeles gekauft und renoviert und *Berüchtigt* und *Johanna von Orleans* gedreht. Aber sie war frustriert von ihrem spröden Privatleben und davon, was ihr Hollywood wirklich zu bieten hatte. »Nie habe ich die Art Glück verstanden, die ich suchte«, sagt sie in *Ingrid. In her Own Words*.

Das große Problem daran, sich zu verlieben, wenn man bereits in einer Beziehung steckt, besteht darin, dass die Ekstase stets von einer identischen Portion Schmerz begleitet wird. Während der Dreharbeiten an *Stromboli*, als mit Rossellini alles ins Rollen kam, als gewichtige Briefe und Telegramme hin- und hergeschickt wurden, spürte Bergman noch immer ihre tägliche Traurigkeit, vor allem bei ihren Gedanken an Pia. »Ich ging durch die Hölle. Ich weinte so viel, dass ich glaubte, keine Tränen mehr zu haben. Die Zeitungen hatten recht: Ich hatte meinen Mann und meine Tochter im Stich gelassen. Ich war eine Ehebrecherin, aber das wollte ich nie sein«, sagt sie in ihrem Dokumentarfilm.

Kurios ist, dass beinahe alle Beteiligten sich schriftlich oder mündlich in ausführlichen Interviews zum Thema äußerten, auch Petter Lindström, der sich laut seiner Tochter immer als betrogener Ehemann und Opfer öffentlichen Spotts verstand. Er erholte sich nie von Ingrids Fehltritt, nicht einmal nach seiner zweiten Hochzeit mit einer Ärztin, mit der er vier weitere Kinder bekam. Die Wunde, die Ingrid Bergman in seinen Stolz gerissen hatte, verheilte nie ganz.

Petter und Pia blieben in jenem Haus in Benedict Canyon. Später, als Erwachsene, berichtete Pia ohne Groll und mit einer erstaunlich konzisen Abgeklärtheit, was es bedeutete, zu den Geschädigten einer vulkanischen und weltberühmten Liebesgeschichte zu gehören: »Ich blieb bei meinem Vater, und meine Mutter ging. Sie erwartete ein großartiges Leben voller Ruhm und mit einer phänomenal romantischen Liebe. Es war großartig für sie. Aber nicht das, was darauf folgte. Ich lernte die grandiose Seite des Ganzen nicht kennen, das heißt, ich wurde mit dem zurückgelassen, was sie nicht mehr wollte. Deswegen ist mein Blick ein anderer. Ich war Teil des Zurückgelassenen.«

Unterdessen schrieb Ingrid an den Cineasten Jean Renoir mit der unterschwelligen Bitte, er solle intervenieren: »Vielleicht kannst du, Jean, da dein Leben schwer, verwirrend und bewegt war wie ein Schiffbruch, Petter erklären, dass Menschen eben manchmal gehen und nicht wiederkommen. Das Problem ist, dass ich mich nicht schuldig fühle. Ich bin einfach so unglücklich, dass es mir fast das Herz zerreißt, wenn ich daran denke, was gerade mit Pia passiert, und auch mit Petter. Obwohl er dabei hätte helfen können, es früher zu beenden.«

Ingrid und Pia trafen sich gegen den Willen des Vaters wieder, als die Tochter achtzehn war. Petter hatte jahrelang allen, die es hören wollten, erzählt, Ingrid sei Alkoholikerin und eine schlechte Mutter. Zu dieser Zeit war Ingrid Bergman bereits dabei, sich von Rossellini scheiden zu lassen, da es für ihn ein Problem war, dass sie ihre Schauspielkarriere wieder voll aufnehmen wollte. Kurioserweise erlaubte er ihr nur, mit ihm oder mit Jean Renoir zu arbeiten. Die Familie war kurz davor, aufs Neue zu zerbrechen, um wieder mit neuen Mitgliedern zusammengesetzt zu werden.

Roberto ging für einen Dreh nach Indien und lernte dort seine dritte Frau Sonali kennen. Ingrid ging mit ihrem neuen schwedischen Partner Lars Schmidt nach Paris. Und die drei Kinder aus der Ehe mit Roberto Rossellini, Roberto Ingmar und die zweieiigen Zwillinge Isotta und Isabella, blieben unter der Aufsicht verschiedener Kindermädchen und ihrer Halbschwester Pia in Rom zurück. Nach einer frühen und sehr kurzlebigen Ehe zog Pia nach Europa, um sich um ihre drei Halbgeschwister zu kümmern, denen sie durchaus hätte gram sein können, zumal ihre Mutter ihnen all die Aufmerksamkeit und Zeit gewidmet hatte, die sie ihr vorenthielt. Für die vier

Geschwister bedeutete Ingrids Umzug nach Paris eine Fernbeziehung zu ihrer abwesenden Mutter übers Telefon mit höchstens gelegentlichen persönlichen Treffen.

Der Sorgerechtsstreit Rossellini-Bergman war beinahe so verbittert wie der zwischen Bergman und Lindström. Und alle Kinder waren dankbar für das zusätzliche Familiengerüst, das durch die stabilisierende Anwesenheit des Ersatzvaters Lars Schmidt und der Ersatzmutter Sonali Gupta gegeben war.

Sonali Das Guptas Leben eröffnet ein Parallelkapitel in dieser Geschichte der Reihung aus Liebschaften, Seitensprüngen und Verlassen über drei Kontinente. Gupta war mit Premierminister Jawaharlal Nehru verwandt und mit dem indischen Regisseur Harisadhan Dasgupta verheiratet, als sie Rossellini kennenlernte. Sie war siebenundzwanzig Jahre alt und hatte ein 6-jähriges und ein elf Monate altes Kind. Zum Entsetzen der Bengalischen Gesellschaft verließ sie ihren Mann, heiratete heimlich Rossellini und ging nach Europa. Ihren jüngeren Sohn Arjun, der später als Gil bekannt werden sollte, nahm sie mit. Den 6-jährigen Rajan ließ sie in Indien bei seinem Vater zurück. Nach dem Tod seiner Mutter im Jahr 2014 sagte Rajan in einem Interview, er hege keinen Groll gegen seine Mutter, aber er würde sie auch nicht vermissen – genau wie sie ihn niemals vermisst hatte.

Die Geschichte der unmittelbar aufeinanderfolgenden Romanzen zwischen Bergman, Rossellini und Gupta produzierte Scheidungen und Kinder, die zunächst mutterlos waren und dann von neuen Müttern adoptiert wurden. So entstand eine spannende Reihe von alles andere als perfekten Mutterfiguren. Sonali hatte eine enge Beziehung zu den drei Kindern Rossellinis aus der Ehe mit Ingrid Bergman, sogar über die Beziehung zu ihrem Vater hinaus, der sie nach siebzehn Jahren Ehe wegen einer anderen Frau verließ. Diese untypische Konstellation mit Kindern, die für eine Weile ihre Eltern verlieren, aber unterwegs neue finden, hatte bei den Betroffenen sehr unterschiedliche Grade von Groll zur Folge. Am einen Ende des Spektrums befindet sich Pia Lindström. Sie repräsentiert die vollständige Vergebung ohne jedes Ressentiment. Sie ist die Schwester, die unverzüglich anreist, als die Mutter ihre neuen Kinder verlässt. Auf der anderen Seite befindet sich Rajan Gupta, der älteste Sohn Sonali Das Guptas. Er musste bleiben und sah seine Mutter nie wieder – und er verzieh ihr nie. Zwischen der einen und der anderen Geschichte bewegen sich beinahe alle Stadien dessen, was man durchmachen kann, wenn eine Mutter sich freiwillig von ihren Kindern entfernt.

Diese ganze Saga voll Liebe, Kino und Eifersucht bietet sich sehr für eine politisch-sentimentale Interpretation an. Man kann sie als schäbige houellebecqueske Fabel lesen, als Streitschrift gegen die freie Liebe, die mahnend all das zeigt, was passiert, wenn der Egoismus der Erwachsenen die Interessen der Kinder überrollt. Oder man könnte sie auch als Verteidigung der Patchwork-Familien und der elterlichen Liebe ohne Verpflichtungen lesen. Als Beispiel dafür, dass Kinder und Eltern wählen können, wie sie einander lieben wollen, genau wie es Paare tun. Es kommt eben immer darauf an, welche Zeugen gehört werden und mit welcher Intention man eine Geschichte erzählt.

Im Jahr 1978, als alle ihre Kinder erwachsen waren, nahm Ingrid Bergman die Rolle der Pianistin Charlotte in dem Film *Herbstsonate* an. Es war das erste Mal, dass sie mit dem Regisseur Ingmar Bergman arbeitete, der nur zufällig den gleichen

Nachnamen trug wie sie. Noch dazu spielte sie an der Seite seiner Exfrau Liv Ullmann. Offenbar war Ingrid genauso an diese Rolle gekommen wie zuvor bei *Stromboli*. 1973 steckte sie bei dem Festival von Cannes ihrem Landsmann und Namensvetter einen Zettel zu, um ihn daran zu erinnern, dass er ihr irgendwann einmal eine Rolle versprochen hatte. Es passt perfekt zur raffinierten Perversion, die Ingmar Bergman zugeschrieben wird, dass er fünf Jahre später bei der Rolle der Charlotte sofort an Ingrid Bergman dachte. Charlotte ist eine erfolgreiche Pianistin und eine schlechte Mutter im schlechten Sinn, die im Laufe der im Film gezeigten Nacht mit sämtlichen Vorwürfen ihrer Tochter konfrontiert wird.

Ingmar Bergman sagte später, er habe nie jemand anderen für die beiden Rollen im Sinn gehabt als Ingrid Bergman und Liv Ullmann. Er erklärte es nicht weiter, und das war auch nicht nötig. Mutter und Tochter haben sich im Film sieben Jahre nicht gesehen. Eva, die Tochter, die ebenfalls Klavier spielt, allerdings ohne das virtuose Genie ihrer Mutter, hat eine lange Liste von Vorwürfen an ihre Mutter Charlotte. So sind Bergman-Filme: Ein Drama kommt selten allein. Als sie klein war, hat die Mutter sie und ihre Schwester Helena übel vernachlässigt. Helena leidet an einer degenerativen Erkrankung und lebt seit Jahren in einer Klinik. Ganze acht Monate war die Mutter wegen einer Affäre gar nicht bei den Mädchen zu Hause. Charlotte lernte Erik, Evas Sohn, der einen Tag vor seinem vierten Geburtstag ertrank, nie kennen. Seine Bilder stehen und hängen überall im Haus und erinnern Charlotte und auch die Zuschauer daran, dass sich hier eine kaum zu ertragende Tragödie abgespielt hat.

Eva wirft ihrer Mutter vor, nicht dagewesen zu sein, als ihr

Sohn geboren wurde – kurioserweise wirft sie ihr nicht vor, dass sie auch bei seiner Beerdigung durch Abwesenheit glänzte. »Da habe ich alle Mozartsonaten eingespielt. Ich hatte keinen einzigen Tag frei«, schreit Charlotte Eva an. Die Kritik wurde nicht müde, zu spekulieren, woher Ingmar Bergman die Inspiration dafür nahm, zumal er selbst neun Kinder von fünf Frauen hatte und damit prahlte, nie das Alter seiner Kinder zu kennen. »Ich messe die Zeit in Filmen, nicht in Kindern«, sagte er einmal. Charlotte macht es genau wie der Regisseur, sie bindet ihre Erinnerungen an die Musikstücke, die sie zur jeweiligen Zeit einspielte: Mozart, Bartók, Beethoven. Sie misst die Zeit in Komponisten, nicht darin, was ihre Kinder gerade tun.

Zu einem bestimmten Zeitpunkt verwandelt sich der Film in eine Olympiade des Leids. Die Vorwürfe der Tochter werden genauso überdimensional wie die Fehler der Mutter. Eva wirft ihr an den Kopf, sie sei schuld an Helenas Krankheit, weil Helena sich in einen der Liebhaber der Mutter verliebt hatte und diese den Mann nicht mit ihrer Tochter teilen wollte. Wenn Ingmar Bergmans Filme etwas deutlich machen, dann dass weder die Streits unter Paaren noch die zwischen Eltern und Kindern einer nachvollziehbaren Logik folgen.

Die Beziehung zwischen Ingmar und Ingrid war nicht einfach. »Die Menschen, die du kennst, müssen Monster sein, Ingmar«, warf Ingrid dem Regisseur vor, als sie sich für eine weniger schreckliche, menschlichere Charlotte einsetzte. Die Schauspielerin flehte den Regisseur an, einen noch so kleinen Scherz in ihre Dialoge einzubauen, dies wurde kurzerhand abgelehnt. Auch bat sie darum, die sieben Jahre, die sie ihre Tochter nicht gesehen hatte, auf fünf zu reduzieren. Dies sagte

Ingmar zwar zu, in der finalen Version des Films sind es aber wieder sieben.

Während der Dreharbeiten an *Herbstsonate* litt Ingrid Bergman bereits an der Krebserkrankung, an der sie letztlich sterben sollte. Ihre Tochter Isabella berichtet, dass sie durch ihre Medikamente schreckliche Schwellungen an den Armen bekam. Um nicht mit grotesk geschwollenen Armen auf der Leinwand zu erscheinen, verbrachte Ingrid Bergmann ihre Nächte ohne zu schlafen im Stehen und hielt sich, die Arme nach oben, an einem Bügel fest. Nach Isabellas Erzählung fand sich Ingrid nie in Charlotte wieder. Und Isabella identifizierte sich nie mit der Figur, die Liv Ullmann spielte, eine Tochter voller Wut und Groll.

»Ich weiß nicht, warum, aber wir landeten nie in der gleichen Stadt wie unsere Mutter. Als sie schon älter war, lebte sie in London und wir in New York«, so die drei Töchter Bergmans lächelnd und völlig ohne Drama im Jahr 2017 bei Larry King. In dem Dokumentarfilm *Ingrid Bergman. In Her Own Words* und in sämtlichen Interviews mit den drei Schwestern – Robertino, ihr Sohn, war weniger präsent in der Öffentlichkeit – scheinen sie die Zeit, die ihre Mutter mit ihnen verbrachte, genuin zu schätzen. Zumal Ingrid stets ihrem Beruf verschrieben war und daher eben ein bisschen anders als andere Mütter.

»Wir sahen sie nicht oft, aber wenn wir sie sahen, vergötterten wir sie«, so Isabella in einem Interview über sich und ihre Geschwister. »Meine Eltern waren die großartigsten Menschen der Welt. Sie sind viel zu früh gestorben. Es wäre besser gewesen, sie wie Erwachsene zu behandeln und nicht wie Kinder, die permanent Aufmerksamkeit brauchen«, fügt sie hinzu und zeigt damit, dass sie wohl abgeklärter und nachsichtiger ist als der Rest. Oder aber sie hat viel Geld in zahlreiche gute Therapiestunden gesteckt. Ingrid Bergmans Kinder haben ihre Mutter jedenfalls von der Schuld, sie teils mehrfach verlassen zu haben, freigesprochen. Sie selbst wurde vermutlich nie ganz von ihrer täglichen Traurigkeit verlassen, dem Erbleiden der Melancholikerinnen.

Für mich brachte der Dokumentarfilm über Ingrid Bergman einmal mehr meine eigene Widersprüchlichkeit ans Licht. Wenn ich an den Skandal denke, den ihre Affäre 1950 auslöste, fällt es mir leicht, mich auf die richtige Seite der Geschichte zu stellen. Verfluchte Puritaner, denke ich dann selbstgefällig, ohne mich groß anstrengen zu müssen. Und doch komme ich nicht umhin, mir auch die kleine Pia Lindström vorzustellen, die sich in ihren eigenen Worten wie ein »Teil des Zurückgelassenen« fühlt. Ich versuche mich auch in Ingrids Ohnmacht hineinzuversetzen, wie sie in einem so anderen Land als dem ihren mit einem so schwierigen Mann wie Rossellini fern von ihrer Tochter lebt und kaum arbeiten darf, kaum ihre offensichtlichen Ambitionen verfolgen kann.

Das zweite Mal, dass Ingrid ging – von Rom nach Paris – und ihre Kinder in Rom bei Kindermädchen zurückließ, überraschte mich vielleicht noch mehr als ihre erste Scheidung. Das ist wahrscheinlich ein Rest-Erbe meiner spanischen Provinzherkunft. Wäre ich in einem anderen sozialen Umfeld aufgewachsen, wäre diese Art Arrangement völlig normal für mich.

Bei meiner ersten Dienstreise nach der Geburt meines ältesten Sohnes war er erst drei Monate alt. Die Reise bestand aus einem Kurzstreckenflug und einer Übernachtung außer Haus. Ich hätte der Zeitschrift absagen können, den Auftrag gegen etwas anderes eintauschen, was ich von zu Hause aus schreiben konnte, aber ich war damals sehr darauf aus, zu zeigen, dass ich noch genauso arbeiten konnte wie vor meiner Schwangerschaft. Ich wollte weiterhin Interviews und Reportagen angeboten bekommen, für die ich reisen musste. Ich wollte mich eigentlich nicht von meinem Baby trennen, das bis vor sehr Kurzem noch so etwas wie eins meiner Organe gewesen war, aber mich reizte auch der Gedanke, einen kleinen Ausflug in mein Leben vor der Mutterschaft zu unternehmen. Noch dazu einen luxuriösen Ausflug, bei dem Leute wie ich in fremde Welten hineinschnuppern dürfen, zu denen wir eigentlich nicht gehören, um es dann unserer Leserschaft zu erzählen, die diese Welten im Allgemeinen auch nicht kennt.

Das Abendessen fand in einem provenzalischen Garten statt, in einer Umgebung aus sorgfältig komponierter Schönheit, entworfen von Menschen, die sehr viel Geld für diese Art Arbeit bekommen. Ich wurde neben einer Frau platziert, die einen hohen Posten bei einem Unternehmen aus der Luxus-Industrie innehatte und die, wie es oft in diesen Sphären ist, bereits reich geboren worden war. Irgendetwas hatte sie mit dem Britischen Adel zu tun. Die Frau schien zwei Meter groß zu sein, hatte eine schier durchscheinende Haut und bewegte sich mit einem Selbstvertrauen, das man wohl hat, wenn man sich dessen gewiss ist, dass sämtliche Nachkommen der eigenen Nachkommen Immobilien und Geld bis zum Abwinken zur Verfügung haben werden. Sie war zum zweiten Mal verheiratet und hatte vier Kinder, die über Europa und die USA verteilt lebten. Sie, die in Paris lebte, und ihr Mann, der von

Wien aus ihre sämtlichen Unternehmen leitete, hatten keine gemeinsame Wohnung. Jedes ihrer vier Kinder – zwei aus erster Ehe und zwei aus zweiter – lebte zu der Zeit in einem anderen Land. Einige im Internat, andere allein, obwohl sie noch nicht volljährig waren. An den Wochenenden traf sich die Familie an verschiedenen Orten auf der ganzen Welt. Dieses Modell funktionierte laut meiner Tischnachbarin sehr gut. Alle waren sehr zufrieden.

Mir erschien es seltsam. Natürlich, ich bin ja auch kulturell so geprägt, es seltsam zu finden. In meiner Mittelschichtsfamilie wussten die Kinder, dass sie bei den Eltern bleiben würden, es sei denn, es passierte irgendeine Katastrophe. In meiner Familie musste niemand im Lauf des letzten Jahrhunderts in ein anderes Land gehen und die eigenen Kinder zurücklassen, um sich den Lebensunterhalt zu verdienen. Aber wir wissen auch nichts von minderjährigen Sprösslingen, die allein in einem Penthouse in Manhattan leben.

Nur meine Großmutter mütterlicherseits war eine Zeit lang von ihren Eltern getrennt. Erst, weil sie kurz nach ihrer Geburt einer Amme übergeben wurde, die sie auf einem Hof im Baskenland aufzog, während die Eltern in Vitoria lebten. Und danach, weil sie unmittelbar vor dem Bürgerkrieg in ein Ursulinen-Internat kam. Diese biographischen Details meiner Großmutter faszinierten und erschreckten mich, als ich klein war. Ich wusste, dass sie sich besser mit ihrer Milchschwester verstand, die von derselben Amme großgezogen wurde wie sie und mit der sie jeden Abend telefonierte, als mit ihren Blutsschwestern. Aber der Gedanke, dass sie irgendwo auf dem Land zurückgelassen wurde, erschien mir genauso exotisch wie die Sache mit dem Nonneninternat. Ich freute mich, eine spanische Referenzgeschichte zu Enid Blytons Büchern zur Hand zu haben, und ich bat meine Großmutter immer, mir doch Geschichten aus dem Internat zu erzählen. Die beste und schrecklichste von allen, bei der sie die Prosodie vom vielen Wiederholen absolut perfektioniert hatte, kannten wir als die Geschichte vom Hammel. Meine Schwester und ich konnten die Geschichte vom Hammel auswendig aufsagen, was uns allerdings nicht davon abhielt, sie immer und immer wieder hören zu wollen.

Einmal gab es im Internat Hammel zum Abendessen. Das Essen wurde immer auf abgedeckten Tabletts von einem Mädchen mit weißen Handschuhen und weißer Haube serviert. So erzählte es jedenfalls meine Großmutter. Die weißen Handschuhe waren sehr wichtig für die Erzählung, und sie tauchten bei jeder Wiederholung aufs Neue auf. Der Hammel schmeckte meiner Großmutter nicht, und sie rührte das Essen nicht an. Nach einer Weile kamen die, die das Essen aufgetragen hatten, und nahmen das Tablett wieder weg. Vielleicht waren es Novizinnen oder Schwestern von niederem Rang – in manchen Ordensgemeinschaften wurde stark zwischen Schwestern mit Mitgift und armen Schwestern unterschieden, die armen durften die Drecksarbeiten erledigen. Am nächsten Morgen, als sie zum Frühstücken in den Speisesaal kam, hatten die übrigen Mädchen Milch und Brötchen. Sie nicht. Ihr hatte man den Hammel vom Vorabend noch einmal aufgewärmt. Wieder auf einem abgedeckten Tablett, das ich mir wie in den Comics vorstellte, theatralisch, bauchig und silbrig glänzend. Wieder mit Handschuhen. Meine Großmutter aß ihn wieder nicht, trat stur in den Hungerstreik. Ihr Bauch grummelte lautstark, aber sie wahrte Haltung wie eine kleine baskische Bobby Sands. Sie stand den Unterricht am Vormittag durch, wie es eben ging, und beim nächsten Essen bekam sie natürlich wieder ihren Hammel. Ich weiß nicht mehr genau, beim wievielten Mal sich meine Großmutter dann ergab, ob es bei der dritten oder vierten Begegnung mit dem Hammel war. So oder so war das Ende dieser Geschichte nicht mehr so spannend, und es gefiel mir nicht so sehr wie das zentrale Drama.

Wenn sie mir die Geschichte vom Hammel in ihrem kleinen Wohnzimmer erzählte, das vom *horror vacui* regiert wurde und überquoll von Stoffen, Kissen, Figürchen und Tellern aus Porzellan und Silber und das in einem Gebäude mit Zentralheizung lag, wo die Temperatur niemals unter 30 Grad sank, erschien mir der Gedanke, zum Frühstück Hammel essen zu müssen, als Gipfel der Grausamkeit. Und das, obwohl ich damals keine genaue Vorstellung davon hatte, was Hammel überhaupt ist. Das Ganze erschien mir genauso grausam, wie in ein Internat weit weg von den Eltern geschickt zu werden. Irgendwann muss ich mich einmal mit meiner absurden Obsession von Internaten befassen. Einmal habe ich bei einem Interview mit einem Autor, den ich sehr verehre, versehentlich ein altes Trauma wieder aufleben lassen, indem ich sagte, wie barbarisch ich es fand, dass er als 7-Jähriger in ein Internat gesteckt wurde. »Wissen Sie, wie klein ein 7-jähriges Kind ist?«, fragte ich ihn mehrfach, und er war sichtlich verstört von diesen Fragen, die überhaupt nichts mit seinem Roman zu tun hatten. Als meine Großmutter mir die Geschichte vom Hammel erzählte, war ich nicht dafür ausgestattet, zu verstehen, dass es weit Schlimmeres gibt, als Hammel essen zu müssen. Zum Beispiel gar nichts zu essen zu haben. Und das kam im Spanien der 1930er Jahre viel häufiger vor. Aber das war mir damals noch nicht klar.

Der Abend, an dem ich neben der britischen Aristokratin mit ihren vier in alle Welt verstreuten Kindern saß, war der erste, den ich seit der Geburt getrennt von meinem Sohn verbrachte. An dem Abend passierte etwas Merkwürdiges. Während ich die Frau still verurteilte, die das einem blonden Galgo ähnlichste menschliche Wesen seit Menschengedenken war, während ich sie ohne Gnade für ihren Elitismus und ihre Abgehobenheit verurteilte (Bonzin, schlechte Mutter usw.), taten andere Journalistinnen im Saal das Gleiche mit mir.

»Wie alt sagst du, ist dein Kind?«, fragte mich eine Deutsche, die dort ein Frauenmagazin vertrat. »Er ist gerade drei Monate geworden«, antwortete ich, das Handy im Anschlag, um ihr ein oder zweihundert Fotos meines wunderschönen Babys zu zeigen. »Und was machst du dann hier?«, entgegnete sie mit kaum verborgener Verachtung. »Warum bist du nicht bei ihm?« Unnatürliche, schlechte Mutter.

Ich war erst seit drei Monaten auf meinem Mutter-Posten und hatte mich noch nicht daran gewöhnt »mein Sohn« zu sagen – es klang in meinen Ohren noch künstlich und exotisch. Aber ich hatte durchaus schon gelernt, dass bei der Weitergabe von mütterlicher Schuld, von diesen kleinen Paketen Mutterschuld, beinahe niemand frei davon ist, in unerwarteten Momenten auszuteilen oder etwas abzubekommen.

Doris Lessings drittes Kind

Es gibt eine Szene in Doris Lessings Roman *Eine richtige Ehe*, in der die Hauptfigur Martha Quest sich ihre 3-jährige Tochter auf den Schoß setzt in dem Wissen, dass es das letzte Mal sein wird, bevor sie sie verlässt. Und sie sagt zu dem Kind: »Du wirst absolut frei sein, Caroline, ich schenke dir die Freiheit.«

Der Roman erschien 1954, mehr oder weniger ein Jahrzehnt nachdem sie selbst eine sehr ähnliche Szene erlebt hatte. Wie Martha Quest ließ Lessing ihren 3-jährigen Sohn John und ihre anderthalbjährige Tochter Jean in dem Haus zurück, das sie mit ihrem ersten Ehemann bewohnte, um nur vier Straßen weiterzuziehen, ebenfalls in Salisbury (heute Harare) im ehemaligen Süd-Rhodesien.

Der Abschied von John und Jean verlief in zwei Phasen. Einige Jahre nachdem Lessing sich von ihrem ersten Mann Frank Wisdom getrennt und ihn und die Kinder verlassen hatte, ging die Schriftstellerin erneut, diesmal in das ferne London. Im Gepäck hatte sie das Manuskript von ihrem ersten Roman *Afrikanische Tragödie* und ihr drittes Kind Peter, der aus der zweiten Ehe stammte. Ihr zweiter Ehemann war der marxistische Aktivist Gottfried Lessing, ein russischstämmiger Jude, den sie in der linken Szene von Salisbury kennengelernt hatte.

Dass Doris Lessing nach Europa ging und ihre beiden älteren Kinder in Süd-Rhodesien blieben, ist ein recht bekanntes

Detail aus ihrer Biographie. Sogar diejenigen, die kein besonderes Interesse an ihr oder ihren Büchern haben, wissen zwei Dinge über sie: dass sie den Nobelpreis für Literatur bekam und dass sie ihre Kinder verließ. Wie bei Muriel Spark, mit der Doris Lessing etliche biographische Koordinaten teilt, wurde die problematische Beziehung zu ihren Kindern Teil ihrer Legende. Wer weiß, was geschehen wäre, wenn sich die so unterschiedlichen Frauen, die beide in unglücklichen Ehen steckten, in den 1940er Jahren in Süd-Rhodesien begegnet wären. Es sich auszumalen ist unwiderstehlich. Aber vielleicht glaube ich auch nur, dass es alle Welt weiß, weil die Frauen meiner Generation sich besonders für das Detail interessieren, dass sie ihre Kinder zurückließ. Eine von uns, die britische Autorin Lara Feigel, schrieb ein ganzes Buch darüber, das unter dem Titel *Free Woman* erschien, freie Frau. Unter anderem versucht Feigel, die Lessing als Autorin sehr verehrt, ihren Frieden mit der Entscheidung ihres Idols zu machen, die sie nie ganz verstand. Als Feigel bekanntgab, ein Buch über Lessing zu schreiben (2018, nicht 1958), stieß sie ebenfalls auf diese Reaktion: War Doris Lessing nicht ein Monster? Hatte sie nicht ihre Kinder verlassen? Wie konnte sie so etwas nur tun?

Auf diese Fragen von Freunden und Bekannten hatte Feigel einige Antworten vorbereitet. Zuerst betete sie eine Litanei an schlechten Vätern aus Kunst und Kultur herunter, die überall auf ihrem Weg Kinder zurückgelassen hatten: Augustus John, Lucian Freud und viele weitere. Dann zog sie über den historischen Kontext vom Leder: Unterdrückung der Frauen, koloniale Zwänge usw. Und zuletzt zitierte sie Angela Carter »Eine freie Frau wird in einer unfreien Gesellschaft zum Monstrum«. Mit diesem Paket kam sie ihrer Verpflichtung als feministische

Schriftstellerin nach. Doch nach alldem fand sie sich allein mit einer Frage, die, ohne dass jemand von außen nachbohrte, wieder und wieder auftauchte: Wie konnte Doris Lessing das tun? »Ich versuchte es zu verstehen, es irgendwie klar zu kriegen, wie die Liebe, von der ich überzeugt war, dass sie sie für ihre Kinder empfand, zu dieser unbarmherzigen Tat passte. Und ich fand mich der Frage gegenüber, ob ich, indem ich sie verteidigte, womöglich auch ein Monstrum war.«

Ich habe viele Frauen gehört, die Doris Lessing just für diesen individuellen emanzipatorischen Akt loben und die der Ansicht sind, Lessings Weggang von zu Hause ohne alle ihre Kinder sei das Radikalste und Wichtigste gewesen, was die Autorin je tat. Meist identifizieren sich diese Frauen mit dem sogenannten liberalen oder dem Amazonen-Feminismus bzw. mit der Sorte Feminismus, bei dem es eher um die Verehrung der Superfrau geht als um eine Gemeinschaft gewöhnlicher Durchschnittsfrauen. Sicherlich finden diese Damen auch Lessings Attacken auf die feministische Bewegung attraktiv, die sie als alte Frau in den 1990er Jahren von sich gab. Sie finden Lessings Weggang von ihren Kindern wichtiger als die Tatsache, dass sie *Das goldene Notizbuch* und weitere drei Dutzend Bücher verfasste. Wichtiger als die Tatsache, dass sie sich entschlossen gegen die Apartheid und den Kolonialismus stellte, und wichtiger als das Faktum, dass sie vierundneunzig Jahre lang als unabhängiger und unglaublich origineller Geist wirkte.

Es gibt aber auch gar nicht amazonenhafte Durchschnittsfeministinnen, die über diesen Ausbruch von Gefühlskälte Doris Lessings nur den Kopf schütteln können. Hier haben wir eine Frau vor uns, die in der Lage ist, in den 1940er Jahren anderthalb Ozeane zwischen sich und ihr häusliches Joch zu bringen und nicht nur einen, sondern zwei Ehemänner ihrem Schicksal zu überlassen. All das unterstreicht, dass das Zurücklassen ihrer Kinder einigen Mut erforderte. Beide Gruppen, die sich in wenigen Dingen einig sind, haben Lessing zur bewunderten Ikone der Emanzipation erkoren: die Frau, die es gewagt hat, das zu tun, was viele gern getan hätten. Am Ende ihres Lebens ahnte sie, in welche Position sie hineinmanövriert worden war, und sie war überhaupt nicht begeistert. »Wenigstens schäme ich mich für die Lügen, die ich mir selbst erzählt habe«, sagte sie hierzu.

Ihre Interviewerinnen gingen davon aus, dass die Frage nach ihren Kindern eine schwierige Schwelle darstellte, die zu übertreten Mut erforderte. Alle wussten von ihrem Ruf als Grantlerin, die nicht gern über dieses Thema sprach. Barbara Ellen von *The Guardian* entschied sich 2001 beispielsweise für einen Umweg. Sie fragte, warum Lessing sich in den Bänden ihrer Autobiographie nicht ausführlicher über jenen Moment ausbreite, als sie ihre Kinder zurückließ. Ich führe auch viele Interviews, und ich kenne diesen journalistischen Trick, den Barbara Ellen anwandte. Er funktioniert genauso wie die Frage, ob es die betreffende Person stört, dass so viel über das Thema XY gestritten wird, statt den Mut aufzubringen, das Thema XY direkt anzusprechen. Lessing antwortete: »Die Wahrheit ist, dass die Leute sehr ungehalten waren, weil ich mich nicht darüber auslassen wollte, wie schrecklich es war, meine Kinder zurückzulassen. Wahrscheinlich hätte ich zehn Seiten vollschreiben sollen mit »Oh, wie konnte ich das nur tun?«, das hätte ihnen bestimmt gefallen. Ich bin dagegen sehr stolz darauf, dass ich den Mut aufbrachte, es zu tun. Ich habe immer gesagt:

Wenn ich dieses Leben nicht hinter mir gelassen hätte, wenn ich nicht der unerträglichen Langeweile der kolonialen Zirkel entkommen wäre, wäre ich zerbrochen. Ich wäre zur Alkoholikerin geworden. Ich feiere es, dass ich ausreichend gesunden Menschenverstand hatte, das zu erkennen.«

Tatsächlich spricht Lessing in ihrer Autobiographie kaum von der, wie sie selbst sagt, »unverzeihlichen« Tat, John und Jean zurückgelassen zu haben. Was sie im ersten Band ihrer Autobiographie *Unter der Haut* über den Abschied von ihren Kindern schreibt, ähnelt sehr Martha Quests Worten an ihre Tochter: »Ich würde aufbrechen, um diese häßliche Welt zu verändern, so daß sie später einmal in einer wunderschönen und vollkommenen Welt leben könnten, in der es keinen Rassenhaß oder Ungerechtigkeit noch sonst irgendwelche schrecklichen Dinge gäbe (...) Ich war absolut aufrichtig.«

Wie Joni Mitchell und andere Frauen, die denselben Schritt gegangen sind, sagte Lessing nie, sie hätte ihre Kinder verlassen, um zu schreiben oder um ihre literarische Karriere voranzubringen, die ihr letztlich den Nobelpreis für Literatur einbrachte. Ihre Ambitionen waren gleichzeitig weniger hoch und höher gesteckt als gute Bücher zu schreiben – sie wollte eine schöne Welt erschaffen.

Doris Tayler, so ihr Geburtsname, kam in einem Land, das damals Persien hieß, als Tochter zweier mehr oder minder glücklicher Diener des Britischen Empire zur Welt. Ihr Vater war Exmilitär mit einem Holzbein und ihre Mutter ehemalige Krankenschwester mit einem Hang zum Größenwahn. Wie die Sparks und so viele andere hatte auch Familie Tayler verstanden, dass in den Kolonien der soziale Aufstieg recht einfach möglich war und sie sich Luxusgüter wie ein Haus nebst Hausangestellten leisten konnten, was im Mutterland kaum denkbar war. Doch zahlte man dafür einen Preis. Doris' Mutter Maude hasste Rhodesien, das Land, in das ihr Mann sie post Persien mit dem vagen Versprechen gelockt hatte, dass sie dort Großgrundbesitzer werden könnten. Sie kam im Jahr 1925 mit einem Koffer voller Abendkleider und dem Plan, einem glitzernden Nachtleben in Expat-Clubs zu frönen, in Rhodesien an. Doch bald musste sie feststellen, dass diese Kleider nur einen Zweck erfüllen würden: Nach und nach würden sie sich in Stofffetzen verwandeln, mit denen die Kinder spielten. Sie hatte keine gute Beziehung zu ihrer Tochter Doris, die mit vierzehn Jahren ihr Mädcheninternat für Offizierstöchter der Kolonien verließ. Die Pläne der Mutter, die vorsahen, dass Doris eine Schule in England besuchen sollte, wurden nie Wirklichkeit.

Mit neunzehn Jahren heiratete Doris denjenigen ihrer Verehrer aus dem Salisbury Sports Club, der ihr am wenigsten schrecklich erschien. Heiraten war für sie die einzige Chance auf ein aktives Sexualleben. Doris war eine junge Frau, die für die Romane von H. D. Lawrence brannte, heimlich das Buch eines niederländischen Gynäkologen über Sexologie las und die außerdem niemals so werden wollte wie ihre Mutter. Sie glaubte, ihre Befreiung könne nur über die Sexualität stattfinden, und in Rhodesien gab es neben der Ehe nicht viele Möglichkeiten, diese auszuleben. Frank Wisdom war Beamter und zehn Jahre älter als sie. Beide waren gegen den *Colour Bar*, die rhodesische Form der *Apartheid*, sie lasen progressive Zeitschriften aus England und teilten eine recht laxe Einstellung bezüglich Treue in der Beziehung. Damals stand bereits fest, dass Doris schreiben wollte, und Frank unterstützte sie vage – was konnte schon Schlimmes passieren, wenn eine Frau ein bisschen schrieb?

Nahezu unverzüglich nach der Hochzeit wurde Doris schwanger. Im Sommer 1939 stand die Welt kurz vor Kriegsausbruch, und das junge Paar hatte eigentlich nicht so schnell Nachwuchs geplant. Doris suchte einen Arzt, um eine Abtreibung vornehmen zu lassen, aber der erste, den sie ausfindig machen konnte, war wegen Operierens unter Alkoholeinfluss verurteilt worden. Der zweite sagte ihr, sie sei schon über den vierten Monat hinaus, und es sei somit zu spät, um den Eingriff vorzunehmen. Nun blieb nur Warten. Mit neunzehn Jahren würde Doris Mutter werden. Julia Phillips schreibt dazu in ihrem Buch *Baby on the Fire Escape,* ihr erstes Kind kam »mit Hilfe der beiden Fruchtbarkeitsgöttinnen der modernen Zeit zur Welt: Hoffnung und dem Versagen von Verhütungsmitteln.«

Mit Johns Geburt wurde die stillschweigende Übereinkunft des Paares nichtig. Ihre Beziehung würde nun nicht mehr anders sein als die aller anderen. Er war der Ansicht, dass sie bereits genauso geworden waren wie alle anderen: Ein Ehepaar mit Kindern in den Kolonien. Sie brauchte etwas Zeit, bis der Groschen fiel. Die ersten Monate mit ihrem Neugeborenen inspirierten einige der meistzitierten Sätze Doris Lessings. Es sind keineswegs die besten, die sie je schrieb, aber sie haben mit ihrem Ruf als Ablehnerin von Mutterschaft zu tun – als hätte sie in ihrem Leben nichts anderes zustande gebracht. Es sind Sätze wie: »Es gibt nichts Langweiligeres für eine intelligente Frau, als eine nicht enden wollende Zeit mit Kleinkindern zu verbringen«, und »Mutterschaft ist das Himalaya des Überdrusses«.

Frank ermutigte sie, sich mit anderen jungen Müttern anzufreunden. Wenn sie nun gemeinsam auf Feiern gingen, sahen sie diejenigen, die ihr noch vor wenigen Monaten den Hof gemacht hatten, an, als wäre sie eine ehrwürdige Matrone. Es zeigte sich, dass auf dem Markt der Begierden nichts eine Frau so sehr entwertete wie das Muttersein. Sie schreibt in ihrer Autobiographie: »Ich war gelangweilt, ich war rebellisch. Ich haßte die morgendlichen Teepartys. Aber gleichzeitig konnte ich nicht abwarten, bis sie anfingen, und verabscheute mich deshalb. (…) Achtzehn Monate zuvor war ich – und mit mir alle anderen Mädchen – von jedem in Frage kommenden Mann heftig umworben worden, und jetzt war ich unsichtbar. Man ging so respektvoll mit mir um, als wäre ich fünfzig, meiner wiedererworbenen schlanken Figur und meinem Mädchengesicht zum Trotz.«

Noch dazu war John kein einfaches Baby. Er war unruhig und hyperaktiv. Ganz bestimmt war John auch Vorbild für den Jungen in *Das fünfte Kind*. Wie konnte es angesichts all dessen sein, dass Doris bereits ein Jahr nach ihrer ersten Geburt wieder schwanger war? Die Antwort gibt sie selbst durch ihr Alter Ego Martha Quest in *Eine richtige Ehe*: »Du langweilst mich zu Tode«, sagt Martha zu ihrer kleinen Caroline im Roman, »und ich dich zweifellos auch.« Und doch fühlt Martha neben dieser tödlichen Langeweile, dieser Kordillere aus Überdruss auch eine animalische Anziehung ihrer Tochter gegenüber. »Es gab Stimmungen, da regte sich ein unwiderstehliches, zärtliches Verlangen, da erfüllte der bloße Anblick von Caroline Martha mit einer tiefen Befriedigung über ihren reizenden kleinen

Körper und ihr bezauberndes Gesichtchen, und darin verbarg sich zugleich das Verlangen, wieder ein kleines Kind in den Armen zu halten. Wenn sie in dieser Stimmung eins der Babys ihrer Freundinnen anschaute, stellte sich ein lang anhaltendes, schmerzliches Gefühl der Entbehrung ein, und sie war erfüllt von dem Gedanken an das Abenteuer der Schwangerschaft.«

Und so geschah es, dass sich Doris Lessing, gedrängt durch ihren Körper und dessen Mutterträgheit, ein Jahr nach ihrer ersten Schwangerschaft mit ihrem Sohn erneut im Salisbury Lady Chancellor Hospital fand, um ihre Tochter Jean zur Welt zu bringen. Kurz nach der Geburt nahm sie ihren Sohn John auf eine einmonatige Reise nach Kapstadt mit, und Jean ließ sie bei den Nachbarn zurück. Bei ihrer Rückkehr fühlte sie sich von ihrem neuen Baby entfremdet und abgelehnt. Die Beziehung zu ihrer Tochter war immer anders als die zu John. Jean war zwar unkomplizierter und anhänglicher, doch versuchte Doris, die bereits den Drang verspürte, aus ihrem selbst gebauten häuslichen Gefängnis auszubrechen, das Unmögliche: Sie wollte keine allzu zärtlichen Gefühle für ihre Tochter entwickeln. Sie schreibt in *Unter der Haut*: »Ich schützte mich damals selbst, weil ich wußte, daß ich weggehen würde. Und doch wußte ich es gleichzeitig nicht, ich konnte nicht zugeben, daß ich das Unverzeihliche tun und zwei kleine Kinder verlassen würde.«

Doch das tat sie. 1943 verließ Doris Lessing mit einundzwanzig Jahren ihre Wohnung und ließ ihre zwei Kinder, die fast noch Säuglinge waren, zurück.

Doris Lessing, die zu dieser Zeit noch keine Schriftstellerin geworden war, fand eine Anstellung als Schreibkraft in einer Anwaltskanzlei und eine kleine Wohnung. Jeden Tag setzte sie sich direkt nach dem Aufstehen das oberste Ziel, den Tag für etwas zu nutzen, was es rechtfertigte, ihre Kinder verlassen zu haben. Diesen Antrieb fand sie in der Zelle der Kommunistischen Partei in Rhodesien. Sie nahm an Versammlungen teil und druckte Plakate. Und sie stritt mit Frank, um ihre Kinder sehen zu dürfen. Im gesamten ersten Trennungsjahr ließ er kein Treffen zu. Der gedemütigte Exmann heiratete bereits wenige Monate später, und seine zweite Frau füllte die Mutterrolle für John und Jean aus.

Die Jahre des Übergangs, die Doris Lessing als geschiedene Frau in Rhodesien lebte, waren besonders ereignisreich. In der winzigen kommunistischen Gruppe von Salisbury hatte sie Kontakt zu Menschen, die ihren politischen Eifer teilten. Sie verliebte sich nacheinander in verschiedene englische Soldaten der Royal Air Force, die in Rhodesien ihre Flugmanöver trainierten. Hier lernte sie auch ihren zweiten Ehemann kennen, den Kommunisten Gottfried Lessing, den sie 1943 vor allem aufgrund praktischer Überlegungen heiratete: Sie konnte ihm mit ihrem britischen Pass aushelfen, und er schenkte ihr den Nachnamen, unter dem sie berühmt werden sollte. Kurz nachdem sie Frank und die Kinder verlassen hatte, wurde Doris krank. Sie bekam Fieber und delirierte. Gottfried kümmerte sich um sie und brachte ihr Eiscreme und Kuchen. Weder der Sex noch das Zusammenleben waren zwischen Doris und Gottfried besonders erfreulich, aber sie hatten eine Vereinbarung mit einer gewissen polyamourösen Flexibilität. Damals hatte Doris auch eine Beziehung zu John Whitehorn, einem Piloten der Royal Air Force.

Wenn sie mindestens einen anderen Mann liebte und bereits zwei Kinder verlassen hatte, warum bekam sie dann ein drittes

Kind? Alle Biographen Doris Lessings haben sich diese Frage gestellt und stießen in ihren Briefen und Büchern auf widersprüchliche Antworten. In einem Brief an Whitehorn schreibt sie, dass sie ein Kind vom falschen Mann bekommen wird, dass sie dies aber dennoch glücklich macht, weil sie John und Jean so sehr vermisst und sich ohne sie verloren fühlt. Einem anderen ihrer Soldatenfreunde, Coll McDonald, mit dem sie eine ehrlichere Beziehung führte, die nicht von zu starker gegenseitiger Anziehung geblendet war, erzählt sie, dass die Schwangerschaft das Ergebnis eines kolossal misslungenen Experiments mit einer neuen Verhütungsmethode gewesen wäre und dass Gottfried im Gegensatz zu ihr begeistert sei von einem gemeinsamen Kind, während sie nur so täte. In ihrer Autobiographie schreibt Doris Lessing, dass sie ihr drittes Kind mit Gottfried zu einem Zeitpunkt bekam, als beide bereits wussten, dass sie sich trennen würden. Und das sei ein guter Moment gewesen, denn später wäre dafür keine Zeit mehr geblieben. Diese Version der Geschichte hätte vor keinem Geschworenengericht Bestand. Sie war erst sechsundzwanzig und hatte noch viele fruchtbare Jahre vor sich. So oder so trug sie ihr drittes Kind aus. Sie war überzeugt, dass es ein Mädchen werden und Catherine heißen würde – diesen Namen nutzte sie in zahlreichen Briefen, in denen sie das Ungeborene erwähnt. Insgesamt verläuft die Schwangerschaft unkompliziert. In einem ihrer Briefe an Coll McDonald verglich sie das Gefühl, ein Kind in sich wachsen zu spüren, damit, einen Vogel in der Hand zu halten. »Ich glaube, man geht davon aus, dass es uns Frauen nicht gefällt, mir aber schon. Wieder bin ich primitiv. Verzeih.«

Es wurde am Ende keine Catherine, sondern ein Peter. Doris Lessings drittes Kind wurde 1946 geboren, und sie, deren

Situation alles andere als ideal war, überschüttete dieses Kind mit all der Liebe, die sich für die anderen beiden aufgestaut hatte, da sie Jean und John weiterhin nicht besuchen durfte. »Mein Baby ist vollkommen wunderbar«, sagte sie zu ihrem Liebhaber John Whitehorn. Es überraschte sie, dass sie von »angemessenen Muttergefühlen durchdrungen« war. Es gab Himalayas aus Überdruss, sicher, aber in ihren schriftlichen Zeugnissen finden sich nur Spuren einer unzweideutigen mütterlichen Leidenschaft für ihr drittes Kind. Peter war auch der einzige, den sie drei Jahre später mit nach England nahm.

1949 kam Lessing mit ihrem Sohn, einem Manuskript und zwei Scheidungen im Gepäck nach London. Wäre ihr Leben eine gute Miniserie, kurz davor, auf BBC oder über irgendeine Bezahlplattform ausgestrahlt zu werden, würde die Geschichte an dieser Stelle einsetzen. Mit allem Taumel und aller Zuversicht einer unbeugsamen Frau, die aus Afrika nach England kommt und bereit ist, sich ihr Leben nach ihren eigenen Vorstellungen zu erschaffen.

Ihre Dreißiger, die sie im zweiten Band ihrer Autobiographie, *Schritte im Schatten*, erzählt, waren geprägt von permanenter Veränderung. Neue Liebschaften, neue Romane, neue Ideale, für die sie brannte, und etliche Umzüge. Die ernüchterte Abwendung vom Kommunismus, ein Initiationsritus ihrer Generation, war schnell und endgültig. Und in diesem ganzen Trubel gibt es nur eine Konstante: Peter. Mutter und Sohn hatten schon damals eine beinahe erstickend enge Bindung. Sie hatte panische Angst davor, ihn zu verlieren. Der Junge musste die Last des einzigen anwesenden Kindes tragen – er zählte gewissermaßen für drei.

Während Doris lebte und schrieb, war Peter immer bei ihr,

neben ihr oder in unmittelbarer Nähe. Eine Ausnahme stellten manche Ferien dar, die er im Landhaus einer bekannten österreichischen Familie in Kent verbrachte. Diese Phasen nutzte sie, um ihre Projekte voranzutreiben. Ihre Abgabetermine hielt sie stets ein. In diesen ersten zehn Jahren in London, in denen sie sich als alleinerziehende Mutter durchschlug, gelang es ihr, fünf Romane, zwei Erzählbände, einen Band ihrer Autobiographie und mehrere Theaterstücke fertigzustellen.

John und Jean kamen nie ganz zu ihr zurück. Als die beiden Jugendliche geworden waren, fanden wieder regelmäßige Treffen in London statt. Die Schriftstellerin öffnete nun allerdings ihre Türen auch für viele andere, die sie »meine Kinder« nannte. Ab den 1960er Jahren übernahm sie die Mutterrolle für eine Reihe Jugendliche, die in einer Stadt, die vor Sex und Jugendkultur nur so brodelte, keine gemeinsame Ebene mit ihren Eltern mehr fanden. Lessing fiktionalisiert auch diese Erfahrung in einem ihrer späten autobiographischen Romane *Ein süßer Traum*, der 2001 erschien, als sie schon weit über achtzig war. Im Roman nimmt die 40-jährige Protagonistin Frances eine Gruppe neurotischer jugendlicher Hippies unter ihre Fittiche und in ihrem Haus auf.

Im Vorwort des Buches macht Lessing etwas Kurioses, was nicht so recht dorthin passen will: Sie erklärt, dass der dritte Band ihrer Autobiographie nicht so veröffentlicht wird, wie es alle erwartet hatten, weil sie bestimmte Menschen nicht bloßstellen möchte. Ihre Kinder, so sagt sie, seien nun in der Mitte ihres Lebens angekommen, und sie wolle sie nicht beschämen.

Diese literarische Zurückhaltung ist zwar verständlich und lobenswert, aber in Wahrheit war es längst zu spät. In der Londoner Literaturszene wusste man ganz genau, dass die junge

Autorin Jenny Diski die Ziehtochter der berühmten Doris Lessing war. Und ein paar Jahre später konnte alle Welt lesen, unter welchen Bedingungen die überaus komplexe Beziehung zwischen den beiden entstanden war.

1963, fünfzehn Jahre nach ihrer Flucht aus Afrika mit nur einem von drei Kindern, erlebte Doris Lessing die klassische Enttäuschung vom Kommunismus, die die Intellektuellen ihrer Generation prägte und die in *Das goldene Notizbuch* literarischen Ausdruck fand. Dieser Bruch spielte sich im Hause Lessing nicht nur auf intellektueller Ebene als Positionierung gegen die Verbrechen des Stalinismus und die Panzer in Budapest sowie andernorts ab, sondern auch auf persönlicher Ebene innerhalb des Freundeskreises. Nichts verleidet einem den Kommunismus so sehr wie die Ehe mit einem Kommunisten, scherzte sie.

Peters Vater Gottfried leistete nie irgendwelche Unterhaltszahlungen, denn er hatte Wichtigeres zu tun, beispielsweise die proletarische Revolution vorzubereiten. Das war gängige Praxis unter den Machos der Linken, die zwar die Unterdrückung der Arbeiter in einer Fabrik in Detroit oder Hamburg sehen, benennen und kritisieren konnten, nicht aber die in ihrer eigenen Küche. Zu dieser Zeit hatte sich Lessing bereits von der marxistischen Utopie abgewandt und interessierte sich für die religiöse Strömung des Sufismus, die das persönliche Wachstum und die Akzeptanz dessen, was das Leben bietet, besonders wenn es hart und unangenehm ist, propagiert. Der Sufismus sieht diese Krisen als Impuls, um die Situation zu verbessern und an sich selbst zu arbeiten.

Wer weiß, ob es daran lag, jedenfalls sah sie diese Herausforderung als Gelegenheit dafür, ihre neue Philosophie auf die Probe zu stellen. Ob aus reiner Großzügigkeit oder weil die neue Aussicht eine spannende Wendung versprach, weiß man bei einer Schriftstellerin nie. Jedenfalls bedachte Lessing einen Brief ihres Sohnes Peter mit besonderer Aufmerksamkeit, in dem er von einer Klassenkameradin erzählte, einem 15-jährigen Mädchen, Tochter eines Straftäters und einer psychisch labilen Mutter mit selbstzerstörerischen Tendenzen. In ihren wenigen Lebensjahren war dieses Mädchen bereits von mehreren Schulen geflogen und hatte einen Aufenthalt in einer psychiatrischen Klinik hinter sich. Außerdem hatte sie eine Zeit in einer Art Pension gelebt, was sie durch die Arbeit in einem Schuhgeschäft finanzierte. Diese junge Frau war ein Sorgenkind.

Auf das St. Christophers Internat, das auch Peter besuchte, war sie gekommen, weil die Schule jedes Jahr als soziale Maßnahme ein paar »schwierige Fälle« aufnahm. »Liebe Mutter«, begann er seinen Brief in sehr förmlichem Ton für einen Heranwachsenden, »sie ist ziemlich intelligent, und es könnte sich lohnen, ihr zu helfen.«

Ohne das Mädchen auch nur das kleinste bisschen zu kennen, schrieb Doris Lessing einen Brief an Jennifer, die damals den Nachnamen Simmons trug, und lud sie ein, zu sich nach Mornington Crescent zu ziehen. Käme sie nicht, so würde Jenni bestimmt schwanger und in einer schrecklichen Ehe oder schwanger und tot oder schwanger, drogensüchtig und tot enden, glaubte Doris. »Schwanger und verheiratet waren Synonyme für tot«, schrieb viele Jahre später die Ziehtochter, als sie schon Jenny Diski hieß und eine geschätzte Schriftstellerin geworden war, deren meisterlicher Sarkasmus allseits geschätzt wurde.

Lessing und Diski hatten zeitlebens einen Nichtangriffspakt, was das Schreiben über die jeweils andere betraf. Ich schreibe nicht über dich und du nicht über mich. Die ältere der beiden Autorinnen hielt sich nur halb daran: Sie nutzte Diski als Modell für einige Figuren in ihren Romanen und sagte es ihr auch rundheraus: »Das bist du« – als wäre das nötig gewesen.

Im Jahr 2013 verstarb die Literaturnobelpreisträgerin, und nur wenige Monate später bekam Diski ihre Krebsdiagnose, unheilbar. Sie schrieb in einem Artikel, dass sie schon beim Verlassen der Arztpraxis, wo ihr soeben die schreckliche Nachricht eröffnet wurde, wusste: Nun würde sie endlich über die Frau schreiben, für die sie nie eine angemessene Anrede gehabt hatte. Mutter? Nein, sie hatte ja eine Mutter, obwohl sie mit ihr seit Jugendtagen keinen Kontakt hatte. Jahrelang, so Diski, probierte sie verschiedene Optionen aus: »Gönnerin«, wie in einem viktorianischen Roman. »Die Frau, mit der ich zusammenlebe«, praktisch, aber zu ambivalent. »Tante Doris« brachte beide zum Lachen. Jedenfalls spendete das Vorhaben, über Doris Lessing zu schreiben, ihr in den letzten Monaten ihres Lebens Kraft.

Diski überschreibt das Buch, in dem sie über ihre Krebserkrankung und die verästelte Beziehung zu Doris Lessing erzählt, *In gratitude,* in Dankbarkeit, da sie gleich auf der ersten Seite ihrer Dankbarkeit dieser Frau gegenüber Ausdruck verleihen wollte, der sie alles verdankte und die sie völlig unbekannterweise aufgenommen hatte. Lessing hatte ihr ein Zuhause geschenkt, ihr erlaubt, wieder Kind zu sein, als sie bereits vom System in die undankbare Zone des Erwachsenenlebens gespült worden war. Und sie hatte ihr vorgelebt, dass es eine echte Option war, Schriftstellerin zu werden. Doch verschleiert der Titel das gnadenlos ehrliche Porträt, das Diski von ihrer »Tante Doris« entwirft.

Was geschah, als Jenny zu Doris Lessings Schützling wurde, hatte Konsequenzen für alle Familienmitglieder, allen voran für den Lieblingssohn Peter. Er war auch der Initiator dieser so ungewöhnlichen Familienkonstellation gewesen: eine geschiedene Frau, ihr jugendlicher Sohn und die ebenfalls jugendliche Ziehtochter, die nicht einmal Waise war. Peter und Jenny waren Schulkameraden gewesen, aber sie waren nicht befreundet, und als sie im Alltag zu Geschwistern wurden, erschuf dies eine seltsame Situation zwischen beiden. Tatsächlich war alles in Peters Leben seltsam.

Zum Ende seiner Schulzeit fiel er durch sämtliche Prüfungen, schloss sich im Haus seiner Mutter ein und kam praktisch nicht mehr heraus. Er hatte nie eine Arbeit, und es sind auch keine Liebschaften oder Beziehungen bekannt. Er litt den Rest seines Lebens an so etwas wie einer intermittierenden Depression, war Diabetiker und hatte Herzprobleme. »Peters Existenz war die traurigste, die ich mir vorstellen kann«, schreibt Diski, die an anderer Stelle über ihren erwachsenen Ziehbruder sagte, er sei sein ganzes Leben lang ein »Riesenbaby« geblieben. Er starb mit sechsundsechzig Jahren, wenige Monate vor seiner Mutter. Voll Kummer erzählt Diski, wie schwer es war, seine Grabrede zu schreiben. Was sagt man über einen Mann, dessen Leben mit neunzehn Jahren vorbei war? Die Gedichte, die für die Trauerfeier ausgewählt wurden, waren Kindergedichte von A. A. Milne, dem Verfasser von *Winnie the Pooh.* Und es wurden die Lieder gespielt, die er während der Schulzeit gern gehört hatte. Die restlichen fünfzig Jahre seines Lebens hatte er im Schwebezustand als Anhängsel seiner Mutter verbracht, von der er sich nie lösen konnte.

Peter und Doris wurden gemeinsam alt, stritten sich, lachten zusammen, wie ein Paar, das gelernt hat, mit den Schrullen des anderen zu leben. Sie hörte nie auf, für ihn zu sorgen, und die Umkehrung der Rollen, die oft vorkommt, wenn Eltern alt und hilfebedürftig werden, fand nie statt.

Offenbar hatte Peter einmal zu einem Freund gesagt, das Schlimmste, was passieren könne, sei, dass Jenny eine erfolgreiche Autorin würde – und genau das geschah. Die Ziehtochter, die er selbst ins Haus geholt hatte, hatte die Begabung seiner Mutter, und er war leer ausgegangen. Lessing war zu einem ähnlichen Schluss gekommen, sie sagte zu einigen Journalisten, Jenny sei so etwas wie ein Kuckuckskind gewesen. Kuckucksweibchen legen ihre Eier in fremde Nester, wo sie den Platz der leiblichen Küken besetzen, die das Kuckuckskind oft aus dem Nest wirft. Diski selbst gesteht ein, dass sie ein Kuckuckskind war, ohne es zu wollen. »Ich war am Ende nicht das Geschenk, das Peter seiner Mutter machen wollte, sondern ein Fluch. (…) Ich war eine Geste, eine Frage, ein Gespräch, das er nicht mehr mit Doris führen konnte. Vielleicht hatte er versucht, das Familiengleichgewicht wiederherzustellen, ohne seine beiden Geschwister zu erwähnen, die in Afrika geblieben waren.«

Hatten Peter und Doris Jenny aufgenommen, um die beiden zurückgelassenen Kinder zu ersetzen? Das scheint eine allzu einfach gestrickte küchenpsychologische Erklärung. Familienkonstellationen lassen sich fast nie auf derart simple Weise erklären. Wir glauben häufig, das Problem zu durchschauen und die Lösung zu kennen, und sprechen es oft genug auch aus. Wenn beispielsweise in einer Familie ein Kind stirbt und die Eltern die Möglichkeit haben, ein zweites zu bekommen, wird erwartet, dass sie es so schnell wie möglich versuchen. Eine meiner besten Kindheitsfreundinnen war so ein Ersatzkind. Sie wurde ein Jahr nach dem Tod ihrer Schwester geboren, die sie nie kennenlernte. Die neue Tochter, meine Freundin, und die Gespenst gewordene Schwester waren absolut identisch.

Auch wenn eine Schwangerschaft endet, wenn es zu einer Fehlgeburt kommt, hält das Umfeld der Mutter oder der Eltern so lange die Luft an, bis die Frau wieder schwanger ist. Denn dann, so glaubt man, ist das Gleichgewicht wiederhergestellt und alles ist wieder gut, bis auf diesen kleinen Restschmerz. Der Gedanke, dass ein Kind ein anderes ersetzt, erscheint, so direkt formuliert, barbarisch, aber er ist fest in den urtümlichsten Tiefen unseres Unbewussten verankert.

In ihrem Buch stellt auch Diski eine urtümliche Frage, die gleiche, die sich Lara Feigel stellt und die ich mir stelle: Wie konnte Doris Lessing ihre älteren Kinder in Rhodesien zurücklassen? Diski beschreibt die Reise, die ihre Mutter 1949 mit ihrem kleinen Sohn und ihrem ersten Buch im Koffer (immer taucht der Koffer auf, ein sehr literarisches Detail) unternahm und die tausendmal in sämtlichen Biographien Doris Lessings beschrieben wurde. Sie interessiert sich aber am meisten für die beiden zurückgelassenen Kinder.

Daran halte ich mich fest. Jenny Diski hatte mit fünfzehn schon mehr Leben geführt als andere mit fünfzig, sie legte mit dem lakonischen Titel *The Sixties* das beste Buch über dieses Jahrzehnt vor, und ihr Debütroman handelt von einer sadomasochistischen Affäre. Außerdem ist sie in der Lage, alles von

Orang-Utans über das Alte Testament bis hin zu ihrer eigenen Krebserkrankung in ihre Texte einzuflechten. Und das mit einer bemerkenswerten Flughöhe und ohne in Kitsch zu verfallen – wir Frauen tendieren ja dazu, bei anderen genauso nach Kitsch zu fahnden wie nach Stirnfalten. Wenn jemand wie Diski an den beiden zurückgelassenen Kindern Doris Lessings hängen blieb, dann konnte auch ich diese Obsession hegen, ohne mich des Puritanismus, der Engstirnigkeit oder der Begriffsstutzigkeit schuldig zu machen.

»Ich bin Feministin und Mutter, und ich begrüße die Flucht einer Frau in die Freiheit, die zur damaligen Zeit an diesem Ort ihr eigenes Leben leben will. Ich bewundere die Entschlossenheit, mit der sie ihre Leidenschaft, die Kraft ihres Drangs zu schreiben, verfolgt«, schreibt sie. »Ich verstehe den Drang zu fliehen, aber egal wie sehr ich mich in sie hineinversetze, ich bin verblüfft, dass sie emotional dazu in der Lage war. Ich frage mich vor allem, wie sie es vor sich selbst rechtfertigen konnte, ein Kind mitzunehmen und die anderen beiden zurückzulassen.«

Genau wie die Biographen, die Doris Lessing von diesem so unangenehmen Abgrund der schlechten Mütter aus begreifen wollten, kommt Diski zu dem Schluss, dass Lessing es teils aus pragmatischen Gründen tat. Es wäre ihr einerseits völlig unmöglich gewesen, allein mit drei Kindern in London zu überleben – es grenzt ja schon an ein Wunder, dass sie es mit einem schaffte. Andererseits wusste sie, dass ihre Kinder in der neuen Familie des Vaters gut aufgehoben waren, während Peters Vater niemals die Zeit gefunden hätte, sich um ihn zu kümmern. Als Vater war er in der Tat pflichtvergessen und unzuverlässig.

Doris Lessing gelang es, ihre Beziehung mit ihren älteren Kindern, besonders mit Jean, mit der sie sich immer am besten verstand, zu kitten. Jean besuchte als Jugendliche ihre damals schon berühmte Mutter etliche Male in London. Diski schreibt in ihrem Buch, dass ihr öfter die Aufgabe zufiel, mit der schüchternen jungen Frau in die Stadt zu gehen. Jean war noch nach der alten Schule erzogen und wagte es in London erstmals, Kleider anzuprobieren, die sie in Rhodesien niemals würde tragen können, und Bücher anzusehen, die sie niemals nach Hause würde mitbringen dürfen. John wurde Kaffeebauer und starb schon 1992 an einem Herzinfarkt. Jean, die später den Nachnamen Cowen trug, war diejenige, die 2007 nach Stockholm reiste, um Doris Lessings Nobelpreis entgegenzunehmen, da ihre Mutter schon zu gebrechlich war, um die Reise und den Pomp selbst noch durchzustehen.

Als Doris Lessing starb, hinterließ sie ein Testament, das Jean und Jenny jeweils hunderttausend Pfund von ihrem Millionenvermögen zusprach. »Es ist kein Ausdruck ihrer Großzügigkeit«, sagte Jean zu Journalisten. Eine elegante Umschreibung. Für die meisten Diskussionen sorgte die testamentarische Festlegung, dass Doris Lessings Tagebücher so lange verschlossen bleiben mussten, bis Jean und Jenny verstorben waren, und dass nur ein bestimmter Biograph (der diese Aufgabe aus Altersgründen dann nicht übernehmen konnte), Zugang bekommen sollte.

»Ich habe noch nie von jemandem gehört, der sich derart effektiv das letzte Wort gesichert hätte. Als ich meine Diagnose bekam, glaubte ich, ich hätte kurz vor meinem Tod das letzte Wort«, so Diski in einem Interview.

Beinahe ein Jahrzehnt nach ihrem Tod ist ihre autorisierte

Biographie, die in den Händen von Patrick French liegt, noch immer nicht erschienen. Wir wissen also nicht, was Doris Lessing in ihren Tagebüchern über ihre Kinder schrieb. Wir müssen uns für den Augenblick mit ihren Romanen begnügen. Neben einer »Epikerin der weiblichen Erfahrung«, wie es die Schwedische Akademie in ihrer Begründung formulierte – wobei es interessant wäre, zu wissen, was sie unter ›weiblich‹ verstanden –, war Lessing die Fabuliererin der ambivalenten Mutterschaft.

Der Kinderpsychologe Donald Winnicott arbeitet diesen Gedanken in seinem bekanntesten, 1947 erschienenen Artikel »Haß in der Gegenübertragung« aus. Entgegen dem Zeitgeist formuliert der englische Kinderarzt und Psychoanalytiker eine Theorie, welche diejenigen Mütter freisprach und normalisierte, die ihre Kinder nicht permanent vergötterten. Er schloss, dass die Augenblicke mütterlichen Hasses dem Kind tatsächlich nützlich seien, das so fürs ganze Leben lernen könne, Verlust und Frustration auszuhalten. Er schrieb: »Ich möchte einige Gründe nennen, warum eine Mutter ihr Baby haßt (…) Es ist erbarmungslos, behandelt sie wie Dreck, wie eine unbezahlte Magd, eine Sklavin. (…) Es ist mißtrauisch, verweigert die gute Nahrung, die sie ihm bietet, und erweckt in ihr Zweifel an sich selbst (…)«.

Die Frauen in Lessings Romanen verkörpern in sich selbst wenn nicht den Hass in der Gegenübertragung, so doch die mütterliche Ambivalenz. Sie opfern sich für ihre Kinder auf und enden frustriert, weil das ganze Projekt so wenig erbaulich ist. Oft sind die Kinder der Auslöser für das Unglück und das Zuhause die Bühne für Angst und Schrecken. Nur ein Jahr nach Erscheinen von *Das goldene Notizbuch*, das ihr Durchbruch sein sollte, publizierte Doris Lessing die Erzählung *To Room Ninteen*. Die Erzählung ist gespickt mit Aphorismen über Mutterschaft, als würde sie diese für sich herunterbeten oder all ihren Leserinnen zuflüstern, die sie soeben mit ihrem berühmten feministischen Roman für sich gewonnen hatte. »But children can't be the centre of life and a reason for being«, Kinder dürfen nicht das Zentrum des Lebens und der Grund des Daseins sein, schreibt sie. Und kurz darauf: »(…) but they can't be a wellspring to live from«, Kinder können auch nicht der Quell sein, aus dem man Leben schöpft. Über ihre Protagonistin Susan schreibt sie, sie habe einen hohen Preis für eine glückliche Ehe und ein Haus mit Garten zahlen müssen.

Susan heiratet spät – für ihre Zeit bedeutet das mit ungefähr achtundzwanzig Jahren –, »amid general rejoicing«, zur Freude all ihrer Freunde, lässt uns der solide Erzähler wissen. Ungefähr sechsmal benutzt er das Adjektiv »reasonable« bzw. »sensible«, vernünftig, um das Ehepaar Rawling und das, wofür sie stehen, zu beschreiben. Susan bekommt zunächst zwei Kinder und danach ein Zwillingspaar und verliert so weit den Verstand, dass ihr am Ende nur noch der Suizid bleibt. Bei ihrer fortschreitenden Verwandlung in eine nicht mehr vernünftige, eine »unreasonable« Person, fühlt Susan, dass sie verschwunden ist, dass ihr eigentliches Ich in irgendeinem Kühlhaus vor sich hin wartet »[a]s if the essential Susan were in abeyance, as if she were in cold storage«, während sie die Aufgaben erfüllt, die von einer jungen Ehefrau und Mutter erwartet werden. Diese Leere, die sie spürt, ist nicht nur ein vages Unwohlsein, sondern konkretisiert sich in verschiedenen mephistophelischen Figuren, die in Susans beschädigtem Gehirn leben. Ein Feind, ein Dämon, ein seltsames Wesen mit katzenhaftem rotem Pelz, das die Frau glaubt, im Garten zu sehen. Sie phantasiert sich sogar einen Liebhaber zusammen, um vor Matthew zu rechtfertigen, warum sie verrückt wird, denn die bloße Tatsache, eine bürgerliche Mutter zu sein, scheint nicht als plausible Erklärung auszureichen.

Die Nachricht, die Lessing an die Frauen der 1960er Jahre übermitteln wollte, war: Achtung, Gefahr! In keinem Roman stellt sie den Horror, den das Wagnis der Fortpflanzung immer mit sich bringt, so gnadenlos dar wie in *Das fünfte Kind.* Dieser Roman erschien erst 1988 und belegt seitdem einen seltsamen Platz in vielen Bücherschränken. Diesen Text liebt man und man hasst ihn, manchmal beides gleichzeitig. Er ist ein Alptraum-Text über Mutterschaft, den man besser keiner Schwangeren schenken sollte, außer sie hat einen Hang zum Schaurigen.

Das wie in *To Room Nineteen* golden glänzende Protagonistenpaar Harriett und David Lovatt aus *Das fünfte Kind* besteht aus zwei schüchternen und verzagten Menschen, die füreinander gemacht sind. Als sie kurz nach dem Kennenlernen heiraten, kaufen sie ein riesiges Haus, das sie bevölkern wollen, als wäre es eine Einöde. Sie setzen ihr Vorhaben unverzüglich in die Tat um, und das Haus füllt sich mit Kindern. Eins, zwei, drei, vier, bis zum fünften Kind, das die Mutter sofort als anders wahrnimmt.

Schon ab der ersten Minute ist die Schwangerschaft bedrückend. Das Kind in ihrem Bauch tritt und boxt sie nicht etwa, wie bei einer normalen Schwangerschaft zu erwarten, vielmehr brechen seine Schläge und Tritte in ihrem Bauch die Mutter schier entzwei vor Schmerzen. Harriett hat das Gefühl, Klauen würden sie von innen heraus zerkratzen, und sie stellt sich vor, dass sie eine Kreuzung aus deutscher Dogge und russischem Windhund oder aus Tiger und Ziege gebären wird. Als das Kind, Ben, dann endlich geboren wird, ist er nicht weit von dem Mutanten entfernt, den seine Mutter erwartet hat: Das Baby ist ein hässlicher, bösartiger und gewalttätiger Inkubus, der schließlich die ganze Familie zerlegt. Er attackiert seine engelhaften Geschwister, schlägt Tanten, Onkel und Großeltern in die Flucht, die zuvor oft zu Besuch waren. Sorgfältig formt Lessing mit Hilfe immer stärkerer Adjektive das Monstrum Ben. Er wird schon muskulös und riesengroß geboren, brüllt wie ein Tier und beißt sich an den Brüsten seiner Mutter fest.

Auch Harriett unternimmt den Versuch, ihr monströses Kind zu verlassen. Als Ben schon kein Kind mehr ist und sich in einen kleinen Haus-Terroristen verwandelt hat, gibt sie ihn in eine Anstalt, die sich um Monster wie ihn kümmert. Aber sie bekommt Gewissensbisse, als sie ihn dann an diesem alptraumhaften Ort sieht, wie er in eine Zwangsjacke gesteckt und ruhiggestellt wird und seine gelbliche Zunge heraushängt wie bei einem geprügelten Hund. Also holt sie ihn zurück nach Hause, damit er weiter ihr Leben zerlegen kann, bis Ben sich einer kriminellen Bande anschließt und Harriett erschöpft und weit über ihre fünfundvierzig Jahre gealtert in ihrem Haus zurücklässt.

Nach der Trennung von ihren älteren Kindern erlebte Doris Lessing nie wieder einen großen Abschied, nicht einmal einen symbolischen. Ihr drittes Kind Peter machte nie den Schritt ins Erwachsenenleben und verwies somit niemals seine Mutter auf jenen Platz in der Peripherie, der den Eltern erwachsen werdender Kinder zukommt. Jenny Diski berichtet, dass Doris Lessing wütend wurde, wenn sie vorschlug, dass ihr Anhängsel-

Sohn Peter in eine eigene Wohnung ziehen sollte, um endlich unabhängig zu werden. So wie heute die Eltern dazu angehalten werden, ihre Kinder allein den Schlafanzug anziehen und die Frikadelle selbst schneiden zu lassen. Irgendwann war es zu spät, um Peter mit Gewalt in die Unabhängigkeit zu schubsen. Der dritte Sohn nahm Antipsychotica, hatte Herzanfälle und brauchte ständig jemanden an seiner Seite.

Als Peter starb, überlebte ihn die bereits 94-jährige Doris um nur wenige Monate. Wer weiß, ob zu ihrer Trauer nicht auch jene Erleichterung hinzukam, die Eltern unselbstständiger Kinder nur zu gut kennen. Eltern, die jahrelang zwischen den konkurrierenden Ängsten feststecken, die Kinder könnten sie überleben und ohne sie schutzlos der Welt ausgeliefert sein oder das Kind könnte vor ihnen sterben und sie müssten mit diesem unsagbaren Schmerz leben. Dies erscheint mir eine noch grausame Art der mütterlichen Ambivalenz.

Momfluencerinnen und die Ökonomie der Turbomutterschaft

Es gibt einen Ort, wo die Geburtenrate bei 4,3 Kindern pro Mutter liegt, wo barfüßige Kinder kein Zeichen für Verwahrlosung sind, sondern ein Statussymbol (wer braucht schon Schuhe?) und wo das Chaos im Haushalt sich nicht in Form von Wäschebergen und stapelweise schmutzigem Geschirr in der Spüle ausdrückt. An diesem Ort materialisiert sich das Chaos als pittoreske Formationen aus hellem Holz und Naturfasern. Dieser Ort ist natürlich Instagram.

Die *Momfluencerin*, die *Influencerin* über Mutterthemen, wurde nicht auf Instagram erfunden. Das Geschäftsmodell dieses Berufs besteht darin, von bestimmten Marken dafür bezahlt zu werden, dass die entsprechenden Produkte möglichst natürlich in die persönliche bebilderte Erzählung des Familienalltags integriert werden. Das Modell existiert schon in Form von Blogs seit Beginn der 2000er Jahre. Doch kreiste es damals eher darum, die eigenen Fehler mitzuteilen und nicht so sehr die Erfolge.

Heather Armstrong war mit ihrem 2001 begonnenen Blog *Dooce* eine der ersten Frauen, denen es gelang, ihren erzählten Alltag als Mutter sehr erfolgreich zu Geld zu machen. *Dooce* erzielte zu den besten Zeiten Werbeeinnahmen von bis zu vierzigtausend Dollar im Monat. Sie schrieb unter anderem über Depression, über ihre Schwierigkeiten bei der Kindererziehung und dabei, überhaupt zu überleben. *Dooce* war ein

Blog, das heißt geschriebene Worte. Auf Instagram ist das Bild die Devise. Und in der Ecke der Momfluencerinnen entstand entsprechend dem Design der Plattform eine Gewinnerinnen-Ästhetik, eine performative Art des Mutterseins, die das Konzept des »intensive mothering«, der intensiven Mutterschaft, wie die Soziologin Sharon Hays 1998 die Turbomutterschaft nannte, sehr weit treibt. Hays beschreibt in fünf Punkten, was »intensive mothering« bedeutet, und nimmt direkt vorweg, dass die Sorgearbeit in dieser Variation extrem aufwendig und anstrengend ist, von Expertinnen perfektioniert, individualistisch und teuer. All das versteht man sofort, wenn man die Seiten der Momfluencerinnen besucht. Egal ob es fundamentalistische Christinnen im Mittleren Westen der USA sind, charismatische Spanierinnen aus Navarra mit acht Kindern oder Australierinnen, die das Surfen mit der Erziehungsarbeit verbinden.

Ich folge schon länger, als ich zugeben will, einer Frau auf Instagram, die mit ihrem Partner und ihren vier Kindern in einem kleinen Küstenort in Kalifornien lebt. In ihrem Haus, das ihr Mann eigenhändig ausgebaut hat, ist alles in Weiß und Beigetönen gehalten. Das Haus wird permanent verbessert und renoviert, und ihr Mann ist andauernd dabei, irgendetwas zu optimieren. Wenn er mit seinem ewigen Dreitagebart und seinen strategisch abgewetzten Jeans dann beispielsweise mit dem Abschleifen der Kücheninsel oder dem Einbau einer Gartendusche im Innenhof fertig ist, setzt er sich auf die Terrasse und spielt Gitarre. Und bestimmt wird er von irgendeinem der Kinder mit der Mundharmonika begleitet. Im Sommer, der in Kalifornien eigentlich das ganze Jahr dauert, in diesem perfekten schweißlosen Instagram-Sommer aus Leinen und

Baumwolle, holen die Kinder den restaurierten Eiswagen aus der Garage. Sie stecken den Sonnenschirm darauf, der weder grün noch orange ist, sondern vintage-ocker und angemessen ausgebleicht von der Sonne. Man kann nicht oft genug wiederholen, dass die Farbendisziplin in dieser Familie extrem wichtig ist. Mit dem, was der Eiswagen einbringt, können sich die Kinder neue Gitarren kaufen oder Inliner. Niemals elektronische Geräte. Das gesamte Universum dieser vierfachen Mutter ist sorgsam kuratiert, als wäre es eine Kunstgalerie, die die Werte einer analogen und selbst gebastelten Welt aufruft. Niemals taucht in ihren Storys ein iPad auf.

Diese Momfluencerin erlaubt sich bezüglich der eigenen beruflichen Identität einen distanzierten und leicht ironischen Ton. Man merkt, dass sie leidet, wenn sie einen gesponserten Post mit *#ad* bzw. dem Hinweis »enthält bezahlte Werbung« versehen muss, wie es das Gesetz in den USA seit 2018 verlangt. Außerdem schreibt sie hin und wieder darüber, wie seltsam sie es findet, wie sie ihren Lebensunterhalt verdient, oder sie lässt sich über die wirtschaftlichen Probleme des Influencertums aus. Solche Posts voller Selbstzweifel in den Sphären der Momfluencerinnen finden ihr Äquivalent in Beiträgen von kinderlosen Influencern. Auch sie versichern von Zeit zu Zeit ihren Followern, dass ihr Leben nicht so makellos ist, wie es in dem geteilten Material scheint, und dass auch sie diese Art Erwerbstätigkeit sehr seltsam finden.

Die Ästhetik meiner kalifornischen Momfluencerin, über deren Tagesablauf ich besser Bescheid weiß als bei meinen engsten Freundinnen, schreibt sich ein in die biologisch-nachhaltige Untergruppe öffentlicher Mütter, die sich an die gebildete Mittelschicht richten. Ihre Totems bestehen aus Naturholz,

Wildblumen und karierten Tischdecken. Die erfolgreichste Vertreterin dieser Untergruppe ist eine Frau namens Courtney Adamo, eine US-Amerikanerin, die in Byron Bay, Australien lebt. Sie ist gewissermaßen das Oberhaupt einer kleinen Gruppe Mütter aus dieser Gegend, die sich selbst *Murfers* nennen, ein Neologismus aus *Mom* und *Surfer*. Die Murfers stellen ihre eigene Seife her, was gar nicht mal so aufwendig ist. Ich kenne auch eine spanische Momfluencerin, die mit Hilfe von Blumen und Blättern aus ihrem Garten die Wachsmalstifte für ihre Kinder selbst herstellt.

Eine weitere Besonderheit der Murfers ist, dass die Gesamtanzahl ihrer Kinder über drei, aber unter sieben liegt. Adamo und ihre beste Freundin, die Yoga-Lehrerin und Unternehmerin Aimee Winchester, haben jeweils fünf Kinder. Und alle tragen Vornamen, die auch ein Kaninchen aus einem leicht rassistischen Disney-Film der 1940er Jahre tragen könnte oder eine bestimmte Sorte Hafermilch. Wilkie, Coco, Juniper und Marlow hüpfen glücklich durch Byron Bay und tragen fast nie Schuhe. Ihre kalifornischen Pendants auch nicht. Das barfüßige Kind, das immer ausreichend sauberen und sicheren Grund betritt, so dass es niemals Schuhe tragen muss, ist ein totsicherer Statusmarker.

Viele dieser Frauen haben Marken gegründet und verkaufen Dinge. Bambusschalen, Vintage-Dreiräder, selbst gestrickte Babypullover für hundert Euro das Stück. In jedem Fall steht fest, dass die eigentliche Marke sie selbst sind. Ihre Nische ist perfekt abgegrenzt und dabei groß genug, um viel Geld zu verdienen, aber sie ist auch absichtlich enger als die anderer Momfluencerinnen, die sich an ein weit größeres Publikum richten und bereit sind, Verträge mit Herstellern von Plastikspielzeug,

Wegwerfwindeln oder zuckerhaltigen Frühstücksflocken zu unterschreiben. Diese Momfluencerinnen lassen sich mindestens einmal im Jahr eine Reise nach Disney-World sponsern. Ihr Publikum hat ein kleineres Einkommen und sorgt sich weniger darum, ob es die ethisch korrekten Produkte konsumiert. Die Murfers und die Profi-Mütter, die ihre Wachsmalstifte selbst herstellen, würden niemals vor einer geschenkten Windelpyramide aus nicht kompostierbaren Plastikwindeln mit anthropomorphem Tieraufdruck posieren.

Einige der Mainstream-Momfluencerinnen wie die erfolgreiche Lindsay Teague Moreno, die einen Podcast führt und ein Buch veröffentlicht hat, arbeiten sogar an einer Art reaktionärem, antifeministischen Credo, irgendwo zwischen Hilfe zur Selbsthilfe und ultraliberaler Ideologie. Sie glauben, dass sich sämtliche Probleme von Mutterschaft und folglich alle Probleme sämtlicher Mütter durch Selbstdisziplin lösen lassen. »Ein Wutausbruch hilft nicht weiter«, so Teague Moreno in einem ihrer Posts. Sie meint hier nicht ihre Kinder, sondern die Frauen, die das Gleiche verdienen wollen wie ihre männlichen Kollegen. »Ich schaffe das, was ich schaffe, und ich reiße mir den Arsch auf, um meine Träume zu verwirklichen«, fügt sie hinzu wie eine perfekte Vertreterin des altmodischen Stereotyps des *Girlboss*.

In dieser Mainstream-Gruppe der Momfluencerinnen geht es um große Zahlen – sowohl in Sachen Follower als auch beim Geld. Hier regieren Accounts wie der von Stacey Solomon, die sich in ihrer Instagram-Bio selbst als »Mummy to 5 amazing pickles«, Mutter von fünf bezaubernden Gürkchen, bezeichnet, oder von Naomi Davis, auch bekannt als @taza, die mit einem Hang zu Christentum und Konservatismus postet und die zum Zeitpunkt des Schreibens gerade ihr fünftes Kind bekommen hat.

Familien mit sieben oder acht Kindern sind sehr häufig in diesen Zirkeln. So wie bei der erfolgreichsten spanischen Momfluencerin Verdeliss, einer ehemaligen Kellnerin aus Pamplona mit fast anderthalb Millionen Followern auf verschiedenen Plattformen. In den USA ist es kein Zufall, dass eine Minderheitenreligion wie das Mormonentum in dieser Sphäre absolut überrepräsentiert ist. Die Mormoninnen, so die Journalistin Jo Piazza in ihrem Podcast *Under the Influence* zu diesem Thema, hatten schon Erfahrungen darin, *Scrapbooks* herzustellen, gewissermaßen eine analoge Version von Instagram, bevor es die Plattform gab. Außerdem werden die Mitglieder der Kirche Jesu Christi der Heiligen der Letzten Tage von ihrer Gemeinschaft angehalten, in den sozialen Netzwerken extrem aktiv zu sein, weil dies als effektive Form der Missionierung gilt. Es lag also von Anfang an nahe, mormonische Mütter als natürliche Kandidatinnen für das Momfluencerinnentum zu sehen, als dies eine berufliche Option wurde. Sie kamen als Erste und haben somit das gesamte Feld mit ihrer Landhaus-Ästhetik und ganz nebenbei mit ihrem reaktionären Gedankengut geprägt. Die konservativen Momfluencerinnen waren auch das trojanische Pferd, das die QAnon-Verschwörungstheorien der letzten Jahre der Trump-Präsidentschaft in den allgemeinen Diskurs eingeführt hat. Später sprangen viele von ihnen auch auf den Impfgegner-Zug auf. Dieselben Frauen, die an Halloween Fotos von ihren Babys im Kürbiskostüm posteten, gingen in kürzester Zeit dazu über, auf ihren Accounts Hillary Clinton zu diffamieren, die angelblich einen Pädophilen-Ring anführte, oder Bill Gates, der allen Menschen Mikrochips implantieren wollte. Die biologisch-korrekten Momfluencerinnen mit ihren Leinenstoffen und barfüßigen Kindern tendieren tatsächlich auch zur Impfskepsis, aber in ihrem Fall weil sie glauben, ihr Immunsystem und das ihrer Kinder sei so gut ausgestattet, dass sie keine chemischen Hilfsmittel bräuchten.

Hier besteht eine Parallele zu Spanien und der hiesigen Rolle von Opus Dei, der Ultrarechten und der Welt der Influencer im Netz. Lidia Bedmann, die Partnerin von Santiago Abascal, dem Vorsitzenden der spanischen ultrarechten Partei VOX, verkauft Lifestyle auf Instagram. Sie teilt dort Fotos ihrer Outfits, Rezepte und Fitnessübungen mit ihren Followern. Bei den Hochzeiten der berühmtesten spanischen Influencerinnen wird häufig sowohl die Nationalhymne als auch das Lied der unter Franco gegründeten spanischen Fremdenlegion *Himno de la legión* gespielt. Sie bekommen schon mit etwa fünfundzwanzig Jahren Kinder und haben dann noch zwanzig fruchtbare Jahre vor sich, um insgesamt mindestens ein halbes Dutzend Nachkommen in die Welt zu setzen.

Der Hang zu großen Familien ist zum einen Teil dem Algorithmus geschuldet, der die Netzwerke regiert und der kinderreiche Influencer belohnt, denn mit Kindern hat man so viel mehr Möglichkeiten, Content zu produzieren. Zu einem anderen Teil liegt es an einem neuen Fruchtbarkeitskult, der sehr dem alten Fruchtbarkeitskult der Rechten ähnelt.

Für Familien, die von Online-Content leben, ist jede Schwangerschaft eine unbezahlbare Chance, ihre Marke aufzufrischen. Jede Schwangerschaft sorgt für hochwertigen Content für die Followerschaft und für neue Sponsoren: die Ankündigung des Babys, die Bekanntgabe des Geschlechts, die ersten 3D-Ultraschallbilder, jeder Schritt materialisiert sich als Story, Textbeitrag, Foto oder Video. Von dem Paket mit biologischen Feuchttüchern bis zum Vertrag mit einem Baby-Tragerucksack-Hersteller sind die Möglichkeiten schier unendlich.

Diesen Frauen wird häufig vorgeworfen, sie würden nur Kinder bekommen, um die Maschinerie am Laufen zu halten, um der Erzählung neue Kapitel hinzuzufügen. Diejenigen, die dieses Urteil aussprechen, haben keinen Zweifel an der moralischen Verwerflichkeit dieser Entscheidung. Ein Kind bekommen für Instagram – kann man denn tiefer sinken? Sieht man genau hin, vergrößern diese Frauen ihre Familien genauso, wie es in der vormodernen Zeit üblich war. Damals, als Arbeitskräfte für die Feldarbeit gebraucht wurden. Diese Kinder, die schon als Spermien Influencer sind, sind nichts anderes als Arbeitskräfte, es sind die Kinderarbeiter der neuen digitalen Ökonomie.

Aus dem offensichtlichen Grund, dass Kinder weit mehr kosten als sie einbringen, pflanzt man sich in den sogenannten entwickelten Ländern nicht mehr aus finanziellen Gründen fort. Trotzdem bestimmen wirtschaftliche Faktoren weiterhin mehr als alles andere, wie viele Kinder eine Familie bekommt und wann. Für mich war meine zweite Schwangerschaft die extravaganteste Entscheidung überhaupt. Finanziell war das zweite Kind viel folgenschwerer als die Hypothek, die ich mit neunundzwanzig für die nächsten fünfunddreißig Jahre aufgenommen habe. Folgenschwerer als auf einen Arbeitsvertrag zu verzichten und weiter als Selbstständige tätig zu sein und folgenschwerer als die Entscheidung für das Journalismus-Studium. Ich hätte genauso gut in irgendein Netzwerk-Marketing investieren können, einen Lyrikverlag gründen, auf Kredit ein Pony kaufen oder einen Jetski. Auf lange Sicht ist die Entscheidung für ein Kind alles andere als klug, wenn man die Kostenüberschussrechnung betrachtet. Das zweite Kind zwang uns zum Umzug in eine teurere Wohnung, und wir mussten drei Jahre lang den Kindergarten bezahlen. Das Familienleben wurde in jeglicher Hinsicht teurer.

Früher habe ich oft gesagt, ich würde bis zu drei Kinder bekommen, wenn ich es mir erlauben könnte, aber jetzt bin ich mir nicht mehr sicher. Würde ich das wirklich? Nach der Geburt des zweiten Kindes durchzuckte mich eines Tages, als ich am Küchentisch saß, die plötzliche Erkenntnis: Ich musste nie wieder schwanger sein. Diese Erkenntnis ging einher mit einer riesigen körperlichen Erleichterung, so als würde ich aus einem Alptraum erwachen. Die Erleichterung hielt aber nicht lange an. Als Kind Nr. 2 anfing zu laufen und zu sprechen, verwandelte ich mich wieder in jenes Wesen, das fremde Babys mit viel zu großer Vehemenz auf den Arm nahm und ihnen am Kopf schnupperte. Ich war wieder diejenige geworden, die mit einer immer größer werdenden Portion Melancholie durch die Neugeborenenabteilung bei Zara schlich und die Strampler in der Größe einer Eiscafé-Serviette vom Kleiderständer nahm, sehnsüchtig streichelte und wieder an ihren Platz zurückhängte. Wie in einem Film, in dem die Hauptfigur unbedingt Mutter werden will.

Daraus leite ich ab, dass es für mich bequem ist, die Verantwortung für meine Familienplanung dem Kapitalismus anzukreiden. Die Begründung, dass ich deswegen keine weiteren Kinder haben werde, weil ich nicht jedes Jahr zweitausend Euro für Tagesausflüge oder jeden Monat siebenhundert

Euro für außerschulische Aktivitäten ausgeben kann, ist einfacher als das eigene Leben komplett umzukrempeln. Wenn ich wirklich ein drittes Kind wollte, wie es mir meine Hormone manchmal sehr wenig subtil suggerieren (was für ein Klischee, die Frau zu sein, die an der Ampel die Babys der anderen viel zu lange anschaut), könnte ich in eine günstigere Gegend ziehen, mir eine feste Stelle suchen, auf jeglichen Luxus verzichten, die schlechte Angewohnheit der drei Mahlzeiten am Tag ablegen oder auf dem Schwarzmarkt Organe verkaufen. Die Möglichkeiten sind schier endlos. Sie nicht auszuschöpfen erspart es mir, mich damit befassen zu müssen, ob ich dem hypothetischen dritten Kind überhaupt etwas außer extremer Erschöpfung und prekärer seelischer Gesundheit bieten könnte. Diesem Kind, das eine kurze Zeit lang Schuhe in der Größe eines Spielzeugautos tragen, Wimpern wie Palmwedel haben und genau wie seine Geschwister mit verstrubbelten Haaren und nach Perwoll und Milch duftend aufwachen würde.

Der Schritt von Kind 0 zu Kind 1 ist so monumental und glamourös, dass er oft in der Geschichte unserer eigenen Mutterschaft die gesamte Aufmerksamkeit auf sich zieht. Über ihn werden Bücher geschrieben und Filme gedreht. Aber oft bringt der Schritt von Kind 1 zu Kind 2 oder von Kind 2 zu Kind 3 viel mehr schlaflose Nächte und Selbstzweifel mit sich. In der ungekürzten Version von Ingmar Bergmans *Szenen einer Ehe* beginnt der große Zusammenbruch im bürgerlichen Haushalt des Psychologieprofessors Johan und der Scheidungsanwältin Marianne, als sie nach zwei Kindern wieder schwanger wird. In diesem Haushalt, den Bergman im Drehbuch als »sorglos selbstzufrieden« beschrieb, gibt es bereits zwei Töchter. »Tu, was du willst, es ist deine Entscheidung«, sagt er zu seiner Frau, als er von der dritten Schwangerschaft erfährt. Und Marianne weiß in diesem Augenblick, dass sowohl die Entscheidung für das Kind als auch eine Abtreibung schlecht sein wird, und zwar auf konkrete und schmerzhafte Weise.

Beim Schritt von Kind 1 zu Kind 2 verwandelt man sich schon in jemand anderen. Als ich nur ein Kind hatte, wurde mir oft von jüngeren Frauen gesagt, ich würde gar nicht wie eine Mutter wirken. Was sie meinten, war: Du machst deine Sache gut, du hältst deinen Marktwert trotz dieses wertmindernden Schadens namens Kind. »Wenigstens hast du keinen Mamakörper bekommen«, warf mir ein Exkollege bei einer meiner ersten Partys etwa drei Monate nach der Geburt meines Ältesten vor die Füße. Er war schon ziemlich betrunken und fühlte sich wohl bemüßigt, als begutachtender Experte den Zustand einer gebrauchten Immobilie zu kommentieren. In diesem Fall war diese Immobilie mein Körper.

Mittlerweile beglückwünscht mich fast niemand mehr dazu, dass ich meine Mutterschaft verberge. Jetzt wirke ich offenbar wie eine Mutter, eine Mutter ohne Wenn und Aber mit deutlichen Schäden an meinem erotischen, arbeitstechnischen und persönlichen Kapital.

Annie Ernaux schrieb über die Entscheidung für ein zweites Kind: »Für mich gab es keine andere vorstellbare Möglichkeit mehr, mein Leben zu verändern, als ein Kind zu bekommen. Nie wieder werde ich so tief sinken.« Als ich diesen Satz im Vorwort des gefeierten Sammelbands *Maternidad y creación* (Mutterschaft und Kreation), herausgegeben von Moyra Davey, fand, habe ich ihn unterstrichen und mit einem kleinen Pfeil markiert. Das wäre eigentlich nicht nötig gewesen, da ich ihn bereits in meinem Hippocampus abgespeichert hatte und er dort für immer bleiben wird. Es schmerzt, in den Augen einer französischen Schriftstellerin, die mich nicht einmal kennt, derart durchschaubar zu sein.

In meinem Umfeld, zumindest in einem meiner Umfelder, sind Familien mit drei Kindern relativ häufig. Und ich weiß, dass ich nicht die Einzige bin, die jedes Mal die Augen zusammenkneift, wenn sie die Ankündigung einer dritten Schwangerschaft hört. Das muss ich tun, um den verborgenen Winkel meines Gehirns zu aktivieren, in dem meine mathematischen Fähigkeiten verborgen sind. Diese brauche ich, um sämtliche wirtschaftlichen Faktoren zu überschlagen, die die Existenz dieses neuen Menschen möglich gemacht haben: Die Gehälter der Eltern, die Lebenshaltungskosten (Miete, Hypothek oder die erstaunlich häufige Option des von der Familie zur Verfügung gestellten Wohnraums) und die hypothetischen anderweitigen Einkünfte (eine Erbschaft vielleicht). Die Schwierigkeit, die finanzielle Seite zu stemmen, ist ein häufig angeführter Grund dafür, dass heute die Familien kleiner bleiben. Die Ergebnisse meiner nicht offiziellen Erhebung zeigen, dass Geld bei dieser Entscheidung schwerer wiegt als jeder andere Faktor. Es gibt viele Paare mit sehr anstrengenden Jobs und langen Arbeitszeiten, die drei oder vier Kinder bekommen. Nicht etwa aus religiösen Gründen, sondern einfach weil sie es sich erlauben können. Auf den Punkt brachte es eine Meldung, die ich in einer britischen Zeitung fand: Das vierte Kind ist das ultimative Statussymbol.

Auch in der Welt der Momfluencerinnen fühlen sich Tausende Follower dazu angehalten, diese Überschlagsrechnungen anzustellen, aber in großem Stil, jedes Mal, wenn in der jeweiligen Familie ein viertes, fünftes, sechstes oder siebtes Kind auftaucht. Welche neuen Werbeverträge wurden wohl unterzeichnet? Wie viele neue YouTube-Abonnenten wird dieses Baby einbringen? Welche Marken werden wohl auf den Sponsorenlisten auftauchen? Wie viel Geld bringt das neue instataugliche Wesen mit in das Familienunternehmen?

Und dann, im Mai 2020, dem dritten Monat der Pandemie, lernten Millionen Menschen, die zuvor ihr Leben gelebt hatten, ohne zu wissen, wer Myka Stauffer war, den Namen dieser Frau kennen. In dieser Zeit waren viele Menschen zu Hause eingesperrt und brauchten stimulierende Geschichten, um die basalen Emotionen Trauer, Freude, Empörung zu aktivieren, die möglichst nichts mit dem Corona-Virus zu tun haben sollten. Und just in diesem Moment wurde allen die Geschichte von Myka Stauffer in die Feeds gespült. Die Influencerin und ehemalige Krankenschwester aus Columbus, Ohio, mit etwas über dreißig Jahren und ihrer Vorliebe für Lockenstäbe und das Wort Jesu war plötzlich überall.

Als sie weltweit bekannt wurde, war Myka schon lange nicht mehr als Krankenschwester tätig, und ihre erheblichen Einkünfte stammten von ihrer sorgfältig kuratierten Instagram-Seite und ihren drei YouTube-Kanälen, die sie zusammen mit ihrem Ehemann James bespielte. Insgesamt über eine Million Menschen folgten dem Familienkanal und den beiden Einzelkanälen des Paars, wobei James sich praktisch nur mit Autos und Schrauberei befasste. Das digitale Produkt, das die beiden verkauften, lag im Mainstream-Momfluencerinnen-Segment. Schließlich sind beide weiß, blond, christlich und unterrichten ihre Kinder zu Hause. Der wichtigste monetarisierbare Faktor waren die vier kleinen und ziemlich fotogenen Kinder. Eins davon stammte aus Mykas früheren Beziehung, und drei waren in der Ehe mit James hinzugekommen. Vielleicht fehlte ihnen das gewisse Etwas, das diese Familie im Vergleich zu anderen abgrenzte. Sie brauchten irgendein Alleinstellungsmerkmal, einen Wettbewerbsvorteil.

Myka war schon immer daran interessiert gewesen, Kinder zu adoptieren, »am liebsten aus Afrika«, wie sie in einem Post schrieb. Und in mehreren Videos auf ihrem wichtigsten YouTube-Kanal *The Stauffer Life* präsentiert sie ihrem Mann das Thema. James war etwas weniger enthusiastisch. Für ihn war die Sache nicht so klar. Schließlich akzeptierte er aber den Wunsch seiner Frau, und die Familie postete Ende 2016 ein Video, in dem sie den Beginn ihrer *journey*, ihrer sogenannten Reise, bekanntgab.

In diesem Schlüsselbegriff überschneiden sich die Welten von medial vermittelter Wirklichkeit und Selbsthilfe. Alles ist heutzutage eine Reise: die Teilnahme an einer Talentshow, das Canceln und die Rehabilitierung einer berühmten Person. Alles ist eine Reise hin zum persönlichen Wachstum oder zur Katastrophe, wobei auch die Katastrophe wiederum dazu dient, etwas zu lernen oder, wenn möglich, einen Vertrag mit einem Verlag oder einem anderen Medienunternehmen abzustauben. In diesem Fall führte die Reise zur Adoption eines Kindes und ermöglichte den Stauffers einen neuen Erzählstrang in ihrem Unterhaltungsprogramm.

In Facebook-Gruppen informierten sie sich über die Erfahrungen von Familien mit adoptierten Kindern, und ihre Anwesenheit führte durchaus auch zu Spannungen, da die anderen Familien die penetranten Fragen dieser blonden Frau nicht verstanden. Sie nahmen auf dem unglaublich wenig regulierten und dadurch gefährlichen US-Adoptionsmarkt Kontakt zu etlichen Adoptionsagenturen auf. Nachdem sie sich vermeintlich ausreichend informiert hatten, entschloss sich die Familie zur Adoption eines Kindes mit starken gesundheitlichen Problemen. Myka Stauffer berichtete, wie sie monatelang die Kataloge der Adoptionsagenturen durchging und schließlich eins der Gesichtchen »zu ihr sprach«. Über den Computerbildschirm hatte Myka ihr fünftes Kind in China gefunden.

Das chinesische Waisenhaus informierte die Familie darüber, dass der Junge möglicherweise einen Gehirntumor haben könnte oder ein Ödem, und Familie Stauffer bekam die Krankenakte des Kindes zugeschickt, die der Familien-Kinderarztpraxis in den USA vorgelegt wurde. Die Kinderärztin ließ sie wissen, dass die Adoption sich kompliziert gestalten könne, aber sie verfolgten das Ganze »ohne einen Zweifel im Herzen« weiter, wie sie in einem ihrer Videos berichten.

Sie baten ihre Follower um Geldspenden, damit sie ihr Adoptivkind in China holen konnten. Am Ende war es nicht viel, was gespendet wurde, rund achthundert Dollar, wie spätere Recherchen ergaben. Und sie dachten sich eine geniale und lukrative Aktion aus, um das Gesicht des Kindes zum ersten Mal zu zeigen: Für fünf Dollar konnte man auf Instagram ein Puzzleteil des Fotos von Huxley, dem neuen Sohn der Stauffers, kaufen. Und sobald alle Puzzleteile gekauft waren, war das Porträt komplett. Schon bevor er in sein neues Zuhause zog, arbeitete Huxley bereits für das Familienunternehmen seiner neuen Eltern.

Und der Tag kam, an dem das Paar mit ihren vier biologischen Kindern nach China reiste, um ihren Sohn abzuholen – auf Instagram und YouTube ist dieser Tag als *gotcha day* bekannt, ein gut gebrandeter Begriff, der auch für aus dem Tierschutz adoptierte Hunde genutzt wird. Sämtliche Spezialisten und Befürworter von Adoptionen lehnen diesen Begriff aus Tausenden guten Gründen ab: Er macht Kinder zum Objekt, bekräftigt die Idee des weißen Retters, wenn es eine internationale Adoption eines Kindes mit anderer Hautfarbe als die der Eltern ist, und er steht jedem pädagogischen Konzept des Willkommens auf Augenhöhe entgegen.

Den Stauffers war das egal. Der *gotcha day* ist gut für die Suchmaschinenoptimierung, also bekam das Video diesen Titel und wurde »allen Waisen der Welt« gewidmet. Als Hintergrundmusik spielte ein fröhlicher schwedischer Popsong. In null Komma nichts hatten sie fünfeinhalb Millionen Views, viel mehr als ihr üblicher Durchschnitt.

Die Reise nach China teilte die YouTube-Karriere der Familie in ein Vorher und ein Nachher. Ab ihrer Rückkehr wuchs die Abonnentenzahl stark, und sie begannen, täglich Inhalte zu publizieren, während zuvor höchstens drei Videos pro Woche online gingen. Das Publikum wollte mehr, viel mehr von dieser Familie mit ihren vier weißen und einem chinesischen Kind und den athletischen und gutherzigen Eltern. Im Gegensatz zu den Momfluencerinnen aus Australien erschien der Lebensstil der Familie Stauffer nicht bedrohlich. Sie gaben ihren Kindern Fischstäbchen zu essen, kauften ihnen Milchshakes bei McDonald's, und die Kleinen durften auf ihren riesigen Fernsehern Zeichentrickserien schauen. Hier gab es nichts zu befürchten. Ihr Publikum fühlte sich durch ihren Erziehungsstil bestärkt und nicht verurteilt.

Huxley tauchte nun allmählich in Videos auf, wie er mit den anderen Kindern spielte, tanzte und lachte. Die meisten dieser

Videos sind nicht mehr online, aber die digitale Spur dieser Familie war derart weitläufig, dass auch einige der gelöschten Videos noch leicht zu finden sind. In einem der Clips sieht man den Jungen, wie er lernt, *apple* zu sagen, Apfel. Er hat Schwierigkeiten mit dem Wort, und die Mutter wiederholt es mehrfach vor der Kamera. In der Welt der Momfluencerinnen ist es recht normal, dass eins der Kinder mehr Klicks erzeugt als die anderen. Üblicherweise ist es das kleinste oder das hübscheste Kind. Hier funktioniert es wie bei den TV-Komödien der 1980er und 1990er Jahre, wo immer irgendeine Wendung in der Handlung dafür sorgt, dass Kinder unter fünf Jahren dabei sind. Wenn das jüngste Kind der wichtigsten Familie älter wird, kommt schnell irgendwoher Ersatz. So war es in der *Bill Cosby Show* und in *Unser lautes Heim*: Sobald dem kleinen Ben ein störender Flaum auf der Oberlippe wuchs, wurde ein neues blondes Kind mit mehr Esprit eingeführt: Luke, gespielt von Leonardo DiCaprio.

Jetzt kann man nicht mehr auf die Daten zugreifen, aber fest steht, dass Huxley der Familie Stauffer gute Zahlen einbrachte. Er war häufig auf den Vorschaubildern der YouTube-Videos zu sehen, die das Video oder irgendeine Aktion ankündigten. Auf einem von dem Waschmittelhersteller Dreft gesponserten Instagram-Post ist Myka mit einem Wäschekorb zu sehen (aus Plastik, nicht aus Weide, da Myka ja eine Mainstream-Momfluencerin war, keine Bio-Momfluencerin), wie sie mit Huxley auf dem Arm ihre Nase an seine stupst.

Die Stauffers nutzten ihren Adoptivsohn, um ihren Posts neue Inhalte in Richtung Adoption von Kindern mit Behinderung zu geben, und sie sprachen häufig von ihren diesbezüglichen Schwierigkeiten. Dabei unterstrichen sie stets, dass sie, wenn dies Gottes Plan für ihre Familie war, alles mit einem Lächeln annehmen würden. Ein paar Monate nach seinem Umzug zu den Stauffers erhielt Huxley die Diagnosen Autismus-Spektrum-Störung Grad 3 sowie Aufmerksamkeits-Defizit-Syndrom. Die Familie sprach in einem ihrer Videos davon, dass sie von der chinesischen Adoptionsagentur betrogen worden sei, die versichert habe, der Junge leide an keiner schweren Krankheit.

Obwohl Myka weiterhin diese Schiene voll ausnutzte und in mehreren digitalen Medien Beiträge über Erziehung, Adoption und Kinder mit Behinderung schrieb, erschien Huxley immer seltener in ihren Videos. Es hieß dann, er sei in Therapie oder er wäre früher ins Bett gegangen. Auf diese Weise konnten sie, so Myka und James in einem ihrer Videos, etwas mehr Zeit mit ihren anderen, ihren biologischen Kindern verbringen. Dieses Detail machte bereits einige Zuschauer stutzig, die bis dahin sehr genügsam gewesen waren und sich ohne zu murren mit den Inhalten zufriedengaben, die gratis auf den Kanälen der Stauffers zur Verfügung standen. Einige der Follower starteten dann einen Rebellionsversuch, indem sie fragten, was mit Huxley los sei. Am 3. Mai 2020 postete jemand mit einem anonymen Account: »Myka, wir machen uns Sorgen um deinen Sohn. Instagram-Kommentare zu löschen und Fragen über Huxley auszuweichen ist extrem verdächtig und besorgniserregend. Wir werden nicht aufhören, bis wir #gerechtigkeitfürhuxley bekommen« – der Hashtag #justiceforhuxley war geboren.

Weniger als einen Monat später gab die Familie Stauffer ihrem Publikum die Erklärung, die es verlangte. Schließlich berechtigen doch die erzwungenen Werbepausen auf YouTube, die man sich mindestens ein paar Sekunden lang anschauen muss, voll und ganz dazu, die gesamte Wahrheit zu erfahren. Oder etwa nicht? James und Myka setzten sich also vor die Kamera, ganz in Weiß. Er ruhig und gefasst und sie mit verweintem Gesicht. Genau wie man es von einer reumütigen Mutter erwartet, von einer Mutter, die niemand verdächtigen würde, ihre Tochter in einer Feriensiedlung in Portugal mit Tabletten ruhiggestellt zu haben, der niemand zutrauen würde, dass sie ihr Baby getötet hat und nicht der Dingo. Das Paar erklärte, sie hätten für Huxley ein neues Für-immer-Zuhause gefunden. Sie nutzten hierbei die Begriffe *rehomed* und *forever home* auf Englisch, die zum gleichen neuartigen speziesübergreifenden Adoptions-Wortfeld gehören wie der *gotcha day*.

In einem Instagram-Beitrag, den Myka Stauffer mit gequälter Syntax verfasst hat und der noch immer online ist, gibt sie zu, dass sie naiv und ahnungslos an die Sache herangegangen war, als sie sich und ihrer Familie diese Art Aufgabe zumutete. Sie hätten mit dem Jungen kein Geld verdient, alle Einkünfte aus Videos seien in Therapien für Huxley geflossen, und jede Mutter brauche einen sicheren Raum, um ihre Gefühle auszudrücken.

Man könnte mehrere Fachbereiche aus Linguistik und Psychologie damit beschäftigen, diesen Post und dieses Video zu analysieren. Der Begriff *rehoming*, ein neues Zuhause suchen, wird normalerweise für Hunde genutzt, und der Begriff *safe space*, ein sicherer Raum, kommt aus feministischen und LGBTQ+-Gruppierungen und bezeichnet ursprünglich Orte ohne heterosexuelle cis Männer. In diesem Instagram-Post einer christlichen Influencerin erscheint der Gebrauch dieser Begriffe als Beispiel beißender postmoderner Ironie.

Die einzigen sieben verbliebenen Kommentare unter dem Post sind Herzchen und Umarmungen. Sicherlich wurden Tausende Antworten voller Beleidigungen und Drohungen gelöscht.

Wie vorherzusehen war, wurden die Stauffers gecancelt, und Myka traf sowohl der Hass ihrer Follower als auch die wütende Empörung der Menschen, die erst durch diese Geschichte auf sie gestoßen waren, mit etwa fünfzehnmal größerer Wucht als ihren Mann James. Mittlerweile führt nur noch er seinen Kanal *Stauffer Garage* mit über einer Million Abonnenten weiter. Der Kanal des Paars mit seinen sechshunderttausend Abonnenten existiert zwar noch, wird aktuell aber nicht mehr bespielt. Wer weiß, vielleicht entscheidet sich Myka ja doch irgendwann wieder, zurückzukehren an die Öffentlichkeit. Für den Augenblick hat sie ihren Weg, ihre *journey* zu ihrer Rehabilitierung noch nicht gefunden, und sie bleibt dem Netz fern. Sämtliche Marken, die auf ihren Kanälen beworben wurden und Sponsoring-Verträge mit ihr hatten, zogen sich auf einen Schlag zurück. Viele davon erklärten in öffentlichen Stellungnahmen, sie distanzierten sich von dieser Frau, die ihren Adoptivsohn mit Behinderung nicht behalten wollte.

Der zeitliche Rahmen der Causa Stauffer hätte schlechter nicht fallen können: Das Ganze eskalierte, als Donald Trump täglich über das »chinesische Virus« und die »Wuhan Grippe« twitterte und sich die Attacken gegen asiatisch aussehende Menschen in den USA häuften. Es war genau in der Woche, als Derek Chauvin George Floyd erdrosselte und das Video des Vorfalls eine Welle an Protesten gegen Ungerechtigkeit und Rassismus lostrat. In diesem Klima einem nicht neurotypischen chinesischen Kind ein »neues Zuhause zu suchen«, machte Myka Stauffer nicht unbedingt zur Sympathieträgerin im Netz. Sie erhielt ihren Platz als schlechte und rassistische Mutter zugewiesen, die die schlimmste Version westlicher Arroganz repräsentierte.

Die Logik des Internets diktiert, dass auf jedes Ereignis eine Reaktion folgt, die ihrerseits wieder eine Reaktion auf die Reaktion nach sich zieht. Obwohl es kaum denkbar war, die Einigkeit im Fall der Stauffers zu durchbrechen, belohnt der digitale Meinungsmarkt abweichende Meinungen. Tatsächlich wurden auch in diesem Fall einige mutige Frauen laut – solche Fälle werden unter Frauen verhandelt –, die in der Folge dieser Geschichte bereit waren, über die eigene gescheiterte Adoption zu schreiben. Oder es meldeten sich Journalistinnen zu Wort, die Verständnis dafür aufbrachten, was diese Familie wohl dazu veranlasst haben mochte, Huxley zurückzugeben.

Schätzungen zufolge endet ungefähr eine von siebzig Adoptionen damit, dass das Kind zurück ins System kommt. In der wissenschaftlichen Literatur werden allerdings auch diejenigen Adoptionen als gescheitert gewertet, bei denen die Adoptiveltern das Sorgerecht behalten, aber keine Beziehung zwischen Eltern und Kind besteht. Hier ist es beinahe unmöglich, zu erfahren, wie viele dieser Geschichten tatsächlich nicht gut ausgehen. Das Thema ist besonders undurchsichtig, da es kaum Zeugnisse gibt. Diese tragischen Geschichten verlassener adoptierter Kinder bleiben in den düsteren Winkeln der Scham verborgen.

Die Geschichte der Stauffers wäre eine dieser halb geheimen Geschichten gewesen, die nur mit leiser Stimme oder in Foren wie Foster Club oder Adoption.org erzählt werden. Dort finden sich etliche Versionen von Huxleys Geschichte unter dem

Stichwort »Meine gescheiterte Adoption«. Diese Berichte hintereinander weg zu lesen ist erschütternd. Sogar dann, wenn klar ist, dass die Eltern ihre »Reise« niemals hätten antreten dürfen, da sie mit ihrem neokolonialen und egoistischen Gedankengut mehr Schaden anrichten als Gutes tun. Zu ihrem Glück sind die meisten dieser fehlgeleiteten Eltern keine Internet-Stars.

Der Fall der Stauffers lief vor den Augen der ganzen Welt ab. Und Huxley war nicht einfach nur ein Kind. Er war auch Content. In der kurzen Zeit bei seiner Adoptivfamilie arbeitete er für sie, ohne je gefragt worden zu sein – genauso wie viele andere Kinderarbeiter auf der Welt. Als Tagelöhner auf der Jagd nach Likes musste er für Waschmittelwerbung herhalten. Das Sprechenlernen fiel ihm schwer, und zu allem Überfluss hatte er dabei eine Kamera vor dem Gesicht.

Nach diesem Vorfall war Mykas Karriere als Hausfrau und Momfluencerin vorbei. Obwohl bei sechshunderttausend Followern die Versuchung, sich neu zu erfinden und zurückzukommen, groß sein muss. Dabei erfreut sich die Kultur, die ihre Social-Media-Accounts neben Tausenden ähnlichen ermöglicht hat, bester Gesundheit. Laut Emily Hund vom Center on Digital Culture an der University of Pennsylvania, die über die Ökonomie des Influencertums forscht, entfallen dreißig Prozent des wirtschaftlichen Gesamtvolumens auf Inhalte, die mit Mutterschaft und Haushalt zu tun haben. Das heißt beinahe ein Drittel der fünfzehn Milliarden Dollar, die gemäß ihren Berechnungen die gesamte Welt der *Conent-Creators* erwirtschaftet.

Auch in Spanien gibt es mehrere Dutzend Profi-Mütter, die von den entsprechenden Marken einige Tausend Euro für jeden Instagram-Post verlangen können, der dann zwischen Bildern von ihnen und ihren Kindern gepostet wird. Das Angebot ist groß, und jeder kann entscheiden, ob man der »schlechten Mutter« weiter folgt, die Witze darüber macht, dass sie ihren Kindern manchmal Tiefkühlschnitzel zu essen gibt, oder doch lieber der mystischen Mutter, die auf ätherische Öle schwört, oder der Montessori-Mutter. Das Angebot ist schier unerschöpflich.

Irgendwo in Kalifornien, in einer kleinen Surfergemeinde, wo jederzeit die Sonne hinter einer dünnen Wolkendecke scheint, bringt eine Frau gerade Lichterketten an ihrer Terrasse an. Sie trägt ein Baby im ockerfarbenen Tragetuch auf der Hüfte, und ein Kleinkind spielt mit einer alten analogen Kamera (der kleine Dex ist der kreative Kopf der Familie). Ich werde die Szene gleich beim Scrollen durch Instagram auf meinem Handy anschauen, statt zu lesen, zu arbeiten oder mit meinen eigenen zwei statt fünf oder sieben Kindern zu spielen. Ich werde die Lichterkette anschauen, aber ich werde mit dem Herzen nicht dabei sein.

Verlorene Wesen: Nora Helmer und Anna Karenina

Es gab eine ganz kurze Phase, da war die berühmteste Mutter, die geht, plötzlich keine mehr. Das Theaterstück *Nora (ein Puppenheim)* von Henrik Ibsen kam im Jahr 1880, nur ein Jahr nachdem es in Kopenhagen uraufgeführt wurde, nach Deutschland und war schon damals von einer Aura des Erfolgs und des Skandals umgeben. Henrik Ibsens Übersetzer glaubte, das Ende des Stücks, als die gut gestellte Norwegerin Nora Helmer ihren Ehemann und ihre drei Kinder verlässt, um »zu versuchen, Mensch zu werden«, würde im konservativen Deutschland nicht gut funktionieren. Zusätzlich weigerte sich Hedwig Niemann-Raabe, die für die Rolle ausgewählte Schauspielerin, die letzte Szene zu spielen, weil sie sich nicht mit einer Frau identifizieren konnte, die ihre Kinder verlässt. Wahrscheinlich tat sie es auch, um ihren eigenen Ruf zu schützen.

Also wurde der Übersetzer so lange unter Druck gesetzt, bis er ein alternatives Ende schrieb. Hier zwingt Noras Mann Torvald seine Frau, bevor sie geht, noch einmal das Kinderzimmer zu betreten. Ibsen akzeptierte dies, weil er befürchtete, andernfalls würde jeder beliebige deutsche Dramaturg Hand an seinen Text legen – die Urheberrechtsgesetze waren damals eher lax –, und er wollte sein Werk lieber selbst opfern statt dies anderen zu überlassen. Was heute als »deutsches Ende« bekannt ist, geht so:

TORVALD: Nun denn gehe! [Fasst sie am Arm.] Aber erst sollst Du Deine Kinder zum letzten Mal sehen!

NORA: Lass mich los! Ich will sie nicht sehen! Ich kann es nicht!

TORVALD: [zieht sie gegen die Thür links]. Du sollst sie sehen. [Öffnet die Thür und sagt leise.] Siehst Du; dort schlafen sie sorglos und ruhig. Morgen, wenn sie erwachen und rufen nach ihrer Mutter, dann sind sie mutterlos.

NORA: [bebend]. Mutterlos!

TORVALD: Wie Du es gewesen bist.

NORA: Mutterlos! [Kämpft innerlich, lässt die Reisetasche fallen und sagt.] O, ich versündige mich gegen mich selbst, aber ich kann sie nicht verlassen. [Sinkt halb nieder vor der Thür.]

TORVALD: [freudig, aber leise]. Nora!

Tatsächlich hatten sich Übersetzer und Schauspielerin getäuscht. Dieses alternative Ende, in dem es sich Nora noch einmal anders überlegt und zum Wohle der Kinder zu Hause bleibt, funktionierte im deutschsprachigen Raum nicht und wurde nach kurzer Zeit nicht mehr gespielt. Ibsen war nie wirklich damit einverstanden gewesen und bezeichnete es wenig später als »barbarischen Fehler«, dass er sein ursprüngliches Werk verraten hatte.

In der Version von *Nora (ein Puppenheim)*, die alle kennen, geht Nora am Ende des dritten Akts fort und verlässt ihren Mann und ihre drei Kinder. Sie geht, weil sie es nicht mehr ertragen kann, die Rolle der ein bisschen verrückten, nicht ganz zurechnungsfähigen Ehefrau zu spielen, die aber im Grunde gut ist. Sie ist tief enttäuscht und hat keine Kraft mehr, als süßes Eichhörnchen weiterzumachen, als Lerche, als hübscher Singvogel. All diese Namen gibt ihr der Ehemann Torvald im Laufe des Stücks, und sie dienen ganz offensichtlich dazu, das Bild der unselbstständigen Kindfrau zu zementieren.

Ibsen sagte immer, es sei nicht seine Intention gewesen, ein feministisches Stück zu schreiben. Als er 1898 eingeladen war, vor der dänischen Vereinigung für Frauenrechte zu sprechen, erklärte er, dass er nicht schreibe, um »gesellschaftliche Ziele« zu verfolgen. Vielen Dank, meine Damen, aber die Ehre, dass er für die Bewegung schreibe, stehe ihm nicht zu. »Ich bin nicht einmal sicher, ob ich weiß, was Frauenrechte überhaupt sind«, fügte er hinzu.

Es gibt eine ausgeprägte Strömung in der Literaturwissenschaft, die Ibsen vom Feminismus getrennt wissen will und die ebenjene Position vertritt, dass *Nora (ein Puppenheim)* von einer bestimmten Frau handelt, die zum Menschen werden möchte, und nicht von der Gemeinschaft aller Frauen, die behaupten, die Hälfte der Menschheit auszumachen.

In Ibsens Notizen aus der Zeit, bevor er das Stück geschrieben hatte, stellt der Autor allerdings klar, dass ihn das Fehlen von Möglichkeiten für Frauen nach der Mutterschaft oder darüber hinaus durchaus umtrieb. »In der modernen Gesellschaft zieht sich die Frau, wie es einige Insekten tun, nach Erfüllung ihres Beitrags zum Fortbestand der Spezies zurück und stirbt«, schrieb er ein paar Jahre, bevor er die Arbeit an *Nora* begann.

Nach der Uraufführung wurde *Nora (ein Puppenheim)* zum Lieblingsthema skandinavischer Mittelschichtsfamilien. Es heißt, in den wohlgeordneten nordischen Haushalten, wo Gelassenheit und Harmonie das höchste Gut sind, wurde auf

Einladungen zu Privatpartys geschrieben: »Es ist verboten, über *Nora (ein Puppenheim)* zu sprechen«. Denn wenn das Thema zur Sprache kam, war der Streit gewiss. Einige politische und religiöse Interpretationen verunglimpften Ibsens Werk nicht nur als schädlich, sondern als völlig unrealistisch, denn Frauen seien schließlich nobel, mütterlich, und niemand würde jemals glauben, dass eine Dame aus gutem Hause, die nie zuvor auch nur eine Spur von Bösartigkeit gezeigt hatte, in der Lage wäre, ihre drei Kinder einfach so zu verlassen.

Ein Theologe der Universität von Kristiania betitelte *Nora (ein Puppenheim)* als »hässlich und verstörend«. Der Kritiker M. W. Brun schrieb in der Tageszeitung *Folkets*, dass jede echte Ehefrau sich am Ende des Stücks »in die Arme ihres Ehemanns stürzen würde«. Im letzten Akt verzeiht Torvald seiner Frau Nora, dass sie sich verschuldet hat, damit er in Italien seine Tuberkulose auskurieren konnte. Auch verzeiht er ihr, dass sie es ihm verheimlichte, und versichert, als Paar erwarte sie eine rosige Zukunft. Ab jetzt, so Torvalds Versprechen, wird er Ehemann und Vater sein. Er fühlt sich groß durch seine Großherzigkeit und genießt dieses Gefühl: »Für den Mann liegt etwas unbeschreiblich Holdes und Befriedigendes in dem Bewußtsein, seiner Frau vergeben zu haben. Ist sie doch gewissermaßen in doppeltem Sinne dadurch sein Eigen geworden; als hätte er sie zum zweiten Male in die Welt gesetzt. Sie ist sozusagen sein Weib und sein Kind zugleich geworden. Das sollst Du mir fortan sein, Du ratloses, hilfloses Persönchen.«

Es gab natürlich ebenso früh die gegenläufige Lektüre. Das heißt, die Leserschaft sah in diesem Werk eine Anleitung zur Emanzipation. In England stellte sich die Tatsache als zentral heraus, dass die erste Schauspielerin und Fürsprecherin des

Werks die feministische Anhängerin der Arbeiterbewegung Eleanor Marx war, Tochter von Karl Marx. Auf diese Weise kam das Stück bereits als politisiertes Artefakt ins Land. In China gab es zu Beginn des 20. Jahrhunderts eine starke Pro-Ibsen-Strömung. Der Dramaturg Hu Shi adaptierte *Nora (ein Puppenheim)* an die chinesischen Theater-Gepflogenheiten, und viele glauben, dass zahlreiche chinesischen Frauen aufgrund der Lektüre dieses Werks ihr Heim verließen oder sich weigerten, arrangierte Ehen einzugehen. Es ist bis heute nicht klar, bis zu welchem Punkt dies tatsächlich der Fall war und bis zu welchem es sich um eine jener halb wahren Legenden der Literaturwelt handelt, vergleichbar mit dem berühmten Werther-Effekt, der Europa offenbar um 1774 durchzog. Es heißt, junge Männer hätten nach der Lektüre von Goethes *Die Leiden des jungen Werther* scharenweise gelbe Westen getragen, und einige hätten sich aus Liebe das Leben genommen.

Über fünfzig Jahre später lässt sich *Nora (ein Puppenheim)* nicht mehr von seiner feministischen Lesart trennen, obgleich es etliche Literaturwissenschaftler versucht haben. Abzüglich vereinzelter reaktionärer Restbestände fällt es der aktuellen Leserschaft sehr leicht, Torvald Helmer als emotionalen Manipulator zu entlarven, der innerhalb weniger Seiten seine Frau zunächst kriminell und amoralisch nennt – Tochter ihres Vaters, auch so ein zügelloser Lebemann –, um ihr dann zu versprechen, dass er sie »erziehen« wird, als wäre sie seine Tochter. Liest man den Text unter dem Prisma der Populärpsychologie des 21. Jahrhunderts, ist Torvaldo, wie er in den alten spanischen Übersetzungen heißt, ein besonders harter Fall eines toxischen Ehemanns und Nora schlussendlich eine selbstermächtigte Frau auf dem Weg zum eigenständigen Leben.

Bis hier sind sich alle mehr oder weniger einig. Nun kommt aber die grundlegende moralische Frage, und in diesem Punkt hat sich nicht so viel verändert. Ist es gut, dass Nora ihre Kinder zurücklässt? Die britische Schriftstellerin A. S. Byatt, von der unter anderem *Besessen* 1993 in deutscher Übersetzung erschien, veröffentlichte 2009 den Artikel *Blaming Nora* in *The Guardian*. In ihrem Text schreibt sie, dass sie bei jeder Lektüre von *Nora (ein Puppenheim)* die Protagonistin ein bisschen dümmer findet. Sie nutzt das englische Wort *silly*, einfältig, ein bisschen lustig und tölpelhaft. Sie schreibt nicht »böse« oder »dumm«, was mehr Schlagkraft hätte, sondern *silly*. Nicht einmal hundertvierzig Jahre Feminismus konnten Nora dabei helfen, aus der Welt der Verniedlichungen auszubrechen.

»Die großen Tragödien verlangen von uns, dass uns besonders die fehlerbehafteten und manchmal dummen Menschen nahegehen – Pentheus, Othello, Macbeth –, aber das Großartige an *Nora (ein Puppenheim)* ist, dass uns das Stück abverlangt, mit einer einfachen Person in dem Augenblick mitzugehen, in dem sie sich ihrer eigenen Einfachheit bewusst wird«. So Byatt, die Nora vorwirft, wenig empathisch und über ihr eigenes häusliches Drama hinaus, das im Vergleich zu anderen lächerlich wirkt, nicht zum Denken in der Lage zu sein. Byatt hegt sogar Sympathien für Torvald: »Auch er ist ein Mann von beschränktem Vorstellungsvermögen und verdient, so glaube ich, unser Verständnis. Ein Mann, gefangen in einem Puppenheim«. Allerdings vergisst sie zu erwähnen, dass das Puppenheim auf seinen Namen läuft, dass er die Schlüssel verwahrt und dass er jederzeit das Heim verlassen kann, um ein funktionaler Erwachsener zu sein. Ganz im Gegensatz zu seiner Frau.

Noch spannender als Byatts Vorwürfe sind vielleicht die Aufsätze, die Schüler und Schülerinnen auf der ganzen Welt über ihre Pflichtlektüre *Nora (ein Puppenheim)* schreiben. Es gibt Webseiten wie *Spark Notes*, *123HelpMe* oder *GradeSaver*, wo Schulaufsätze über alle möglichen Werke aus dem westlichen Literaturkanon gepostet werden, die wiederum von sehr faulen und findigen Lernenden als eigene Analysen ausgegeben werden können. Fast alle Texte, die auf diesen Seiten zirkulieren, sind eher hemdsärmelig und beschränken sich darauf, die Argumente der bekannten Lektürehilfen wiederzukäuen. Sucht man allerdings etwas intensiver in den zugehörigen Foren, so finden sich immer wieder einige sehr authentische und überraschende Gedanken. Diese stammen von der Leserschaft, die zum ersten Mal diesen monumentalen Texten gegenübersteht und noch keine Berührung mit dem bereits bestehenden Interpretationskorpus hatte.

Diese junge Leserschaft macht beim ernsthaften Lesen alles richtig. Sie lesen, wie Virginia Woolf einmal schrieb, indem sie sich mit den Verbrechern auf die Anklagebank setzen, statt auf das Podium mit den Richtern. Sie versetzten sich in die Figuren hinein, bewerten sie moralisch, ergreifen Partei, verlieben sich in sie oder hassen sie. Wenn diese Jugendlichen über Bücher schreiben, tun sie es außerdem mit einer kuriosen Mischung aus Umgangssprache, Neologismen und *Therapyspeak*, dem psychologistischen Idiolekt, in dem viele Essays und Artikel heutzutage verfasst sind. Das Ergebnis ist unwiderstehlich.

In einem Schulaufsatz, der auf *123HelpMe* verkauft wird – nicht einmal mehr das Plagiat ist gratis –, vergleicht eine US-amerikanische Schülerin die mütterlichen Fähigkeiten Noras, die sie als »natürliche Mutter« versteht, mit denen einer anderen entarteten Figur der Literaturgeschichte, Emma Bovary, die, so die Verfasserin, eine falsche Mutter sei. Sie fährt fort und erklärt: »Wenn sie lieben möchte und versucht, ihrer Tochter Zuneigung zu zeigen, tut sie das zwar, aber wenn sie zu beschäftigt mit Einkäufen oder Affären ist, vergisst sie Berthe oder denkt schlecht über sie.« Rachel Cusk schreibt das Gleiche, nur etwas differenzierter formuliert, in *A Life's Work*: »Für Emma Bovary ist die Mutterschaft ein Alias, eine Identität, die sie gelegentlich im Rahmen ihrer Karriere als Ehebrecherin annimmt. Sie ist die Essenz der schlechten Mutter: die Frau, die darauf beharrt, stets im Zentrum der Aufmerksamkeit zu stehen.«

Eine Schülerin namens Ruth fragt in einem Forum auf *GradeSaver*, ob Noras letzte Tat zu rechtfertigen sei. Eine andere Jugendliche, die als Hina Q erscheint, antwortet mit Nein: »Meiner Meinung nach darf man niemals die eigenen Kinder verlassen. Nicht mal, wenn man vorhat, sie mitzunehmen oder niemals zurückzukommen!«, schreibt sie empört. Hina Q erkennt auch in Bezug auf Torvald: »Mit einem Mann leben zu müssen, der einen nur manchmal liebt, kann eine Frau auch in den Wahnsinn treiben«, und dennoch schließt sie, dass Noras Weggang verfrüht ist. Ein anderer Leser kommentiert: »Sie braucht eine Menge Energie dafür, klarzustellen, wer sie als Person ist, oder sie wird immer das Püppchen von irgendjemandem sein.« Diese modernen Leser und Leserinnen rufen Nora zu: *You go girl! Slay, queen!* Aber sie fragen auch: Was fällt dir ein, deine Kinder zu verlassen? Du Unvernünftige!

An dieser Stelle muss den Klügeren unter den Lernenden, die wissen, dass alles unter dem Prisma der Intersektionalität analysiert werden muss, auffallen, dass Nora nicht die einzige Mutter in *Nora (ein Puppenheim)* ist, die getrennt von ihren Kindern leben muss. Im Hause Helmer lebt auch die Kinderfrau Anne-Marie, die sich um die drei Kinder der Familie kümmert, seit sie selbst Kind war und seit ihre Mutter sie als Waise zurückließ. Um ihre Arbeit als Noras Kinderfrau anzutreten, musste Anne-Marie ihre eigene Tochter zurücklassen, die sie nie wiedersah.

Die meiste Interaktion zwischen Nora und Anne-Marie findet im zweiten Akt statt, als die Hausherrin die mögliche Zukunft ohne ihre Kinder bereits ahnt, sofern ihre Probleme keine Lösung finden. »Glaubst Du? Meinst Du, sie würden ihre Mama vergessen, wenn ich ganz wegginge?«, fragt Nora die Kinderfrau. »Du, Anne-Marie, sag' mir – ich habe so oft darüber nachgedacht –, wie hast Du es übers Herz bringen können, Dein Kind zu fremden Leuten zu tun?« Anne-Marie antwortet mit dem Pragmatismus der Arbeiterklasse: »Aber das musste ich ja, wenn ich die Amme der kleinen Nora werden wollte!«. Bestimmt habe ihre Tochter sie vergessen, setzt die Hausherrin nach. Anne-Marie widerspricht, ihre Tochter habe ihr geschrieben: einmal, als sie konfirmiert wurde, und einmal, als sie heiratete.

Vielleicht inszeniert irgendeine junge Dramaturgin das Stück ja irgendwann einmal aus der Perspektive von Anne-Marie. So wie es Jean Rhys mit Antoinette Cosway in *Sargassomeer* tut, wo die Autorin der Wahnsinnigen Bertha Mason aus *Jane Eyre* eine Stimme verleiht und so einen neuen Klassiker auf Basis des alten Klassikers erschafft.

In dem Augenblick probiert Nora ihr Drama erst aus, indem sie ihren Gedanken und Worten erlaubt, eine Möglichkeit abzutasten, von der sie noch glaubt, sie nicht materialisieren zu müssen. Und möglicherweise wird Anne-Marie selbst Teil ihres Entscheidungsprozesses. In dem sehr kurzen Stück, von dem es heißt, es habe kein Wort zu viel, hält sich Nora nicht damit auf, Torvald zu erklären, warum sie nicht in Betracht zieht, ihre Kinder mitzunehmen. Es ist aber offensichtlich, dass in das Leben, das ihr bevorsteht, sobald sie ihr Haus verlässt, kein Kindermädchen passt, und das wäre ein herber Verlust für ihre drei Kinder. Indem sie ihre Kinder beim Vater und in seinem Haus lässt, bleibt für die drei der soziale Status erhalten, und Nora stellt sicher, dass sie nicht mit ihr absteigen.

Allen weggehenden Müttern der Literatur des 19. Jahrhunderts ist diese Sorge gemein. Es ist eine Sache, sich selbst in den Abgrund zu stürzen, und etwas ganz anderes, die Kinder mit in die Tiefe zu ziehen.

Auch Anna Karenina sieht sehr klar, als sie weiß, dass sie der Romanze mit Wronski nicht mehr aus dem Weg gehen kann, dass sie ihr Kind opfern muss, um diese Liebe auszuleben. Sie muss ihren Serjoscha verlassen, weil vor allem die Söhne den Vätern und deren Familie gehören. Einen Sohn mitzunehmen würde bedeuten, ihn aus dem Familiensystem herauszureißen und ihn so seiner Zukunft zu berauben. Nicht einmal das tägliche Überleben scheint in diesem sozialen Niemandsland selbstverständlich. Wie soll die Kinderfrau bezahlt werden? Woher soll der Hauslehrer kommen?

Sowohl Nora als auch Anna kamen über reale Geschichten aus der nächsten Umgebung in den Kopf ihrer Autoren. Ibsen wurde inspiriert durch das Leben der dänisch-norwegischen

Dramaturgin Laura Kieler, mit der er befreundet war. Laura bekam Tuberkulose und wollte in den Süden, um sich auszukurieren. Bei Nora beginnen die Probleme damit, dass sie die Unterschrift ihres Vaters fälscht, um ihren Mann nach Italien zu bringen, damit er sich dort auskurieren kann. Laura Kieler verschuldete sich ebenfalls und fälschte einen Scheck, als sie die Schulden nicht begleichen konnte. Ihr Mann, der als Lehrer arbeitete, fand es heraus, verstieß sie und steckte sie in eine psychiatrische Anstalt. Später versöhnte sich das Ehepaar wieder. Ganz im Gegensatz zu ihrer Freundschaft mit Ibsen, die das Erscheinen von *Nora (ein Puppenheim)* nicht überlebte. Sie verzieh ihrem ehemaligen Vertrauten nie, dass er ihre Geschichte auf die Bühne gezerrt und sie in ein universelles Symbol der verzweifelten Ehefrau verwandelt hatte. Wenn man einem Schriftsteller die eigene Geschichte stiehlt, ist der Betrug doppelt: Man nimmt ihm auch noch das Arbeitsmaterial.

Für Tolstoi war die Geschichte der untreuen Frau sehr nah. Bevor er das Projekt Anna Karenina begann, das eigentlich Prokrastination von dem Roman über Peter den Großen war, den er hätte schreiben sollen, erlebte er die Scheidung seiner Schwester Marija (oder Marie) aus nächster Nähe mit. Wie Anna verließ Marija ihren Ehemann in Russland und nahm, im Gegensatz zu Anna, ihre drei Kinder mit nach Algier zu ihrem neuen Geliebten. Dort bekam sie wie Anna eine weitere Tochter, doch als ihr neuer Mann sie verließ, musste sie nach Russland und zu ihrem Ehemann zurückkehren und das Mädchen zurücklassen. Trotz seines Konservatismus und Traditionsbewusstseins in Familiendingen riet Lew Tolstoi seiner Schwester Marija noch in Russland dazu, ihren Mann zu verlassen. Eine Entscheidung, die sie später bereute.

Im Vergleich von *Nora (ein Puppenheim)* und *Anna Karenina* wirkt das norwegische Theaterstück eng und nüchtern und der russische Roman überbordend und üppig. Die achthundert Seiten von Tolstois Roman geben Anna Zeit, sämtliche Gefühle zu durchleben, die eine Mutter für ihre Kinder überhaupt haben kann: ungestüme mütterliche Leidenschaft, Enttäuschung, wildeste Sehnsucht und auch eine Art kühlen Konformismus.

Am Anfang des Romans ist Serjoscha acht Jahre alt. Anna, die Tolstoi als eine Frau zeichnet, die zu spontanen Passionen neigt, vergöttert ihn, hat aber gelernt, ihre Leidenschaft für ihren Sohn zu dosieren. »Aber auch der Sohn rief, gerade wie der Mann, bei Anna ein Gefühl hervor, das einige Ähnlichkeit mit dem der Enttäuschung hatte. Sie hatte ihn sich in der Erinnerung schöner ausgemalt, als er in Wirklichkeit war. Sie mußte erst wieder zur Wirklichkeit herabsteigen, um sich an ihm, so wie er war, zu freuen«, so der Erzähler. Und dennoch ist Serjoscha der Hauptfaktor, der Anna lange davon abhält, ihren Mann Karenin zu verlassen und mit ihrem Geliebten Wronski zu fliehen. Und als sie sich letztlich dazu entschließt, erlegt sie sich die Trennung von ihrem Sohn als Strafe auf. »Ich habe schlecht gehandelt, und darum will ich kein Glück für mich; ich will keine Scheidung; die Schande und die Trennung von meinem Sohn, das wird mein Leid sein«, sagt sie zu sich selbst.

Obwohl sie wild entschlossen ist, sich selbst zu bestrafen, vermisst sie ihren Sohn zunächst gar nicht so sehr. Tolstoi lässt Anna immer und immer wieder wiederholen, dass sie nicht ohne ihr Kind leben kann, doch zeigen ihre Handlungen etwas anderes, bis der Augenblick kommt, da Anna es selbst zugibt:

»Den habe ich ebenfalls zu lieben geglaubt und war ordentlich gerührt über meine eigene Zärtlichkeit«, gesteht sie.

Anna bekommt eine Tochter mit Wronski, Annie, für die sie niemals die Liebe empfinden wird, die sie erfüllt, wenn sie an Serjoscha denkt. Der Junge wächst nach dem Fortgang seiner Mutter vergiftet von der neuen Vertrauten seines Vaters auf. Die gehässige Lydia Iwanowna flüstert ihm ein, seine Mutter sei gestorben, und überredet den Vater, Annas Briefe zu ignorieren, in denen sie darum bittet, ihren Sohn sehen zu dürfen.

Unter dem einseitigen Einfluss seines Vaters wünscht sich Serjoscha nichts anderes, als zum Abbild desselben zu werden, ein aufrechter und ernsthafter Mann, Diener seines geliebten Russlands. Zum Ende hin, als Anna sich in ihr Unglück stürzt und der Junge nicht einmal mehr Serjoscha heißt, sondern Sergej, weil er mittlerweile ein spätpubertärer junger Mann geworden ist, lebt sie in einem Zustand exaltierter Verwirrtheit, verrückt vor Eifersucht auf Wronski. Sie hat jeden Zugang zu Zeit und Wirklichkeit verloren, und als sie ein paar Jungen auf der Straße spielen sieht, denkt sie an ihren Sohn. Irgendwie bleibt Serjoscha für sie immer der 8-jährige Junge, der er war, als sie ging. Es fällt ihr nicht ein, dass er mittlerweile ein junger Mann geworden ist und sie die Hälfte seiner Kindheit verpasst hat.

In *Anna Karenina* ist Anna die einzige Mutter, die geht, aber nicht die einzige Mutter, die leidet. Sie repräsentiert den gleichen Konflikt wie Nora, die Wahl zwischen dem egoistischen Glück und der Liebe für das eigene Kind. Dolly, Annas Schwägerin, fühlt sich zuweilen von ihren sechs Kindern und ihrem untreuen Mann Oblonski überfordert. Anna gegenüber bleibt sie beinahe bis zum Ende des Romans loyal, doch nutzt Tolstoi diese Figur als belehrendes Beispiel, als eine Art Märchenfigur, der eine Lektion erteilt wird. Dolly gehört zu den Wenigen, die Annas soziale Ächtung durchbrechen. Sie besucht Anna in dem luxuriösen Haus, das sie nach der Trennung von Karenin mit Wronski bewohnt. Bei diesem Besuch ist sie empört, dass Anna keine weiteren Kinder mit ihrem Geliebten möchte, da sie so ihre Schönheit länger erhalten würde. Sie befürchtet, nicht mehr attraktiv zu sein, wenn ihr neuer Geliebter sie als Mutter sieht. Dolly ist auch entsetzt davon, dass Anna getrennt von ihrem ältesten Sohn lebt. Nach ihrem Besuch bei Anna Karenina kehrt sie zurück nach Hause und ist sehr erleichtert darüber, dass ihre sechs Kinder bei ihr bleiben werden und sie weiterhin Teil der sozialen Ordnung ist.

Der Literaturwissenschaftler Gary Saul Morson schreibt, Dolly sei für Tolstoi die eigentliche Heldin des Romans. Sie repräsentiert die gewöhnliche Frau, die mit beiden Füßen auf dem Boden steht, eine handfeste, russische Hausfrau im Gegensatz zu der narzisstischen und romantischen Anna. Dolly fällt die Verantwortung zu, Tolstois Gedanken über die Familie zu formulieren.

Im Triptychon der Mütter aus *Anna Karenina* fehlt noch Kitty, Dollys Schwester, die der Autor für sämtliche weiblichen Tugenden hernimmt: Ehe (sie heiratet aus Liebe und nicht aus finanziellen Gründen oder aus Lust), Fürsorglichkeit (sie kümmert sich um ihren todkranken Schwager) und Mutterschaft. Kitty bekommt im Lauf des Romans einen einzigen Sohn und ist glücklich mit ihm. Und doch muss sich die Prinzessin, die zu Beginn des Buches als gerade heiratsfähige Schönheit vorgestellt wird, mit etwas Mühe an ihre neue Rolle gewöhnen. Tolstoi gesteht ihr eine winzige Portion mütterliche Ambivalenz zu, als hätte er Verständnis für die Härte ihrer Aufgabe.

Obwohl der Autor selbst mit achtzehn Monaten seine Mutter verlor, hatte er ausreichend Mütter in seinem Umfeld, um sich über diese Frage auszutauschen. Allen voran Sofja, seine Frau, die dreizehn Kinder gebar. Als er *Anna Karenina* schrieb, war sie mit dem neunten Kind schwanger. Sofja schrieb zahlreiche Tagebücher, die unter anderem Doris Lessing inspirierten. Lew und Sofja pflegten einander ihre Tagebücher vorzulesen. Diese Angewohnheit hatten sie kurz nach der Hochzeit angenommen, als Lew Sofja die Geschichte seiner gesamten Jugend zu lesen gab, seiner moralischen und sexuellen Turbulenzen, die sie sehr erschreckten. Es ist recht gut vorstellbar, dass Tolstoi die Tagebücher seiner Frau im Sinn hatte, als er die jungen Mütter Anna, Dolly und Kitty mit ihren Sorgen und Nöten imaginierte. Jede der drei mit ihren eigenen Zweifeln beladen.

Sofja schrieb in ihrem Tagebuch, als sie bereits vier Kinder geboren hatte: »Mit jedem Kind sagt man sich mehr von seinem eigenen Leben los und beugt sich tiefer unter das Joch der Sorgen, der Krankheiten und des Alters.« Sie schrieb auch: »Heute überlegte ich: Warum gibt es keine genialen Frauen? Weder unter Schriftstellern noch unter Malern oder Komponisten. Das kommt daher, weil eine tatkräftige Frau all ihre Leidenschaft, alle Fähigkeiten an die Familie, die Liebe, ihren Mann verschwendet – und vor allem an die Kinder. Ihre übrigen Fähigkeiten verkümmern, bilden sich nicht heraus oder bleiben in den Ansätzen stecken. Wenn das Kindergebären und die Erziehung zu Ende sind, werden die künstlerischen Ansprüche wach – aber dann ist schon alles zu spät, nun läßt sich nichts mehr heranbilden«.

Lew Tolstois Frau hatte mehrfach im Lauf ihres Lebens den

Wunsch, keine Kinder mehr zu bekommen, und teilte ihrem Mann diesen Wunsch mit, der ihn ihr rundheraus verweigerte. Für ihn lag die Essenz einer Ehe darin, sich zu vermehren. Und er hörte nicht damit auf, bis die Natur der Vermehrung seiner Familie ein Ende setzte. Viel von Sofja steckt in Dolly, und viel von Marija steckt in Anna.

Beinahe das ganze soziale Gerüst, das sowohl *Nora (ein Puppenheim)* als auch *Anna Karenina* stützt und die jeweilige Handlung plausibel macht, ist inzwischen in den meisten Ländern der Welt beseitigt. Heute kann sich jeder problemlos scheiden lassen, wenn man es sich denn leisten kann. Es gibt das geteilte Sorgerecht. Frauen sind nicht mehr das Eigentum des Ehemannes oder des Vaters. Es ist nicht einmal mehr notwendig, in einer Paarbeziehung zu leben oder die heterosexuelle Matrix zu reproduzieren, um Kinder zu haben.

Wenn ich an mein eigenes soziales Umfeld im weiteren Sinne denke, ist dort mittlerweile Platz für Patchwork-Familien, Alleinerziehende, gleichgeschlechtliche Eltern, Mütter ohne Väter, die von anderen eingefrorene Embryos adoptieren; alleinstehende heterosexuelle Frauen, die mit ihren homosexuellen Freunden Kinder zeugen, um sie gemeinsam aufzuziehen; Kinder, die in polyamorösen Konstellationen aufwachsen, in denen die Eltern mehrere Partner haben. Kurz, ich kenne beinahe die gesamte Bandbreite an verfügbaren Möglichkeiten, um heute eine Familie zu sein. Aber in dieser ganzen bunten Schau an vielen Variationen, die wir finden, um uns zusammenzutun und einander zu lieben, gibt es keine einzige Anna und keine einzige Nora weit und breit.

Aus erster Hand kenne ich nicht eine Mutter, die wie Nora freiwillig ihre Kinder zurückgelassen hätte, um ihre eigene Identität zu finden. Ich kenne keine, die wie Anna ihren Sohn zurückließ, weil im Leben mit dem neuen Partner kein Raum mehr für das Kind war. Und ich glaube, wenn ich einen Fall kennen würde, sähe der Skandal nicht viel anders aus als das, was Anna und Nora in ihren literarischen Welten erlebten.

Wahrscheinlich gäbe es keine komplette soziale Ächtung der Mutter, die geht, aber mehr als einer ihrer Bekannten würde denken wie der Geistliche, der das Stück *Nora (ein Puppenheim)* verurteilte, da er die Figur der Nora für komplett unrealistisch hielt. Mehr als einer würde denken, dass etwas mit dieser Frau nicht stimmt, dass sie vielleicht geisteskrank ist, eine depressive Episode durchlebt, für die sie eigentlich eine gute Psychotherapie, Ruhe und Meditation bräuchte. Und wenn dann dieses Problem behandelt und aus der Welt ist, wäre es das Natürliche und Gesunde, die Mutter wieder mit ihren Kindern zu vereinen. Alles andere würde uns verdächtig erscheinen, eine kleine Tragödie für die Mutter und für die Kinder. Ich stelle mir natürlich eine Situation vor, in der die Mutter geht, ohne vor irgendwie gearteter Gewalt zu fliehen. Doch auch so schockiert es mich, dass in meinem Umfeld noch immer das Gedankengut der konventionellen und resignierten Mütter Kitty und Dolly vorherrscht. Mütter aus einem Roman wie *Anna Karenina*, den Tolstoi als lehrreiche Fabel konzipierte. Es überrascht mich, dass die Aussage eines stumpfen Torvald Helmer, seine Kinder seien ohne Nora »mutterlos«, auch heute nicht oder fast nicht an Gültigkeit verloren hat.

Auch ich lese von der Anklagebank aus, wie es Virginia Woolf wollte, und wie es einige jener Schülerinnen und Schüler tun, die sich in die großen literarischen Werke des 19. Jahrhunderts vertiefen und in den Hausaufgaben-Verkaufs-Foren ihre Erkenntnisse anbieten. Ich denke oft darüber nach, wie wohl Noras erste Nacht ohne ihre drei Kinder gewesen sein mag, ob sie sich das eine oder andere Kinderhemdchen mitgenommen hat, um daran zu riechen. Ob sie vielleicht auch einen kurzen Hauch freudiger Erregung spürte, weil sie auf einmal das essen konnte, worauf sie Lust hatte, und nicht das, was sie am Vorabend der Köchin aufgeschrieben hatte. Als sie spürte, dass sie zum ersten Mal in ihrem Erwachsenenleben tun und lassen konnte, was sie wollte. Oft überlege ich, ob sie mehr Angst davor hatte, dass ihre Kinder um sie weinen, oder ob sie in dieser ersten Nacht die Befürchtung quälte, dass ihre Kinder sie schnell vergessen werden.

»Was wäre, wenn?« – Joni Mitchell und Vashti Bunyan

Zwar ist *Little Green* von Joni Mitchell ein Lied über eine der schmerzhaftesten Erfahrungen, die man überhaupt machen kann – sein Kind gegen den eigenen Willen zur Adoption freigeben –, aber es enthält auch einen der sarkastischsten Verse aller Folksongs der 1960er Jahre: »Little Green, he's a non-conformer«. Diesen Satz sagt Joni Mitchell mit mehr Phlegma als Frechheit zu ihrer Tochter, die sie zurücklassen musste: Meine Kleine, er ist eben Nonkonformist. Er, der nach Kalifornien ging, weil er hörte, dass alles dort wärmer ist, war Brad McMath, der erste Partner Joni Mitchells. Den Fotografen lernte sie am Southern Alberta Institute of Technology in Calgary kennen, und sie wurde beinahe sofort schwanger von ihm.

McMath ging als Verfasser eines der meistzitierten und niederträchtigsten Schlussmach-Briefe in die Geschichte ein. Das jugendliche Paar hatte gemeinsam das Studium geschmissen und war im Winter 1964 nach Toronto gezogen. Sie lebten in einer verwahrlosten WG in einem Haus, wo die vorherigen Bewohner die Stufen der Holztreppe im Winter als Feuerholz genutzt hatten, um sich zu wärmen. Als die beiden erfuhren, dass Joni schwanger war, beschloss sie, nicht abzutreiben, und er ging nach Kalifornien, ohne sich zu verabschieden. Zurück ließ er nur die Zeichnung einer schwangeren Frau, die aus dem Fenster den Mond ansieht mit den Worten:

The thief left it behind

the moon at the window

Der Dieb ließ etwas zurück, den Mond im Fenster. Auch dies würde Joni Jahre später in ihrem Song *Moon at the Window* verwenden.

Völlig allein in der Stadt, die nicht ihre Heimat war, und ohne ihren Eltern von ihrer Schwangerschaft zu erzählen, suchte sich die angehende Sängerin und Songwriterin Arbeit als Verkäuferin. Da sie nicht genug Geld verdiente, um den Mitgliedsbeitrag von 160 Dollar für den Berufsverband der Musiker bezahlen zu können, konnte sie ihr damaliges Repertoire nur live im YMCA und in einer Handvoll kleiner Musikclubs spielen. Sie suchte Hilfe in einem Frauenhaus, wurde aber nicht aufgenommen. Es war zu voll. Im Jahr 1965 war die Antibabypille noch nicht auf dem Markt, die sexuelle Revolution aber schon in vollem Gange, und das kanadische Sozialsystem wusste nicht, wohin mit all den Single-Müttern und ihren unehelichen Kindern.

Schließlich brachte Joni Mitchell im Februar 1965 allein im Toronto Charity Hospital ein blondes Mädchen zur Welt, das den Namen Kelly Dale Anderson bekam. Ledige Mütter wie sie wurden damals wie verachtenswerte Verbrecherinnen behandelt. Ihnen wurden die Brüste verbunden, damit sie keine Milch produzierten, und sie wurden von ihren Babys getrennt. Aber Joni, die noch fast alle Joan nannten, durfte dennoch die ersten zehn Tage mit ihrem Kind verbringen.

Ungefähr zur gleichen Zeit lernte eine junge Frau namens Jennifer Vashti Bunyan aus der irischen Mittelklasse, die in

England aufgewachsen war und Bob Dylan verehrte, den Manager der Rolling Stones, Andrew Loog Oldham kennen. Oldham war sehr zufrieden mit seiner Arbeit mit Marianne Faithfull, von der er glaubte, er habe mit ihr das perfekte Pop-Püppchen geschaffen. Und wollte dies mit Jennifer wiederholen, die er nur Vashti nannte. Glücklicherweise würde es noch ein paar Jahre dauern, bis Jennifer als Künstlerin eigenständig wurde. Mit Marianne Faithfull hatte Oldham eine perfekte Blondine, nun wollte er auch eine hübsche Brünette mit Gitarre haben. Sie brachten eine Single mit einem Lied von Mick Jagger und Keith Richards auf der A-Seite und einem Lied von Bunyan auf der B-Seite heraus, aber weder diese noch die nächste Platte hatte besonderen Erfolg.

Im Jahr 1967 traf Bunyan eine für die Zeit absolut logische Entscheidung. Sie war einigermaßen enttäuscht vom Musikgeschäft und sah, dass niemand sie als Komponistin ernst nehmen wollte. Sie beschloss also, zusammen mit ihrem damaligen Partner Robert Lewis in einem Pferdewagen über die Britischen Inseln zu tingeln. Das Paar war ein paar Tage obdachlos gewesen und hatte unter einem Rhododendron in einem Londoner Park genächtigt. Als die Bank of England, der das Grundstück gehörte, ihnen einen Platzverweis erteilte, beschlossen sie, einer Roma-Familie Pferd und Wagen abzukaufen. Mit diesem prekären Gefährt wollten sie bis auf die Hebriden vor der Westküste Schottlands gelangen, wo der Sänger und Songwriter Donovan eine Landkommune aufgebaut hatte. Der Musiker hatte drei kleine entlegene Inseln gekauft, auf denen er plante, eine Selbstversorger-Gemeinschaft aufzubauen. Er wollte einen Ort schaffen, wo freie Liebe und höchster Respekt vor der Erde gelebt wurden.

Lewis' und Bunyans Pilgerfahrt dauerte anderthalb Jahre, und als sie auf der Insel anlangten, war Donovan bereits weitergezogen und hatte diesen Traum von ländlicher Idylle beendet. Vashti hatte allerdings ihre Zeit auf der Reise genutzt. Während der Pferdewagen über die schlammigen britischen Straßen holperte, komponierte sie die Lieder, die später ihre Platte *Just Another Diamond Day* ergeben sollten. Auf dieser Reise schrieb sie all ihre wunderbar rastlosen Balladen, die einen Hauch Eskapismus, aber auch einen erdigen Klageton haben, als wären sie aus der Spannung zwischen dem Traum von der Kommune und der Wirklichkeit des Pferdewagens entstanden.

In Kanada war Joni Mitchell bereits zu einem »child with a child«, einem Kind mit Kind geworden, wie es in *Little Green* heißt. Das Jugendamt setzte sie unter Druck, sie solle ihre Tochter zur Adoption freigeben, da es, wie sie gesagt bekam, immer schwerer würde, eine Adoptivfamilie für sie zu finden, je älter die Kleine würde. Joni wehrte sich. Damals traf sie sich mit ihrer Freundin Lorrie Wood aus Calgary, eine der wenigen, die ihr Geheimnis kannte. Lorrie hatte absolutes Verständnis für ihre Situation, da sie selbst ohne festen Partner schwanger geworden war und ihr Kind zur Adoption freigegeben hatte. »Es ist das Beste, was ich tun konnte«, sagte sie zu ihrer Freundin, »Du hast eine Musikkarriere vor dir. Du kannst jetzt nicht egoistisch sein, wie willst du ein Kind großziehen? Du musst über dem Ganzen stehen.« Joni schaute ihre Tochter an, die ihr so ähnlich sah, und dachte: Nur noch ein bisschen.

Joni glaubte, in Chuck Mitchell, der auch Sänger und Songwriter und mit seinen neunundzwanzig Jahren etwas älter war als sie, die Lösung all ihrer Probleme gefunden zu haben. Sie hatte ihn in dem Club Penny Farthings kennengelernt, als er ihre Version von *Mr. Tambourine Man* von Bob Dylan kritisierte. Mitchell hatte nicht nur einen US-Pass, er war auch Mitglied der Musikervereinigung, und somit durften sie als Duo auftreten. Er schien der perfekte Ausweg. Sechsunddreißig Stunden nachdem sie sich kennengelernt hatten, beschlossen sie zu heiraten. Sie wollten gemeinsam nach Detroit und sich der dortigen Musikszene anschließen, und wenn sie genug Geld hätten, würden sie die Kleine aus dem Kinderheim, wo sie untergebracht war, zu sich holen.

Nichts dergleichen geschah. Chuck Mitchell stammte aus einer Mittelklassefamilie und hatte ein Elite-College besucht. Er sah seine neue Frau als exotisches und etwas ungehobeltes Wesen. Er stellte wenig später klar, dass ihm nichts ferner lag, als das Kind eines anderen Mannes großzuziehen. Bei einer ihrer Reisen von Detroit nach Toronto gingen sie trotzdem in das Kinderheim, wo Jonis Tochter lebte, hielten sie nacheinander in den Armen, zuerst er, dann sie, und verabschiedeten sich von ihr. Joni unterschrieb den Verzicht auf das Sorgerecht und wählte die anonyme Adoption. Das heißt, sie hinterließ nicht ihren Namen, wohl aber ein paar andere Angaben für das Kind: Der Vater war groß, die Mutter auch. Die Mutter kam aus Saskatchewan und ließ das Kind zurück, um in die USA zu gehen, um dort ihre Laufbahn als Folksängerin zu verfolgen.

Auch Vashti Bunyan fand sich mit einem Baby, ohne Wohnung und mit einer beginnenden erratischen Musikkarriere wieder. Joe Boyd, einer der bestvernetzten Musikproduzenten der Szene, hatte sie eingeladen, um die Songs aufzunehmen, die sie auf ihrer langen Hippie-Reise geschrieben hatte. Das

Team, das an ihrer Platte mitarbeiten würde, war extrem hochkarätig besetzt, was zum Teil erklärt, weshalb das Album nie ganz in Vergessenheit geriet. Die Musiker der Incredible String Band spielten Vashtis Songs zusammen mit Robert Kirby an Geige, Banjo und Mandoline. Kirby hatte gerade erst mit dem englischen Folksänger Nick Drake zusammengearbeitet. Zu Beginn ließ sich die junge Vashti nicht von diesen Männern beeindrucken. »Ich war so weit weg von allem, hatte Jahre ohne Radio, Fernseher, Musik, Zeitschriften, Strom und mit ganz wenig Geld gelebt. Ich wusste einfach nicht, wer sie waren«, sagte sie später in einem Interview. Dennoch wurde diese seltsame Platte aufgenommen, und wenig später erfuhr Vashti, dass sie schwanger war. Sie musste entscheiden, wie ihr Leben weitergehen sollte. Sie konnte in London bleiben, um ihre Musik unters Volk zu bringen, oder zurückkehren auf die Hebriden, wo der Traum des Kommunenlebens mehr als ausgeträumt schien. Schließlich beschlossen Robert und sie, dass sie mit dem Kind, das sie Leif nannten, in eine andere Kommune an der schottisch-englischen Grenze ziehen würden, wo auch die Mitglieder der Incredible String Band lebten.

Vashti Bunyans Album erschien 1970, wurde aber kaum wahrgenommen. Es ging unter in der Flut namhafter Musik, die in jenen Jahren entstand, und war womöglich etwas zu exotisch, zu selbstoffenbarend, zu *weiblich* für ein großes Publikum. Jemand sagte, die Lieder wirkten wie Kinderlieder, als wären sie für Kinder gemacht und nicht für Erwachsene. Und an dieser Stelle endete Vashtis Beziehung zur Musik. Nach der schottischen Kommune zog sie auf einen Bauernhof in Irland. Nach Leif bekam sie ein weiteres Kind und später noch ein drittes. Außerdem zog sie drei Stiefkinder groß. Dreißig Jahre lang fasste sie keine Gitarre an und machte einen Bogen um ihre eigenen Platten. Tatsächlich hatte sie kein einziges Exemplar von *Just Another Diamond Day* bei sich zu Hause. Sie hatte alle verschenkt.

Joni Mitchells Karriere dagegen wurde nicht mehr von einem Säugling ausgebremst. Es ist fast witzig und ein bisschen erschütternd, wie Chuck und Joni Mitchell diese Zeit gegenüber dem Biographen David Yaffe in dessen Buch *Joni Mitchell – Ein Porträt* beschreiben.

Chuck beschreibt sie wie folgt: »Man darf nicht vergessen, dass wir beide talentiert waren, wenn auch auf ziemlich unterschiedliche Art. Es hat einfach Spaß gemacht, und viele Dinge passierten gleichzeitig; Songs wurden geschrieben, Gitarren-Stimmungen ausprobiert, Kleider genäht, Vorhänge entworfen und aufgehängt und Auktionen und Rinderbraten und Yorkshire Pudding und grüne Bohnen und Kartenspiele, die die ganze Nacht dauerten, und Soireen mit Troubadouren (sprich, wir schlugen uns in den örtlichen Clubs mit Songs durch). Es. War. Eine. Tolle. Szene.«

Und Joni hatte dazu zu sagen: »Chuck Mitchell war mein erster Ausbeuter. Ein komplettes Arschloch.«

Es ist ziemlich klar, wer die Vorhänge nähte und den Yorkshire Pudding kochte und wer außerdem die besten Melodien erfand.

Die Ehe ging nach zwei Jahren in die Brüche. Joni nahm paradoxerweise kurz vor der Trennung den Nachnamen ihres Exmannes als Künstlernamen an, um sich mit ihm eine neue Identität als Sängerin und Songwriterin mit eigenem Repertoire zu schaffen. Die Zeiten, in denen sie wieder und wieder die Songs von Joan Baez und Pete Seeger spielen musste, waren vorbei. Drei Jahre nachdem sie auf das Sorgerecht ihrer Tochter verzichtet hatte, hatte sie einen soliden Plattenvertrag, ein Auto und eine Wohnung. Außerdem einen sicheren Platz unter den Musikern, die im Laurel Canyon unterwegs waren. In der vielfältigen Literatur über diese Szene gibt es zahlreiche Anekdoten darüber, wie das Ausnahmetalent Joni Mitchell die männlichen Musiker und Songwriter der Truppe aus dem Konzept brachte. So kam Eric Clapton einmal in Laurel Canyon vorbei, und von Neil Young wurde er darauf hingewiesen, dass er dieses Mädchen aus dem oberen Stock unbedingt hören müsse. Joni spielte für die beiden, und sogar ein Typ von diamantenem Selbstbewusstsein wie Eric Clapton musste zugeben, dass diese Frau eine Ausnamemusikerin war.

Bei nahezu allen ihren Konzerten spielte sie *Little Green*, den Song über ihre Tochter, der zu einem fundamentalen Bestandteil ihres Repertoires geworden war. Sie spielte ihn bei ihrem Debüt auf der Bleecker Street, dem mythischen Ort der Folkies in New York. Sie spielte ihn im kanadischen Fernsehen. Alles war da. Der Text war vollkommen transparent:

So you sign all the papers in the family name
You're sad and you're sorry, but you're not ashamed
Little Green, have a happy ending

Doch wollte niemand wissen, worüber Joni Mitchell in diesem Lied eigentlich sang. Als sie den Song schließlich 1971 für ihr Album *Blue* aufnahm, das sie in den Musik-Olymp katapultierte und ihren Ruf als eine der großen Musikerinnen ihrer Generation festklopfte, durchschaute ein Großteil des Publikums die Bedeutung des Liedes noch immer nicht. Ein Kritiker des *Rolling Stone* bedauerte, der Text sei »schön und poetisch«, aber »viel zu kryptisch«, um ihn zu verstehen. Später erst erklärte sie, dies sei ihre Art gewesen, Nachrichten an ihre Tochter zu senden.

Dreißig Jahre später kam es zu einer romanwürdigen Wendung, und Mutter und Tochter trafen sich wieder. Beide hatten einander jahrelang gesucht. Kelly Dale hieß mittlerweile Kilauren Gibb. Ihre Adoptiveltern, von denen sie ihren Namen hatte, waren beide Lehrer und lebten in einem der wohlhabenden Vororte Torontos, als sie Kilauren mit nur sechs Monaten aufnahmen. Sie adoptierten das Kind am selben Tag, als Joni Mitchell die Papiere unterzeichnete, von denen sie in *Little Green* singt. Kilauren hatte als Model gearbeitet und studierte nun im Master. Obwohl ihre Freundinnen ihr schon als Jugendliche gesagt hatten, dass sie adoptiert war, bekam sie erst mit sechsundzwanzig, als sie selbst schwanger war, die Bestätigung von ihren Eltern. Sie begann, Informationen über ihre leiblichen Eltern zu suchen, und fand schließlich die berühmte Notiz, die besagte, dass ihre Mutter in Saskatchewan geboren und in die USA gegangen war, um als Folksängerin ihr Glück zu suchen. Jeder auch nur halbherzige Fan von Joni Mitchell hätte die richtigen Schlüsse gezogen, doch würde Gibb weitere vier Jahre brauchen, bis sie das Rätsel löste. Dies geschah wiederum mit der unfreiwilligen Hilfe eines ehemaligen Mitbewohners von Joni, der die Geschichte des »unehelichen Kindes von Joni Mitchell« an eine Klatschzeitung verkauft hatte.

Die Sängerin gab daraufhin in einigen Interviews zu, dass dies stimmte, und ab diesem Zeitpunkt erreichten sie zahlreiche Briefe von blonden Kanadierinnen, die behaupteten, ihre Tochter zu sein. Aber keine der jungen Frauen passte in Jonis Geschichte. Bis im Jahr 1997 Kilaurens Schreiben mit einer Kopie der Zeilen ihrer Mutter ankam. Es war klar, das Kilauren Kelly Dale war.

Mitchell schickte ihr Flugtickets, damit sie mit ihrem Sohn Marlin zu ihr kommen konnte. Mehr als dreißig Jahre später würde sie ihre Tochter wiedersehen und ganz nebenbei auch noch ihren ersten Enkel kennenlernen. Das Wiedersehen verlief sehr viel öffentlicher, als es sich Kilauren vorgestellt hatte. Ihre pikante Geschichte ging durch alle Medien. Oprah Winfrey, Barbara Walters und Larry King baten sie um Interviews. Kilauren überließ die Organisation der Pressearbeit ihrem Partner und begann, zehntausend Dollar für jedes Treffen mit Journalisten zu verlangen. Wer sich noch an die Zeit erinnern kann, weiß, dass Joni Mitchell damals über alle Maßen strahlte und für nichts Raum und Augen hatte als für ihre Tochter. In den Interviews, die sie gemeinsam gaben, und auf den Fotos, die von den beiden gemacht wurden, sieht man sie Wange an Wange, als würden sie ihre Ähnlichkeit zeigen wollen, als würden sie ungläubig aus dem Augenwinkel auf die phänomenal hohen Wangenknochen und das glatte blonde Haar der jeweils anderen schielen.

Der Rausch des Wiedersehens hielt allerdings nicht lange an. Bald gab es Spannungen, zum Teil durch den Druck der Presse und Kilaurens Bestrebungen, mit ihrer Geschichte Geld zu verdienen. Im Jahr 2001 hatte sich das Verhältnis zwischen beiden Frauen so stark verschlechtert, es hatten sich derart viele Vorwürfe auf beiden Seiten angehäuft, dass beide beschlossen, die Beziehung wieder zu beenden. Und bis 2013 hatten sie keinen Kontakt. Nach Joni litt Kilauren an einem Verlassenheitstrauma und instrumentalisierte ihre Kinder, um Joni emotional zu erpressen.

Die Jahre der Wiederbegegnung mit Kilauren waren für Joni Mitchell auch Jahre, in denen sie sich von der Welt der Musik entfernte. Mitchell widmete sich damals vor allem dem Malen. In einem Text über Joni Mitchell, den Zadie Smith für *The New Yorker* schrieb, fragt sich die Autorin, warum Joni nun lieber eine ganz passable Malerin, sie schreibt wörtlich »a perfectly nice painter«, sein will statt eine überirdisch begabte Sängerin. Smith spekuliert, dass sich Mitchell durch eine Flucht vor dem, was sie am besten kann, vor den Erwartungen des Publikums schützen möchte. Es ist schließlich immer einfacher, sich mit einer gewöhnlichen Dosis Talent durch die Welt zu bewegen. Wenn man ein gewisses Maß überschreitet, wird alles kompliziert.

Joni Mitchell lebte dreißig Jahre mit der Musik und ohne ihre Tochter. Bei Vashti Bunyan war genau das Gegenteil der Fall: Sie widmete dreißig Jahre ihren Kindern, und danach gab es eine Wiederbegegnung mit der Musik. Irgendwann zu Beginn der 2000er googlete sich die mittlerweile 60-jährige Vashti Bunyan selbst. Und sie fand heraus, dass ihr Name unter Menschen, die musikalische Raritäten suchten, als besonders wertvolles Kleinod gehandelt wurde. Vashti bekam schon eine Zeit lang E-Mails mit Liebeserklärungen von unbekannten bärtigen jungen Männern wie Devendra Banhart, die schrieben, ihre Lieder hätten sie tief in der Seele berührt. Im Jahr 2004 brachte das kleine, aber einflussreiche Label Spinney eine Neuauflage von *Just Another Diamond Day* heraus, und die Platte fand endlich ihr passendes Publikum. Plötzlich lagen ihr Bands wie Piano Magic, Cocteau Twins und Animal Collective zu Füßen. Das erste musikalische Leben von Vashti Bunyan war angetrieben worden vom Snobismus derer, die sie angeblich verehrten, nach dem Motto: »Was, du kennst Vashti Bunyan nicht?« Und dennoch lässt sich ihr Revival als klarer Fall historischer Reparation werten, als willkommener Rettungsschirm für eine Frau, die ihre Begabung verschwendet hatte. In dieser Geschichte muss die Hauptfigur nicht bis nach ihrem Tod auf Anerkennung ihrer Kunst warten.

Ihre Songs, vor allem die von *Just Another Diamond Day*, die auf ihrer holperigen Reise über die Britischen Inseln in einem Pferdewagen entstanden waren, schienen nicht mehr unbedeutend oder kindlich. Nun wurden sie als das erkannt, was sie waren: zarte und bemerkenswert außergewöhnliche Harmonien. Angetrieben durch ihre plötzliche Bekanntheit in der Indie-Szene, nahm Bunyan ihre Gitarre wieder zur Hand und begann zu komponieren. Sie unterschrieb einen Plattenvertrag mit einem Label, ging wieder ins Studio und fing an, von zu Hause aus zu produzieren. »Jetzt funktioniert das mit dem Aufnehmen anders. Ich werde nicht mehr in einen Glaskasten gesperrt, ohne Einfluss darauf zu haben, wie es am Ende klingt. Und das Beste ist, dass ich es selbst an meinem eigenen PC bearbeiten kann. Das bedeutet, ich kann endlich mit der Technik spielen, die mich immer fasziniert hat, die mir aber früher verwehrt wurde, weil ich ein schüchternes junges Mädchen war und weil die Sänger nichts in der Produktion verloren hatten«, sagte Bunyan in einem Interview mit einer Musikzeitschrift aus dem Jahr 2005. In diesem Gespräch wurde auch nach ihren Kindern gefragt, die kaum etwas von ihrer Musikerinnenvergangenheit wussten, und sie antwortete: »Ich würde ihnen gern etwas hinterlassen, und wenn es nur ein paar

Songs sind. Es klingt vielleicht kitschig, aber ich habe ihnen meine Geschichte mit der Musik so lange verschwiegen. Jetzt möchte ich sie gern mit ihnen teilen.«

In diesem »kitschig« und dem »vielleicht« klingt an: Bitte entschuldigt, wenn ich klinge wie eine Mutter. Dieser entschuldigende Tonfall, den man von frischgebackenen Vätern nicht oder fast nicht kennt, ist bei Müttern ein bekanntes Register. Väter plappern einfach begeistert los und erzählen ganz ohne Scheu von ihren Kindern. Frauen fällt dieses sehr besondere Genre schwer. Jeden Moment könnte man ihnen Sentimentalität oder Schlimmeres vorwerfen.

Wenn Joni Mitchell in Interviews davon erzählt, was in den 1960er Jahren mit ihrer Tochter geschehen ist, gibt es einen Punkt, den sie jedes Mal unbedingt klarstellen will: »Ich lese es oft, und es stört mich«, sagt sie fest und bestimmt gegenüber einem kanadischen Fernsehjournalisten, »Das ist aber komplett falsch. Erst einmal gab es damals keine Karriere. Und ich hatte keinerlei Begabung. Singen war einfach etwas, was ich eben tat, aber es würde bestimmt bald wieder aufhören, es war einfach meine Art, Geld zu verdienen, um Zigaretten und Pizza zu kaufen, ins Kino zu gehen und mir hin und wieder ein Buch zu gönnen.« Im gleichen Interview wiederholt sie auch, dass sie 1965 in absoluter Armut lebte und keinerlei Möglichkeit gehabt hätte, ihr Kind adäquat zu versorgen. Außerdem war da noch ihr erster Mann, dieses »komplette Arschloch«. Ihm dankt sie zumindest dafür, dass diese Ehe ihr dazu verholfen hat, ihre ersten guten Songs zu schreiben.

Vashti Bunyan, Joni Mitchell und andere Musikerinnen stolperten auf unterschiedliche, aber nahezu immer schmerzhafte Weise über die Tatsache, dass es nicht so einfach war, Kinder zu bekommen, sie aufzuziehen und sich gleichzeitig der Musik zu widmen. Bei den Männern ihrer Generation folgte ein Kind auf das andere, eine Platte auf die andere und eine Ehe auf die andere – langsam, aber stetig.

Bob Dylan, den beide in ihrer Jugend verehrten, hatte sechs Kinder, fünf biologische und eine Tochter von seiner ersten Frau Sara Lownds, die er adoptierte. David Crosby hatte ebenfalls sechs Kinder. Graham Nash, um die Liste der Expartner von Joni Mitchell fortzusetzen, begnügte sich mit drei Kindern, ebenso Neil Young, wobei eins seiner Kinder aus einer außerehelichen Beziehung stammt. Seine Exfrau, die Sängerin und Songwriterin Pegi Young, gab ihre Musikkarriere auf, um sich um ihren ältesten Sohn Ben zu kümmern, der mit Zerebralparese geboren wurde. Mit ihr nahm Neil Young eine Platte auf und verließ sie dann für die Schauspielerin Daryl Hannah. Die Liste der Songs von Pegi Young liest sich wie eine Anleitung zur Verbitterung: *Gave You My Best*; *Too Little, Too Late*; *You Won't Take My Laugh Away From Me*; *Up to Here*; *Trying to Live My Life Without You*.

Die Lebensgeschichten von Joni Mitchell und Vashti Bunyan parallel zu lesen, lädt erneut zu jenem fruchtlosen »Was wäre, wenn«-Spiel ein. Was wäre, wenn Joni Mitchell ihr Kind behalten hätte und vielleicht ihren Eltern davon erzählt hätte, wie sie es Jahre später dann tat? Hier dürfen wir uns der spekulativen Fiktion hingeben und uns Joni Mitchell als Hausfrau oder als Kunstlehrerin in Saskatchewan vorstellen. Eine Hausfrau, die auf Partys mal die Gitarre auspackt und ihr altes Repertoire von Joan Baez zum Besten gibt. Diese Welt müsste ohne *Little Green* und ohne *Ladies of the Canyon* auskommen.

Was wäre, wenn Vashti Bunyan trotz Kindern mit der Musik weitergemacht hätte? Auch das können wir uns fragen. Und es gibt außerdem noch Carole King, die Meryl Streep der Musik, die mit vier Kindern aus zwei Ehen eine ziemlich steile Musikkarriere hingelegt hat. Und da sind Hunderte weiterer Beispiele, aus denen hervorgeht, dass Frauen im Allgemeinen entweder eine Musikkarriere machen oder sich fortpflanzen.

Man muss keine Künstlerin sein oder überirdisch begabt, wie Zadie Smith es formulierte, um das »Was wäre wenn«-Spiel zu spielen. Jeder kann es aus der Gemütlichkeit der eigenen Couch und der perfekten Mittelmäßigkeit seiner Existenz heraus tun. Will man dem Ganzen etwas wissenschaftliche Struktur geben, so stehen eine Menge verwertbare Daten zur Verfügung. Eine Frau mit Kindern, die wissen will, wie ihr Leben ohne Nachwuchs verlaufen wäre, würde beispielsweise ca. dreißig Prozent mehr verdienen. So steht es bei der Spanischen Nationalbank zu lesen. Sie würde außerdem hundert Prozent weniger für solche teuren Späße wie Schulessen und Kinderzahnärzte ausgeben, also wäre ihr verfügbares Einkommen direkt viel höher, egal in welcher Sparte es sich bewegt.

Und dennoch ist dieses »Was wäre, wenn ich keine Kinder hätte?«-Spiel eines, das nur in der Stille einsamer, schlafloser Nächte gespielt wird. Oder wenn die Frau, die Mutter ist, sich mit ihren Freudinnen vergleicht, die es nicht sind. Mit den anderen, deren Leben und Becken intakt sind, die permanent mit neuen Orten und neuen Partnern versorgt zu werden scheinen und deren Universum sich immer weiter ausdehnt. In den Augen der Frau, die Mutter ist, und deren Leben sich maßgeblich verengt hat, sehen die Leben ihrer Freundinnen ohne Kinder unerreichbar vielseitig aus, ihre Haut unerreichbar straff und ihr Haar unerreichbar glänzend. Wenn die Freundinnen ohne Kinder ins Kino wollen, kaufen sie einfach eine Karte und gehen ins Kino. Die Freundinnen ohne Kinder haben einen intakten Beckenboden, sie müssen keine Rückbildungskurse in öffentlichen Gesundheitszentren mit zwanzig anderen Frauen in Leggings machen, die an zwanzig verschiedenen Graden von Harninkontinenz leiden. Diese Art der Schmach ist ihnen gänzlich unbekannt.

Das Leben mit Kindern bietet andere Arten von Stimulation. Kleine Wesen kriechen morgens mit ihrem schlafwarmen Körpern zu dir ins Bett und sagen dir einfach so »Ich hab dich *unendlich* lieb«. Aber unser Leben ist fast immer in Bewegung und zwar auf schier endlos weitem Gelände. Wenn man Kinder bekommt, reduziert sich die Anzahl der Wege, die für einen in Frage kommen, sicherlich um mehr als die genannten dreißig Prozent Lohneinbuße. Es kommt immer ein Tag, an dem sich die Frau, die Mutter ist, in einem Viertel ihrer Stadt wiederfindet, wo sie in ihrem früheren Leben oft war. Und sie steht da wie der Ochs vorm Scheunentor, völlig überrumpelt davon, dass es diese Straßen noch gibt und dass sie tagtäglich von echten Menschen benutzt werden. Hat man so was schon gehört.

Das »Was wäre wenn«-Spiel führt meistens nicht besonders weit. Weil man bald merkt, dass da wirklich existierende Kinder sind, die eine schier übermenschliche Liebe in einem wecken. Ich verstehe, dass es auch umgekehrt vorkommt, bestimmt stellen sich sogar die Frauen, die sich hundertprozentig sicher waren, keine Kinder zu wollen, hin und wieder die so pieksige wie endgültige Frage: »Was wäre, wenn?«. Das größte »Was wäre, wenn« von allen, größer als die Frage nach verflossenen Liebschaften, Städten, in die wir nicht gezogen sind, und Arbeitsstellen, die wir nicht angenommen haben.

Das Lied *Little Green* ist auch ein trauriger Teil der großen Frage-Kiste voller »Was wäre, wenn?«.

In den Jahren, in denen Joni Mitchell oft darüber nachdachte, wie es ihrer verlorenen Tochter wohl gehen mochte, schrieb sie dieses melancholische Lied, in dem sie sich das Leben des Mädchens, das sie zurücklassen musste, ausmalte; ein grüner Glanz wie nachts, wenn die Nordlichter am Nachthimmel auftreten, es wird Eiszapfen und Geburtstagskleider geben und manchmal auch Kummer:

Just a little Green
Like the nights when the Northern lights perform
There'll be icicles and birthday clothes
And sometimes there'll be sorrow.

Die Schuld der Mütter

»Die Schuld liegt bei der Mutter«, ist eine weitgereiste Weisheit. Der Satz könnte aus beinahe jeder Phase der Geschichte stammen und sich sowohl auf einzelne Mütter als auch auf die Mutter als soziales Konstrukt beziehen. Die Schuld liegt bei der Mutter, denken wir beinahe unbewusst, während wir an einem Samstagabend auf irgendeiner Plattform einen Dokumentarfilm schauen. Einen dieser Filme, die perfekt audiovisuell kalibriert sind, um die Zuschauerschaft zu lenken: Der Film gibt vor, wann wir zusammenzucken, wann wir überrascht sind und in welchem Augenblick wir empört die Fäuste ballen. Nach dem Film legen wir uns mit der Gewissheit ins Bett, die gesamte vorgegebene Bandbreite an Emotionen durchlebt zu haben, eine moralische Gewissheit, die beinahe so gemütlich ist wie das eigene Sofa. In dem Dokumentarfilm *Finding Neverland* zum Beispiel, der den vermuteten Kindesmissbrauch durch Michael Jackson beleuchtet, ist beispielsweise alles darauf ausgerichtet, bei den Zuschauern Verachtung für die Mütter der beiden Jungen zu wecken, die Michael Jackson missbraucht haben soll. Sie werden als von Geld und Ruhm geblendete Groupies dargestellt, die ihre Söhne dem Superstar praktisch auf dem Silbertablett aushändigen, um selbst ihrem Idol nahe zu sein. Vielleicht waren sie gar nicht so, aber so werden sie gezeigt.

Die Schuld liegt bei der Mutter, die nicht gut genug aufgepasst hat, denkt man noch immer jedes Mal, wenn ein Kind verschwindet. Ein Kind, das beispielsweise in einen Brunnen fällt, oder ein Kind, das eines Nachmittags mit seiner schrecklichen Stiefmutter verschwindet, wie im Märchen. Die Schuld liegt bei der Mutter, die wollte, dass ihr Kind berühmt wird. Schau nur, wo das Ganze hingeführt hat!, mögen wir denken, wenn wir wieder einmal Zeugen des Spektakels rund um ein ehemaliges Wunderkind werden, das öffentlich vor die Hunde geht. Obwohl in solchen Fällen wie bei Tiger Woods, Serena und Venus Williams, den Jacksons und bei Britney Spears eher die tyrannischen Väter öffentlich ihr Fett abbekommen. In diesen Fällen kommt den Müttern die sekundäre Schuld zu, ihren Nachwuchs nicht vor Ausbeutung und Gewalt durch den Vater beschützt zu haben.

Die Geschichte der Medizin und der Psychologie lässt sich auch diesem düsteren Pfad folgend lesen, auf dem zahlreiche Variationen des Themas, wie man alles Schlechte den Müttern anlastet, zu finden sind. In den Sozialwissenschaften gilt der Grundsatz, heute alles zu verachten, was früher geglaubt wurde. Wir fragen uns, wie wir nur auf so etwas hereinfallen konnten, und vergessen dabei, dass in fünfzig Jahren dasselbe mit einigen der Theorien passieren wird, die fest auf der ideologischen Festplatte unserer Ära installiert sind. Tatsächlich findet jede Epoche ihre eigene Methodik, um Mütter zu verurteilen. Und wenn etwas im Lauf der Geschichte unversehrt bleibt, so ist es der tiefe Glaube an die Schuld, die fast immer bei den Müttern liegt.

In der ersten Hälfte des 20. Jahrhunderts herrschte beispielsweise der Glaube vor, dass Mütter mit psychischen Erkrankungen zunächst gesunde Kinder zur Welt brächten und diese erst nach der Geburt durch ihren Wahnsinn buchstäblich in denselben trieben. Freuds Psychoanalyse verbreitete die Überzeugung, dass Schizophrenie entweder durch zu gefühlskalte oder überbehütende Mütter zustande käme. Eine Publikation von 1934 untersuchte das Umfeld von fünfundvierzig als schizophren diagnostizierten Kindern, die heute mit Sicherheit mehrere, sehr unterschiedliche Diagnosen erhalten würden. Unter diesen fünfundvierzig Kindern fanden die durchführenden Ärzte zwei Fälle, die sie unter »mütterliche Ablehnung« fassten und dreiunddreißig Fälle »überfürsorglicher Mütter«. Und somit festigte sich das Verständnis, dass sowohl eine mütterliche Ablehnung als auch eine zu große Anhänglichkeit der Mütter psychische Krankheiten bei den Kindern hervorrufen könne.

Im Jahr 1948 benannte die Psychiaterin Frieda Fromm-Reichmann diese Mütter, die angeblich ihre Kinder krank machen würden, als »schizophrenogene Mütter«. Sie schrieb, der Schizophrene misstraue anderen Menschen aufgrund der übermäßigen Umarmung, die er in der Kindheit erfahren habe. Im Prinzip also wegen des Verhaltens der Mutter. Dieses Verständnis hielt sich über Jahrzehnte. Zum Ende der 1960er Jahre machte Sigmund Freuds Enkelin Sophie Freud in Boston eine Ausbildung zur psychiatrischen Sozialarbeiterin und war überrascht von der Feindseligkeit dieses Berufsfeldes gegenüber Eltern von Kindern auf dem autistischen Spektrum. Jahrzehnte später schreib sie: »Das Personal hatte gute Absichten und wollte helfen, doch gelangte es durch den theoretischen Rahmen seiner Ausbildung zu absurden und letztlich schädlichen Schlüssen.« Die Ursachen dieser Schlüsse konnte man direkt auf Sophie Freuds Stammbaum nachlesen. Die psychoanalytische Soße, jenes Kompendium an zuweilen völlig abwegigen Folgerungen, die sich von Freud ableiteten, steigerte sich im Lauf des 20. Jahrhunderts zu einer ganz besonderen Abneigung und Grausamkeit gegen Die Mutter.

Eine Zeit lang waren dem Unfug, den ein phantasiebegabter Geist mit Hilfe der Theorien von Freud und Jung anstellen konnte, keinerlei Grenzen gesetzt. Ein Beispiel dafür ist Philip Wylie, klassischer Sprössling der guten Oberklasse-Schulen der 1920er und 1930er Jahre an der US-Ostküste. Er besuchte eine jener Schulen, die Richard Yates in seinen Romanen beschreibt, wo den Söhnen der Oberklasse Führungskompetenz, Stoizismus und emotionale Verkümmerung beigebracht werden. Wylies Schule war die Academy of Exeter, deren Ehemaligenlisten berühmte Namen wie Mark Zuckerberg, John Irving, Gore Vidal und etliche Rockefeller zieren.

Wiley hatte vage literarische Ambitionen und schrieb nach seinem Universitätsabschluss einige Science-Fiction-Romane. Jedoch ließ der Erfolg bis 1942 auf sich warten, als er eines der dümmsten, faszinierendsten und schädlichsten populärpsychologischen Phänomene der Zeit erfand, das er *Momism* nannte. Ausgestattet mit dem kriegerisch heroischen Vokabular der Zeit arbeitete er das Konzept in seinem Buch *Generation of Vipers,* Generation der Vipern, aus. In diesem Buch legt er dar, dass es eine gesellschaftliche Komponente gebe, die der Treffsicherheit der Luftwaffe und der zerstörerischen Kraft sämtlicher Achsenmächte ebenbürtig sei. Diese Kraft seien die US-amerikanischen Mütter. Diese Frauen seien »lächerlich, eitel, böse und ein bisschen verrückt«, »irrational und ängstlich« und hätten eine ganze Generation junger Männer zu Feiglingen, wenn nicht gar Homosexuellen gemacht, die wie die Fliegen an der Front verreckten, weil ihre Kinderstube sie nicht auf das richtige Leben vorbereitet hätte.

Nach der Logik des Marktes hätte er eigentlich scheitern müssen, zumal sein Pamphlet das Militär und dessen Angehörige über den Umweg der Mütter angriff. Von außen betrachtet wollte das eigentlich nicht zur damals überaus patriotischen Stimmung in den USA passen. Doch sowohl der Buchmarkt als auch die kollektive Psyche reagieren manchmal unvorhersehbar: Das Buch wurde zum einflussreichen Bestseller, es wurde im Zeitraum von 1943 bis 1955 fünfzigtausendmal verkauft und wirkte weit über diesen Zeitraum hinaus.

Wie ein historischer Steve Bannon prägte Wylie ein Akronym, das alles bezeichnete, was er hasste: LIE, als Wort gelesen ergibt es »Lüge« und als Abkürzung steht es für *Liberal Intellectual Establishment*. Beflügelt von seinem selbst konstruierten theoretischen Rahmen legte er ein ganzes Land auf die Couch und diagnostizierte einen klaren kollektiven Ödipuskomplex, den man nur mit seinen pseudo-Jungianischen Gedanken heilen konnte. Mit seinen Bezügen auf die »Verhurung der Frauen«, seinen Käseblatt-Alliterationen und seinen fiebrigen Sentenzen wie »megalomane Mütterverehrung« oder »spirituelle Saboteurinnen« fällt es heute recht schwer, *Generation of Vipers* zu lesen. Darin fallen mehr als fragwürdige Sätze wie: »Die amerikanischen Frauen haben die Männer vergewaltigt, leider nicht sexuell, sondern moralisch.«

Seinerzeit hatte das Buch nicht nur kommerziellen Erfolg, sondern erhielt auch gute Kritiken von einflussreichen Persönlichkeiten wie Malcolm Cowley von *The New Yorker*. Laut Simone de Beauvoir, die ihre eigenen Probleme mit dem Thema Mutterschaft hatte, hatte Wylie eine »brillante« Analyse der

Herrschaft der Matriarchinnen in der US-amerikanischen Gesellschaft vorgelegt, und so ging das Konzept des *Momism* in die Populärkultur ein und hinterließ Samen, die über Jahrzehnte immer wieder austrieben. Diese Triebe zeigen sich beispielsweise in Filmen wie *Psycho*, in dem Norman Bates das ultimative Opfer des *Momism* spielt.

In den Jahren nach der Publikation von Wylies Buch erschienen etliche Titel, die seine Theorien und die schädlichen Effekte einer hyperpräsenten und paralysierenden Mutter bestätigten. Seine Philosophie sickerte durch die Risse des dominanten Diskurses, worüber die Professorin und Feministin Stephanie Coontz forscht. Als der Militärpsychiater Edward A. Strecker an die Front zurückkehrte, wo er vielen emotional instabilen Soldaten begegnete, schrieb er mit *Their Mother's Sons* ein weiteres Pamphlet, das die »Mamas« anklagte und mit einer Kultur in Verbindung brachte, die es zuließ, dass ein Haufen Heulsusen in Europa an der Front kämpften. Strecker differenziert zwischen den jungen Männern, die ihre Mutter noch »Mama« nennen und denen, die zur erwachsenen und nüchternen Anrede »Mutter« übergegangen sind. Und natürlich gibt er den Müttern auch die Schuld für die Homosexualität ihrer Söhne, ein Konzept, das in verschiedenen Phasen der Geschichte immer wieder Anklang fand. Sogar Betty Friedan hält in dem nicht besonders gut gealterten Gründungstext des Feminismus der zweiten Welle *Der Weiblichkeitswahn. Ein vehementer Protest gegen das Wunschbild von der Frau*, an diesem Konzept fest.

Diese pathologischen Mütter hätten ihre Söhne davon überzeugt, dass sie niemals eine Frau wie sie finden würden. Sie hätten ihnen zu verstehen gegeben, dass der Koitus ein inhärent gewaltsamer Akt sei, bei dem der Mann Aggressor und die Frau Opfer sei. »Mit dem, was sie sagt und impliziert, hat sie den Geist des Kindes für das normale, erwachsene und heterosexuelle Leben vergiftet«, schließt Strecker, der auf dem Buchmarkt zwar nicht so erfolgreich war wie Wylie, der aber doch erheblichen Einfluss auf die Militärpsychiatrie und die allgemeine klinische Praxis ausübte.

Fünf Jahre nach Erscheinen von Wylies Buch kam ein weiterer Bestseller der Populärpsychologie auf den Markt: *Modern Woman. The Lost Sex*. Dieses Werk warf eine Zahl aus Gott weiß was für einer Statistik in den Raum: Zwei Drittel der US-Bürger wären Neurotiker, und die Ursache dessen wäre im Familienheim zu finden, genauer in der Küche, und höre auf den Namen Mama. Dieses Stereotyp durchzog die 1940er Jahre, und seine Triebe wucherten in Form von Büchern, Filmen und Fernsehserien mit schrillen Matriarchinnen und kastrierten Ehemännern bis in die 1960er Jahre hinein. Es gab kulturelle Variationen des Themas, bei denen eine italienische *Mamma* oder eine jüdische *Mame* die Rolle übernahmen. Beispiele dafür sind die Romane von Philip Roth oder die Filme von Woody Allen, wo wir der überfürsorglichen jüdischen Mutter begegnen, die unsereins so sehr an unsere iberische Mutterfigur erinnert.

Ungefähr zur gleichen Zeit wie Philip Wylie seine *Momism*-Theorie niederschrieb, entwickelte der österreichische Psychiater Leo Kanner eine gegensätzliche, aber komplementäre Theorie, die jahrelang Bestand hatte. Kanner prägte den Begriff der *refrigerator mother* bzw. »Kühlschrankmutter«, die so eisig und aseptisch ist, dass sie bei ihrem Kind eine autistische Störung hervorruft. Unterdrückende Mütter machten also ihre Söhne wahnsinnig oder schwul und abwesende und abweisende Mütter machten sie zu Autisten. Und wieder liegt die Wurzel dieser Theorien in der Allgegenwart der Schriften von Sigmund Freud. Kanner und Hans Asperger, der Namensgeber bestimmter autistischer Störungen, studierten hauptsächlich Fälle von Autismus in gut situierten Familien, vielfach in Akademikerhaushalten. Sie schlossen, dass zwar die Hauptursache für derartige Störungen in der Genetik liege, dass aber eine wenig einfühlsame Mutter durchaus dazu beitragen könne, bei ihren Kindern eine autistische Störung hervorzurufen. Dabei tappten sie durch die geringe Größe ihres Studienfeldes in eine Falle: Sie schlussfolgerten, dass Autismus häufiger in bessergestellten und gebildeten Familien vorkomme.

Später prägte der Kindheits- und Entwicklungsforscher Bruno Bettelheim den Begriff der »Kühlschrankmutter« und nutzte eine Analogie, die zu der damaligen Zeit einerseits alle Alarmglocken schellen ließ, zugleich aber für weltweite Aufmerksamkeit sorgte. Er schrieb, diese Kühlschrankmütter seien wie die KZ-Aufseherinnen bei den Nazis. Er selbst war jüdisch und war zehn Monate lang in Dachau im Lager gewesen. Somit fühlte er sich moralisch dazu berechtigt, folgende Aussage zu treffen: »Ich möchte noch einmal den wesentlichen Unterscheid hervorheben zwischen der Zwangslage dieser Häftlinge und den Bedingungen, die bei Kindern zu Autismus und Schizophrenie führen; dieser Unterscheid besteht darin, daß das Kind nie Gelegenheit hatte, auch nur einen Schatten von Persönlichkeit zu entwickeln.« Dies schrieb er in seinem Buch *Die Geburt des Selbst*, einem wissenschaftlichen, aber in angenehmem und zugänglichem Stil verfassten Werk, das durchaus eine gewisse Popularität erlangte.

Tatsächlich lag das Hauptproblem der Theorie und der Person Bettelheims in seiner Popularität. Der extrem charismatische und medienfreundliche Psychiater, der nach dem Krieg einen Lehrstuhl an der Universität von Chicago innehatte, war permanent in der Presse präsent und hatte eine natürliche Begabung zur Selbstvermarktung. Daher verbreiteten sich seine Theorien besonders rasch und dominierten die Autismusforschung bis weit in die 1960er Jahre hinein. Als er im Jahr 1969 vom *Time Magazine* interviewt wurde, sagte er, einer Kühlschrankmutter gelänge es per Definition, »sich genau so weit abzutauen, dass sie ein Kind zeugen kann«. Eine derartige Aussage fiel in einer Zeit, als der Begriff »frigide« allenthalben durch die Luft schwirrte, auf überaus fruchtbaren Boden. Darin waren sich die Bewohner der Eisenhower'schen Vorstadtsiedlungen, die jeden Morgen mit ihren immergleichen grauen Anzügen in ihre Autos stiegen, um zur Arbeit zu fahren, und die ersten Vertreter der Gegenkultur einig: Niemand wollte eine Eisscholle als Frau. Es gab nichts Schlimmeres als ein frigides Weib.

Zwar richtete Bettelheim mit seinem gesellschaftlichen Einfluss bei Frauen und Müttern durchaus spürbaren und lang anhaltenden Schaden an, doch war der Schmerz, den er seinen Patienten an der Orthogenic School der University of Chicago zufügte, weit körperlicher und konkreter. Als Leiter des Instituts von 1944 bis in die 1960er Jahre installierte er dort ein rassistisches und nahezu eugenisches System, das keine nicht weißen Kinder zuließ, bis er dazu gezwungen wurde. Gleich zu Beginn wurde die Aufnahme von Kindern mit Epilepsie und Zerebralparese gestoppt, welche zuvor den Hauptanteil an Patienten dargestellt hatten. Denn er war der Meinung, diese

Störungen könnten besser zu Hause behandelt werden. Bettelheim konzentrierte sich auf Minderjährige mit Autismus-Diagnose, die heutzutage sicherlich ein viel breiteres Spektrum an Diagnosen erhalten würden. Allesamt waren sie akademisch brillant und emotional problematisch. Seine Theorie war, dass autistische Kinder tatsächlich keinerlei echte Störung hätten, vielmehr sei ihr Verhalten eine Reaktion darauf, in Miniaturversionen von Konzentrationslagern zu leben. Nahezu alle hatten einen passiven Vater und eine Kühlschrankmutter, die ihre eigene Weiblichkeit hasste, was sich wiederum darin zeigte, dass sie ihrem eigenen Kind den Tod wünschte. So seltsam dies auch heutzutage klingen mag, damals war es eine breit akzeptierte Theorie des psychiatrischen Mainstreams in den USA und in Europa sowie in Südkorea, wo Bettelheims Einfluss noch weit stärker fortwirkt.

Die Kälte dieser Mütter äußerte sich in gezügeltem Appetit (der Gaumen war ebenfalls frigide) und einem übermäßig schamhaften Verhalten zu Hause. Diejenigen Mütter beispielsweise, die das Badezimmer verriegelten, wenn sie es benutzten, waren Kandidatinnen für den Rang der Kühlschrankmutter. Bettelheim stand für die beinahe vollständige Trennung der Kinder von ihren Familien ein. Die Kinder in seinem Institut sollten ihre Eltern möglichst selten treffen und stattdessen auf ihrer Station bleiben, wo sie von möglichst anpassungsfähigen, angenehmen und leidenschaftlichen jungen Frauen betreut wurden, die er »instant mothers«, Sofort-Mütter nannte.

Als er 1990 durch einen Schlaganfall teilweise gelähmt wurde, nahm sich Bettelheim mit Hilfe einer Plastiktüte das Leben. Er war sechsundachtzig Jahre alt. Nach seinem Tod kamen die Misshandlungsgeschichten an der Orthogenic School ans Tageslicht, wo eine Atmosphäre der Angst und der Gewalt geherrscht hatte. Einige seiner Patienten schrieben herzzerreißende Autobiographien, in denen sie ihre Erlebnisse schilderten und von einem omnipräsenten, tyrannischen Bettelheim berichteten. Als nicht praktizierender Jude mit Hang zum Selbsthass hatte sich Bruno Bettelheim sogar zur Adventszeit selbst als Weihnachtsmann verkleidet. Da Weihnachten das einzige Fest war, das im gesamten Zentrum gefeiert wurde, war es für ihn eine Gelegenheit, die Kinder an den Haaren aus der Dusche zu zerren und sie vor versammelter Mannschaft mit der Rute windelweich zu prügeln.

1997 erschien *The Creation of Doctor B,* die Biographie eines Schriftstellers, dessen Bruder in der Orthogenic School Patient gewesen war. Das Buch hatte die Intention, Bettelheim für immer in Verruf zu bringen, was bis zu einem gewissen Grad auch gelang.

Heute verteidigt niemand mehr seine Methoden oder seine Forschungen, die zusätzlich dadurch an Glaubwürdigkeit verloren, dass vereinzelte Plagiate in seinen Publikationen aufgedeckt wurden. Doch ist es weit aufwendiger, eine Theorie aus den Köpfen zu bekommen, als eine einzelne Person zu canceln. Und die Idee, dass eine Kühlschrankmutter, oder vielleicht sogar eine Mikrowellenmutter, deren Wärme nur die Oberfläche erreicht, ohne ins Zentrum vorzudringen, der Hauptgrund für die Störungen des Kindes sein könnte, sollte in der Populärpsychologie noch viele Jahre auf offene Ohren treffen. Auch heute ist die Kraft dieser Theorie kaum gebrochen, da sie sich gut in unsere Version des kollektiven Glaubenssystems in Bezug auf die Psyche einfügt, das irgendwie noch immer der Ansicht ist, alle Schuld läge bei den Müttern.

Ende der 1980er Jahre untersuchten zwei kanadische Psychologen einhundertfünfundzwanzig in wissenschaftlichen Zeitschriften erschienene Artikel zu Themen rund um die psychische Gesundheit von Kindern. Zweiundsiebzig der untersuchten Artikel gaben den Mütter die Schuld für alle möglichen psychischen Störungen der Kinder: Agoraphobie, Hyperaktivität, Schizophrenie und etwas, das den nahezu kriminell irreführenden Namen homizidaler Transsexualismus trägt. Es gibt sogar eine Studie von 1987, die schlechte Noten in Mathematik bei Mädchen mit deren Müttern in Verbindung bringt. Die Schuld liegt bei den Müttern. Dieser Satz ist wie Energie, die weder entsteht noch verschwindet, sondern sich immer nur transformiert.

Heutzutage lesen wir an jeder Ecke Studien mit Bezug zur Epigenetik, die beispielsweise die Fettleibigkeit der Mutter während der Schwangerschaft mit der zukünftigen Fettleibigkeit des Kindes in Verbindung bringen. Oder den Stress der Mutter in der Schwangerschaft mit der möglichen Angststörung des Kindes. Sogar Umweltverschmutzung, heißt es, beeinflusse den Fötus. Folglich ist es möglich und sogar sinnvoll, sich als Mutter schuldig zu fühlen, wenn man täglich stark befahrene Straßen überquert, weil man so potenziell die Gesundheit des Ungeborenen schädigt – einfach nur dadurch, dass man über den Bürgersteig läuft. All diese Studien werden als aseptische, rein wissenschaftliche Informationen präsentiert und akzeptiert. Sie wurden angeblich nur durchgeführt, um die Gesundheit der Ungeborenen zu schützen. Was aber hat die pränatale Medizin mit der Schuld der Mutter zu tun? Niemand würde hier Verdacht schöpfen. Am Ende geht es ja nur um wissenschaftliche Fakten.

Sarah Richardson, Historikerin und Genderwissenschaftlerin an der Harvard University, hat dieses Thema zu ihrem Forschungsschwerpunkt gemacht. In etlichen Publikationen, unter anderem in ihrem Buch *The Maternal Imprint* legt sie dar, dass viele der Studien über die »Hypothese der fötalen Programmierung« kryptisch seien und dass die wissenschaftliche Gemeinschaft sich häufig viel zu schnell auf derartige Ergebnisse stürze. Seit vielen Jahren weist Richardson in Massenmedien publizierte Artikel, die sich auf vermeintlich wissenschaftliche Studien stützen, als nicht faktenbasiert aus. Darunter befinden sich Titel wie: »Schwangerschaft und Epigenetik: Ernährung beeinflusst das Erbgut des Babys«, »Die Erfahrungen der Großmutter hinterlassen Spuren in unseren Genen«, »Schwangere Überlebende des 11. September gaben das Trauma an ihre Kinder weiter«. Sie und andere Verfechterinnen ihrer Art sagen, dass man hin und wieder auch einen Gedanken an die Väter verschwenden sollte, zumal diese auch ihren Beitrag zu den Föten leisten. Und vor allem sollten solche Studienergebnisse nicht dazu genutzt werden, mit dem Finger auf die Mutter zu zeigen. Eine Mutter aus der Arbeiterklasse, die in der Schwangerschaft zwölf Stunden am Tag arbeitet und sich nach Feierabend etwas bei McDonald's holt, hat nicht viel davon, wegen schlechter Ernährung und Mangel an Schlaf und Ruhe gescholten zu werden.

Die Auffassung, dass das Verhalten einer schwangeren Frau biologische Spuren bei ihren ungeborenen Kindern hinterlassen kann, entwickelte sich in kürzester Zeit von einer höchst unwissenschaftlichen zur völlig akzeptierten Denkweise, so Richardson. Ausnahme seien schwere Unfälle oder andere Extremsituationen, wo der Einfluss auf den Fötus eindeutig nachweisbar ist. Früher glaubte man, dass das Schicksal eines Kindes durch eine Kombination aus Genen und äußeren Einflüssen bestimmt würde. Dieser Konsens wurde zerschlagen, und mittlerweile hat das Feld der intrauterinen Forschung sich in etliche Unterbereiche in Medizin, öffentlichem Gesundheitswesen, Psychologie, Biologie und Genetik aufgegliedert, die meisten davon sind tatsächlich hilfreich. In nur dreißig Jahren haben wir akzeptiert, dass alles, was eine Frau tut, egal ob sie raucht, isst, atmet, etwas berührt oder ausprobiert, alles kann sich in der Schwangerschaft auf ihr Kind auswirken. Dabei haben wir haben kaum innegehalten, um über die soziopsychologischen Konsequenzen all dieser Erkenntnisse nachzudenken, welche die Schwangere in eine Situation der absoluten Verantwortlichkeit bringen.

Die Schuld liegt schon bei den Müttern, bevor sie welche geworden sind. Und das wissen alle Frauen instinktiv. Wenn Frauen einen Schwangerschaftstest machen, fallen ihnen sofort die drei Gläser Wein ein, die sie am Vortag getrunken haben, und sie befürchten, dass sie damit den Fötus nachhaltig geschädigt haben könnten. Lange bevor sie Mütter oder auch nur etwas annähernd Ähnliches sind, kennen sie den einzigartigen Geschmack der Mutterschuld.

Die unglaublich niedrige Geburtenrate in fast allen entwickelten Ländern wird immer richtigerweise greifbaren und allseits bekannten Faktoren zugeschrieben. Da sind die hohen Kosten, die ein Kind verursacht, das Fehlen öffentlicher Unterstützung und eines sozialen Netzes, das eine weniger individualistische Erziehung ermöglichen würde. In der aktuellen Praxis investiert jede Familie im Prinzip allein in ihr eigenes kleines Humankapital, in der Hoffnung, eine maximale Rendite in Form gesunder, glücklicher und erfolgreicher Kinder zu erzielen.

Die Auswirkungen des Kapitalismus auf das Liebesleben passen auch zu den geringen Geburtenraten. Frauen fällt es bei so vielen Möglichkeiten da draußen schwer, einen geeigneten Fortpflanzungspartner zu finden. Und die Entscheidung, es allein durchzuziehen, fällt noch schwerer als die vorherigen Varianten. Sie bedeutet noch mehr Ausgaben, Einsamkeit und Ängste. Die wachsende Ambivalenz, die immer mehr Frauen in ihren letzten fruchtbaren Jahren durchmachen, die von Angst und Zweifeln erfüllte Frage, die sie umtreibt, »Soll ich oder soll ich nicht?«, hat ganz bestimmt mit jener geheimen Gewissheit zu tun, dass der Schritt zur Mutterschaft dazu führen wird, dass einem dann alle Welt im Namen der Wissenschaft die phantasievollsten Beinamen und Tausende guter Ratschläge an den Kopf werfen wird. Übergewichtige Mutter, Kühlschrankmutter, behavioristische Mutter, die die Stunden zwischen dem Stillen zählt und mithilfe einer Excel-Tabelle die Windeln wechselt. Zu anhängliche Mutter, die ihr Kind überallhin mitnimmt und bis zum fünften Lebensjahr stillt. Helikoptermutter, die Tag und Nacht über ihrem Kind kreist und es mit dem Rotorgeräusch betäubt. Jede Mutter bekommt ihre Ration spezifischer Schuld an allem Schlechten, was dem Kind zustößt, zugeschrieben.

Mir war nie besonders klar, zu welcher Kategorie Mutter ich gehöre. Ich bin zu zerstreut für eine Helikoptermutter, zu sehr Säugetier, um eine Kängurumutter zu sein.

»Hast du geweint?«, fragten mich viele, wenn es um das erste

Mal ging, dass ich meinen älteren Sohn in die Kita brachte. Die gleiche Frage wurde mir wieder gestellt, als ich meinen jüngeren Sohn zum ersten Mal dort ablieferte. »Ja, ein bisschen«, log ich.

In Wirklichkeit hatte ich nicht geweint. Meine momentane Gefühlswelt war zu sehr geprägt von Dankbarkeit und Entlastung. Als meine beiden Söhne jeweils in die Kita kamen, beide mit ungefähr sieben Monaten, war ich schon mindestens fünf Monate zurück auf dem Arbeitsmarkt und hatte versucht, mit einem Säugling im Schlepptau Artikel zu schreiben, Interviews zu führen und Rechnungen zu verschicken. Das alles mit einem Baby, das niemals seinen Mittagsschlaf durchhielt und mitten im Interview anfing zu weinen. Natürlich immer dann, wenn endlich dieses Zoom-Meeting mit der Person aus Los Angeles lief, für das es zehn E-Mails mit fünfzehn Leuten in cc gebraucht hatte, damit der Termin überhaupt zustande kam. In diesen Monaten der Baby-Tyrannei, in denen ich keine Wahl hatte und arbeiten musste, belasteten mich meine Zerstreutheit, die niederschmetternde Erschöpfung und mein angegriffenes Nervenkostüm sehr. Und wenn ich eine Sekunde innehielt, konnte ich spüren, wie die Löcher in meinem Gehirn größer wurden. Wie ein Nudelsieb, durch das all die guten Ideen, die ich eigentlich haben sollte, im Abfluss verschwanden. War ich das, oder liefen die Verben vor mir weg? Ich war überzeugt davon, dass ich vorher besser mit Adverbialkonstruktionen umgehen konnte. Vielleicht hatte mich zusammen mit der Plazenta auch mein gesamter verfügbarer Wortschatz verlassen.

Nein, ich habe nicht geweint, als ich meine Kinder zum ersten Mal in der Kita gut ausgebildeten und fähigen Betreuungspersonen übergeben habe, die sich mit mehr Zeit, besseren Ressourcen und mehr Geduld um sie kümmern konnten und sie mir ein paar Stunden später sauber, glücklich und gefüttert zurückgaben.

Ich glaube nicht einmal, dass ich es zur Krokodilmutter schaffe, die ihren Nachwuchs im Maul transportiert und mit ihrem Atem wärmt. Wie soll ich meinen Atem teilen, wo mir doch selbst die Luft fehlt? Schlepptau-Mutter? Das denke ich manchmal, wenn ich den Kinderwagen mit der einen Hand bergauf schiebe und die andere lang mache, um den Roller in die richtige Richtung zu lenken. Jedes Gefährt mit seinem eigenen Passagier, wie mein älterer Sohn gern sagt. Ich breite die Arme nach beiden Seiten aus, beuge das Rückgrat in einer urtümlichen und theatralischen Bewegung. Schau dich an, was bist du nur für ein Wohnwagen geworden, denke ich, als würde ich mich von außen aus einer unbestimmten Zukunft heraus betrachten oder als würde mich jemand auf Video aufnehmen.

Und da stehen wir, die armen Leopardenmütter, dachte ich eine Zeit lang auf dem Weg bergauf zum Kindergarten. Das Viertel, wo ich schon lange wohne, war mir immer flach vorgekommen, bis ich Kinder hatte und dauernd Schrott mit Rädern ziehen oder schieben musste. So fand ich heraus, dass von flach keine Rede sein kann. Alles ist hier bergauf gebaut. Ich habe einen Rock, der mir bis eine Handbreit unters Knie geht. Er hat einen Schlaufenverschluss wie ein Wickelrock, und der Stoff ist mit Leopardenflecken bedruckt. Der Rock ist ziemlich gnädig, *forgiving*, wie man auf Englisch sagen würde. Diesen Ausdruck fand ich in Bezug auf Kleidung immer amüsant. In den siebzehn Minuten, die ich für den Weg zum Kindergarten brauchte (einundzwanzig, wenn ich Pech hatte mit den Ampeln oder wenn ich unterwegs heruntergefallenes Spielzeug einsammeln musste), traf ich drei oder vier andere Mütter, die genau den gleichen Fünfundzwanzig-Euro-Rock von Oysho trugen. Nachmittags traf ich auf andere Leopardenmütter, die ähnliche Modelle von Zara oder H&M um die Hüften geschlungen hatten. Dieser Rock sagt: In diesem Moment habe ich mich noch nicht aufgegeben, ich gebe mir noch Mühe, der Frau zu ähneln, die ich einmal war. Und gleichzeitig sagt er: Ich habe nur fünfundzwanzig Euro für Schnickschnack übrig, schau besser nicht zu genau auf meine Stoppelbeine, meine neuen Mamahüften und ich lernen uns noch kennen, verlang nicht zu viel und sei einfach ein bisschen *forgiving*.

Dieser Rock war und ist ganz bestimmt kompromissbereit, angepasst, fügsam und durchdrungen von einem Geist der Versöhnung im Kampf zwischen der Frau, die du warst, und der, die du jetzt bist. »Als Mütter waren wir alle nur noch Schatten unserer selbst, wurden verfolgt von der Frau, die wir gewesen waren, bevor wir Kinder hatten. Wir wussten nicht recht, was wir mit ihr anfangen sollten, dieser ungestümen, unabhängigen jungen Frau, die ständig hinter uns herlief und maulte und mit dem Finger zeigte, während wir unsere Kinderwagen durch den englischen Regen schoben«, schreibt Deborah Levy in *Was ich nicht wissen will.* Als ich das Buch las, hatte ich das Gefühl, sie hätte es für mich geschrieben, und ich ersetzte für mich »durch den englischen Regen« mit »durch die sengende Julisonne Barcelonas«.

Leopardinnen ohne Krallen, dachte ich, während ich bergauf stapfte. Und ich bin mir sicher, dass ich irgendwann einmal, während ich meinen Wagen schob, ohne es zu wollen, einer der anderen, mir gänzlich unbekannten Großkatzen, versehentlich zunickte. War es nicht so, dass Vertreter der gleichen Unterart einander unterstützen sollten?

Das Seltsame ist weder, dass wir unter den gegebenen Umständen Kinder bekommen, noch dass die Entscheidung dafür derart schwerfällt. Das Seltsame ist, dass so viele Frauen, mich eingeschlossen, immer und immer wieder den gleichen faustischen Pakt unterschreiben: Willst du Kinder? Schön, gute Entscheidung. Sie sind weich, riechen meistens gut, und auch wenn sie stinken, greifen sie deine Hand, wenn sie ein Motorrad vorbeifahren hören oder wenn sie am Strand ins Wasser gehen, als würden sie sagen: Ich bin hier, beschütze mich!. Und in nur drei Jahren erlernen sie die Fähigkeit, brillante und absurde Aphorismen von sich zu geben wie kleine Klone von Lewis Carroll, wunderbare Sinnlosigkeiten, die man sich aufschreiben muss, weil man sie niemals wieder vergessen will.

Wenn du all das willst (und wie könntest du nicht, es ist ja das Beste überhaupt), musst du wissen, dass auch dein Kind eine dicke Portion Schuld für dich mit auf die Welt mitbringt. Das eine geht nicht ohne das andere. Deine Entscheidung. Du kannst dich natürlich auch dagegen entscheiden, aber das macht fast niemand.

Maria Montessori, das Kind und die Pädagogik

Jede Woche, wenn ich meinen älteren Sohn von seiner außerschulischen Aktivität in einem schon zwei- oder dreimal durchgentrifizierten Viertel abhole, denke ich: Diese eine Familie zahlt ganz schön viel Geld für Schlamm. Denn eines der anderen Kinder in dieser Gruppe kommt immer ganz besonders schmutzig und voller Erde an.

Dieser Junge trägt den Sportanzug einer Montessori-Schule, die ungefähr tausendzweihundert Euro pro Monat und Kind kostet, inklusive Schulbus und Mittagessen, plus zweitausend Euro Anmeldegebühr und sechshundert Euro Kaution. Das habe ich gegoogelt, so eine bin ich. Ich überschlage, wie viel Geld jeder schlammig eingetrocknete Erdfleck auf den Hosenbeinen der Jogginghose diese Familie kostet. Aber ich denke auch, während ich an der Tür auf mein eigenes, einigermaßen sauberes Kind warte, dass die Eltern das bestimmt genau so wollen. Diese Flecken sind eben auch der Beweis dafür, dass der Spross den ganzen Tag draußen in Kontakt mit echten Dingen verbracht hat und nicht eingesperrt in einen Klassenraum wie die Kinder der Armen.

Montessori-Schulen gibt es auf der ganzen Welt. Fast alle sind privat, und die meisten sind sehr teuer. Parallel dazu gibt es einen millionenschweren Markt an Montessori-Produkten. Es wird alles verkauft, von leuchtenden Bauklötzchen über Montessori-Messer, die die Kinder eigenständig benutzen sollen, bis zu Sandkasten und Puzzles. Allgemein ist jeder Gegenstand, der die Bezeichnung »Montessori« trägt, automatisch vierzig Prozent teurer als sein Nicht-Montessori-Äquivalent.

Etliche Studien über die Montessori-Methodik weisen auf das Paradox hin, dass eine revolutionäre Pädagogin, die ihre Methode an den ärmsten Kindern aus dem Viertel San Lorenzo in Rom erprobte, heutzutage faktisch ihren Namen einem Bildungssystems leiht, das vor allem den Eliten dient. Jeff Bezos, der reichste Mann der Welt, ging auf eine Montessori-Schule und erwähnt oft, dass er ohne diese Art der Schulbildung niemals Amazon gegründet hätte. Mittlerweile eröffnet er selbst Montessori-Schulen in den USA. Auch Larry Page und Sergej Brin von Google haben diese Methode aus erster Hand erlebt. Dies kann man in ungefähr zweihundert online verfügbaren Artikeln lesen, die alle Titel tragen wie: *Welche Gemeinsamkeit haben diese Millionäre?*

Viele Pädagogen und Erziehungswissenschaftler mit Montessori-Ausbildung bedauern die Bastardisierung der Marke. Sie behaupten, die Methodik sei eigentlich ursprünglich eine andere gewesen. Dieselben Lehrkräfte würden auch sehr erschrecken, wenn sie die Gedankenlosigkeit sehen würden, mit der in den Chatverläufen einer Mittelschichts-Müttergruppe der Begriff »Montessori« im Kontext eines etwas wilden Elternhumors verwendet wird. »Ich bin jetzt total montessorifiziert«, wird da geschrieben, wenn jemand eine antiquierte und kontraproduktive pädagogische Maßnahme ergreift, beispielsweise wenn man dem eigenen Kind droht, dass es die Klasse wiederholen muss, wenn es nicht aufhört, die Buchstaben spiegelverkehrt zu schreiben. Oder: »Na gut, wenigstens ist es total Montessori«, wenn ein Kind das Spielzeug kaputtmacht, das es gerade erst bekommen hat. Laut der italienischen Pädagogin ist es tatsächlich natürlich, wenn ein Kind versucht, das neue Spielzeug zu zerstören, denn so versucht es herauszufinden, was sich darin verbirgt.

Bevor Montessori ein schlechter Witz, eine Schulart und eine sehr lukrative Marke wurde, war Maria Montessori eine Frau, eine komplexe, gelehrte und für ihre Zeit außergewöhnliche Persönlichkeit. Und eine Mutter, die ihre eigene Erziehungsmethodik nicht an ihrem eigenen Kind anwenden konnte, da sie in dessen Kindheit nicht anwesend war.

Die künftige Pädagogin bekam einen einzigen Sohn, Mario, als sie noch als Ärztin praktizierte. Im Jahr 1898 war Maria achtundzwanzig Jahre alt und hatte etwas erreicht, was sehr wenigen Frauen zu der Zeit in Italien gelang: Sie hatte das Medizinstudium abgeschlossen und war Kinderärztin geworden. Gerade hatte sie ihre Dissertation eingereicht und leitete zusammen mit Guiseppe Montesano ein Krankenhaus für Kinder, die an etwas, was damals Oligophrenie genannt wurde, litten. Unter dieser Überschrift wurden zu der Zeit sämtliche besonderen Bedürfnisse im schulischen und akademischen Bereich zusammengefasst. Montesano, der zweite Direktor des Zentrums, war Psychologe und Pionier im Bereich der Kinder-Neuropsychiatrie, außerdem war er Mitbegründer der *Lega nazionale per la protezione del fanciullo*, der Italienischen Vereinigung zum Schutz der Kinder. Guiseppe und Maria führten eine voreheliche Beziehung, was in ihrer Branche nicht üblich war. Eigentlich war in Maria Montessoris Leben nichts so, wie es üblich war.

Als Maria dann erfuhr, dass sie schwanger war, ohne verheiratet zu sein, wurde sie von der Nachricht schier erschlagen.

Sie konnte Guiseppe zur Heirat drängen und sich um ihr Kind kümmern, aber dies würde beinahe mit Sicherheit bedeuten, dass sie ihre Arbeit und ihre Forschung aufgeben müsste. Entgegen den Gepflogenheiten der Zeit übte Marias Mutter keinen Druck aus, um sie unter die Haube zu bringen, was aus ihrer Tochter eine respektable Frau gemacht hätte. Im Gegenteil, Renilde Stoppani hatte zwar keinerlei Schulbildung genossen, aber sie war eine gebildete Frau, die die Erfolge ihrer Tochter auch als ihre eigenen Erfolge verbuchte. »Du hast geschafft, was noch keine Frau vor dir in Italien geschafft hat: Du bist eine Wissenschaftlerin, eine Dottoressa, du hast alles erreicht, jetzt wirst du wegen eines Kindes alles verlieren«, schrieb die Mutter der Tochter zu Beginn ihrer Schwangerschaft. Schließlich kümmerte sich Renilde um alles. Sie als Mutter wusste, welchen Preis ihre Tochter dafür bezahlen musste, wenn auch sie Mutter würde. Sie beschloss, dass Maria das Kind bekommen und unmittelbar nach der Geburt abgeben sollte. Der Säugling, den sie Mario nannten, würde in eine Bauernfamilie in dem Dorf Vicovaro gehen, etwa vierzig Kilometer von Rom, was damals eine beachtliche Strecke war, und er würde dort von einer Amme betreut werden. In Marios Geburtsurkunde steht der erfundene Nachname Pippilli, da Giuseppe Montesano ihn erst sieben Jahre später als seinen Sohn anerkannte.

In Cristina de Stefanos Biografie *Kinder als Lehrer* vergleicht die Autorin Maria Montessoris Situation mit der anderer Frauen ihrer Zeit, darunter Feministinnen wie sie selbst, denen eine eigene Karriere gelungen war und in deren Leben ein uneheliches Kind ein unüberwindbares Hindernis darstellte. Sie führt beispielsweise die Ärztin und Anarchistin Anna Kulischowa, bekannt in der italienischen Schreibweise Kuliscioff, an, die auch Mitbegründerin der Sozialistischen Partei Italiens war und als russische Jüdin aus ihrem Land hatte fliehen müssen. Mit ihrem Parteigenossen Andrea Costa bekam sie eine Tochter, Andreína, die sie allein großzuziehen beschloss. Daraufhin durfte die Gynäkologin, die wichtige Beiträge zur Forschung hätte leisten können, nie wieder in einem Krankenhaus arbeiten. Und das, obwohl sie in ihrer Dissertation die Ursache für das Kindbettfieber entdeckt hatte, was unzähligen Frauen das Leben rettete. Kulischowa musste sich fortan am Rande des Systems bewegen und war daher in Rom als »die Ärztin der Armen« bekannt.

Kulischowa lebte schon seit ihrer Jugend außerhalb der geltenden Normen. Sie heiratete und ließ sich scheiden, und nachdem ihre Tochter geboren war, ging sie eine Partnerschaft mit dem Sozialisten Filippo Turanti ein, den sie aber nie heiraten wollte. Kulischowas Lebensweise war allerdings nicht das Modell, das Renilde oder Maria Montessori selbst anstrebten. Maria hatte feministische Ambitionen und Pläne für das Vorankommen der Arbeiterklasse, doch fehlten ihr jegliche Impulse gegen das herrschende System. Sie hatte keinerlei Bestreben, mehr als nötig aus dem bürgerlichen Milieu auszubrechen. Mehr noch, im Laufe ihres Lebens verstand sie es stets, sich in jedem Land, in dem sie sich aufhielt, mit mächtigen Menschen zu umgeben. Manchmal gefährlich mächtig.

Angesichts ihres Problems der unerwarteten und unehelichen Schwangerschaft wählte sie eine Option, bzw. diese wurde für sie gewählt, die zwar nicht die bequemste war, die aber versprach, sie am wenigsten von ihrem begonnenen Weg abzubringen. Sie gab das Kind ab und führte ihre Forschungen fort. Montessori interessierte sich sehr für die Arbeiten von

Édouard Séguin, dem Pädagogen und Autodidakten, der bei Itard gelernt hatte, dem Erzieher des »Wilden von Aveyron«, auf dessen Geschichte der Film von François Truffaut basiert. Später würde Séguin eine Methodik entwickeln, die »oligophrenischen« Kindern durch die Arbeit mit allen Sinnen eine basale Schulbildung zuteilwerden ließ. Vor seinem Tod und bevor er in Vergessenheit geriet, hatte er eine Anleitung verfasst, die suggerierte, dass seine Methodik tatsächlich für alle möglichen Kinder geeignet sei. Maria Montessori arbeitete in dieser Richtung weiter zusammen mit Guiseppe Montesano, ohne dass irgendjemand erfuhr, dass diese beiden idealistischen Ärzte ein geheimes Kind zusammen hatten.

Die erste prekäre Vereinbarung hielt bis im September 1901, als Guiseppe recht unerwartet seine Vaterschaft anerkannte und dem Kind somit seine Nachnamen gab. Wenige Tage später und ohne das Wissen der Frau, die seine Partnerin gewesen war, heiratete er eine andere Frau namens Maria Aprile. So gab Montesano dem Druck seiner Familie nach, die sich für ihn eine durch und durch konventionelle Ehe wünschte.

Maria Montessori fühlte sich hintergangen und beendete jegliche Zusammenarbeit mit ihrem ehemaligen Forschungs- und Lebenspartner. Durch die neue Gemengelage war sie nun noch weiter von ihrem Sohn Mario entfernt, der jetzt einen offiziellen Vater hatte, aber keine Mutter. Hin und wieder fuhr sie mit der Pferdekutsche nach Vicovaro und brachte dem Jungen ein paar Spielsachen. Sie beobachtete ihn aus einer gewissen Entfernung beim Spielen mit seinen Milchgeschwistern und wagte es nicht, sich zu nähern und ihn zu berühren. Danach kehrte sie in schlechterer seelischer Verfassung als zuvor wieder nach Rom zurück.

Als Mario sieben Jahre alt war, schickte ihn sein Vater in ein Internat in Castiglion Fiorentino nahe Arezzo, mehr als zweihundert Kilometer von Rom. Um etwas über ihr Kind zu erfahren, musste Maria Kontakt zu einem Priester aufnehmen, der die Amme von Vicovaro kannte, die wiederum hin und wieder Briefe von Mario aus dem Internat erhielt. Sie fragte auch öfter ihre Freunde, deren Kind dasselbe Internat besuchte. Sie bekam immer nur zu hören, dass Mario gesund sei und fleißig lerne. In den Briefen an seinen Vater fragte er nach seiner Mutter. Und Guiseppe antwortete, seine Mutter sei sehr beschäftigt, würde aber eines Tages auftauchen.

In diesen Jahren arbeitete Maria Montessori ihre Lehrmethode aus und gründete das erste Kinderhaus. So würden von nun an alle Schulen heißen, in denen ihre antizentrische Methodik angewandt wurde. Diese Methode bestand nicht etwa darin, dass spielend gelernt wurde, wie viele denken, sondern darin, die Schulbildung von den Denkmustern der Erwachsenen zu befreien. Obwohl Maria noch immer einen Rest ihres ursprünglichen Sozialismus beibehielt, wurde sie immer katholischer. Sie lebte eine ungestüme Spiritualität und befasste sich mit ihren Schülerinnen, die sie nach und nach gewann. Es waren junge angehende Lehrerinnen, die so sein wollten wie sie. So entwickelte sich eine Art Laien-Kongregation aus Ordensschwestern der Montessori-Pädagogik.

An Heiligabend 1910 legten Maria und ihre Schülerinnen vor dem Altar ihre Gelübde ab. Als einer von ihnen, Maria Macchheronni, die Eierstöcke entfernt werden mussten und sie dadurch unfruchtbar wurde, deutete Montessori dies als göttliches Zeichen. »Meine Töchter sind an mich gebunden und ich an sie: ein Leben lang; für ein Werk, dem wir uns geopfert haben«, sagte sie über ihre Vestalinnen, mit denen sie in einer Art Frauenkommune ohne jegliche Erotik zusammenlebte. In gewisser Weise forderte sie von ihnen dasselbe Opfer, das sie auch erbracht hatte: Sie sollten alle auf eigene Kinder verzichten, die im Fall der Schülerinnen noch hypothetisch waren und bei ihr selbst sehr real.

»Viele haben mich nicht verstanden«, schrieb Montessori, »sie glauben, ich sei eine sentimentale Romantikerin, die nur davon träumt, Kinder zu sehen, sie zu küssen und ihnen Märchen zu erzählen, dass ich Schulen besuchen möchte, um ihnen zuzusehen, sie ans Herz zu drücken und ihnen Karamellen zu schenken. Sie ermüden mich! Ich bin eine strenge wissenschaftliche Forscherin, kein literarischer Idealist wie Rousseau. Ich versuche im Kind den Menschen zu entdecken, in ihm den wahren menschlichen Geist, den Plan des Schöpfers, die wissenschaftliche und religiöse Wahrheit zu sehen«. Montessori wurde nicht müde, zu erklären, dass sie keineswegs eine Übermutter war, eine Amme, nur bewegt von der Liebe zur Kindheit. Vielmehr war sie Forscherin, Wissenschaftlerin auf der Suche nach einer Formel. In diesem Fall war die gesuchte Formel die beste Methode, um jedes beliebige Kind der Welt zu bilden und zu erziehen und dabei einerseits das Beste aus ihm herauszuholen und andererseits seine individuelle Persönlichkeit zu respektieren.

Während sie all dies niederschrieb, arbeitete sie auf theoretischer Ebene auf ihre überaus eigene und uritalienische Art mit einer Mischung aus Glaube, Wissenschaft und Politik über die Emanzipation der Frauen und die Notwendigkeit, die »Mutterfunktion zu sozialisieren«, wie sie sagte. Sie wollte, dass die Arbeiterinnen ihre Kinder in der Gewissheit in der Schule lassen konnten, dass sich dort eine Lehrerin und eine Krankenschwester um sie kümmern würden, wie es die reichen Frauen taten.

In all diesen fruchtbaren und beschäftigten Jahren trug Maria Montessori die Schuld mit sich herum, ein Kind bekommen zu haben, von dem niemand wusste. Ein Kind, das sie nicht nur nicht treffen, sondern über das sie auch mit niemandem sprechen durfte, nicht einmal mit ihrer eigenen Mutter. Renilde wollte ihren Enkel niemals kennenlernen, nicht einmal von fern wollte sie ihn sehen, wie es Maria manchmal tat. Maria Montessori musste warten, bis ihre Mutter im Jahr 1912 verstarb, um dem Ganzen eine Wendung zu geben.

Ohne Renildes strenges Auge wagte Maria Montessori schließlich den Versuch, Mario zurückzuholen. Und sie tat es, so schnell es ging. Sie schrieb dem mittlerweile 15-Jährigen einen Brief, auf den er antwortete, dass er sein ganzes Leben auf diesen Augenblick gewartet habe und keinerlei Groll gegen sie hege. Wenig später organisierte sie seine Abholung, die tatsächlich eher eine Entführung war, zumal sie keinerlei elterlichen Rechte an dem Jungen besaß. Maria Montessori nutzte einen Klassenausflug nach Arezzo und erwartete dort ihren Sohn, um ihn in dem Auto einer Freundin und Gönnerin mit sich nach Rom zu nehmen. Marios Vater, der nie mit seinem Sohn zusammengelebt hatte, akzeptierte dies schließlich als vollendete Tatsache. Ab diesem Augenblick widmete die Mutter ihrem Sohn ihre gesamte Aufmerksamkeit und versuchte, ihm so eine Art Entschädigung zukommen zu lassen. Sie nannte ihn »Gottes Meisterwerk«, »Fischlein«, »meine einzige Liebe«. Sie schrieb in ihren Briefen über Mario, er sei »stark, süß, großzügig, voller Leidenschaft«. Obwohl sie auch weiterhin einen Hofstaat an jungen Frauen anzog, die sie umschwirrten, legte sie die Idee ihrer »Regole«, ihres nicht religiösen Montessorianischen Schwesternordens, der in kleinen Lehrerinnengemeinschaften fortbestand, ad acta und konzentrierte sich auf das, was sie hinterlassen würde. Sie ordnete ihr wissenschaftlich-pädagogisches Erbe, aber auch die Finanzen, die sie ihrem Sohn überantworten würde. Sie schreibt hierzu in ihrem Tagebuch: »Dies ist das Erbe des Jungen. Für die Sicherung seiner Zukunft! Glücklich wird er für das entschädigt, was er erlitt: und ich allein werde ihm alles geben.« Wo immer sie hinging, stellte sie ihn als ihren Neffen vor.

Nachdem Mutter und Sohn wieder vereint waren, waren sie schier unzertrennlich. Mario gehörte ebenso wie Dimitri Nabokov oder Christopher Tolkien zu jener Sorte Söhne großer Persönlichkeiten, die ihr gesamtes Leben der Perfektionierung und Heiligsprechung des Erbes ihrer berühmten Eltern widmen. Allerdings tat er dies für seine Mutter, was beinahe nie der Fall ist. Und so wurde Mario Montessori zu einer sehr besonderen Figur: Sohn der großen Pädagogin.

Etliche Biographen Maria Montessoris sind der Meinung, dass sie mit ihrer jupiterhaften Persönlichkeit die erste Frau ihres Sohnes auswählte. Mitten im Ersten Weltkrieg wollte Maria, dass Mario sich auf neutralem Boden in Spanien aufhielt, damit er nicht zum Kriegsdienst eingezogen wurde. In Barcelona gab es ein wichtiges Montessori-Zentrum, das von einer der ersten Montessori-Schülerinnen geleitet und durch die lokale Regierung der Region unterhalten wurde. Dieses Zentrum war der katholischen Spiritualität näher als die allgemeine internationale Montessori-Lehre. Später zogen sie nach Kalifornien, wo Maria über etliche Jahrzehnte ihre Methode an mehreren Schulen anwandte. Dort lernte der 19-jährige Mario die junge US-Amerikanerin Helen Christy kennen. Und obwohl ihre Familie die Beziehung nicht unterstützte, gab Maria ihren Segen für eine Eilhochzeit und schickte das Paar danach für die restliche Dauer des Krieges auf Hochzeitsreise durch Lateinamerika. Der Verkauf der Montessori-Lehrmaterialien, von dessen Erlösen zwanzig Prozent Kommission an die Familie gingen, erlaubte der Familie schon damals ein sorgenfreies Leben.

In der Ehe von Mario und Helen wurden vier Kinder geboren: Marilena, Mario, Rolando und Renilde. Maria nannte sie ihre »Montessori-Puppen«. Marilena berichtete in fortgeschrittenem Alter, dass ihre Großmutter keine gewöhnliche Großmutter gewesen sei, sondern ein Totem, ein strahlender Kern, der Anfang und das Ende all dessen, was in der Familie geschah.

Es soll Mario gewesen sein, der jenen düsteren Kontakt initiierte. Jenen Kontakt, der den Namen Montessori überschattet, immer wenn von ihm die Rede ist oder er am Rande der ebenfalls überaus umfänglichen Montessori-Hagiographie erwähnt wird. Im Jahr 1922 siedelte die gesamte Familie wieder von Barcelona, wo die vier Enkelkinder geboren worden waren, nach Rom über. Dort nahm der Sohn und erste Vorsitzende des Montessori-Imperiums höchstpersönlich Kontakt zu Benito Mussolini auf. Er wollte das Staatsoberhaupt des Geburtslandes der Montessori-Pädagogik davon überzeugen, die bereits weltweit berühmte Lehrmethode flächendeckend anzuwenden. Den Diktator, der in seiner Jugend ebenfalls Lehrer gewesen war, begeisterte die Idee, Italien mit fleißigen Montessori-Kindern zu füllen, und er machte es sich zur persönlichen Aufgabe, das System an allen Schulen des Landes gegen den

Widerstand etlicher italienischer Lehrkräfte einzuführen. Die Montessori-Pädagogik lässt keine halben Sachen zu: Ein bisschen Montessori funktioniert nicht, entweder ganz oder gar nicht. Zwar verlor Mussolini nach kurzer Zeit das Interesse an diesem Projekt, doch war die Verbindung der pädagogischen Schule Maria Montessoris mit dem Faschismus überaus real. Es sind Briefe erhalten, in denen Maria den *Duce* als »Retter der Rasse« bezeichnet. Maria Montessori nahm in Kauf, dass in den Schulen, die nach ihrer Methode lehrten, auch die Kultur des Faschismus gelehrt wurde. Es ist sogar überliefert, dass eine Lehrerin, die sich kritisch zu Mussolini geäußert hatte, unverzüglich entlassen wurde.

Als alte Frau suchte Maria auch die zweite Ehefrau für ihren Sohn aus, nachdem sich dieser von Helen hatte scheiden lassen. Sie vermählte ihn nun mit einer ihrer Schülerinnen, der niederländischen Lehrerin Ada, die nicht viel älter war als ihre ältesten Enkel. Ada hatte den vollen Segen ihrer Schwiegermutter.

Die letzten Jahre verbrachte Maria Montessori im gleichen erratischen Lebensstil wie ihr gesamtes Erwachsenenleben. Sie machte Station in den Niederlanden, England, Indien, nahm Ehrungen in Frankreich, Schottland und gelegentlich auch in Italien entgegen. Dreimal war sie für den Friedensnobelpreis nominiert, bekam ihn aber nie verliehen, was bestimmt mit der Verstrickung mit dem Faschismus zusammenhing. Vor ihrem Tod im Jahr 1952 setzte sie ihren Sohn als bevollmächtigten Verwalter ihres gesamten Nachlasses ein, und er widmete weitere dreißig Jahre der frohen Botschaft Maria Montessoris.

Die Liebe zwischen Mutter und Sohn beschrieb Marios Tochter Marilena wie folgt: »Sie war allumfassend und beherrschte ihre gesamte Existenz.« Und aus der Ferne macht sie einen etwas erdrückenden oder gar toxischen Eindruck. Eine Blase, die derjenigen ähnelt, die Marias Mutter für sich und ihre Tochter eingerichtet hatte und wo sonst niemand Platz fand. Dieser Fall erregt deswegen Aufmerksamkeit, weil die Mutter überkompensierte, ihren Sohn als Säugling verlassen zu haben. Als sie ihn wieder bei sich hatte, wollte ihm Maria alles bieten: Reisen, Luxus, einen Lancia Lambda, um die Straßen Roms unsicher zu machen, eine Frau, eine Karriere, noch eine Frau, eine Mission und ein Imperium. Und der Sohn wurde von aller Welt genau so angenommen, wie sie ihn präsentierte: augenscheinlich glücklich, weil er dem Stereotyp des Sohnes entsprechen durfte, der das ganze Leben am Rockzipfel der Mutter hängt. Ein Kind, das niemals groß wird. Wer weiß, ob beide dadurch die fünfzehn Jahre auslöschen wollten, in denen er der verstoßene Sohn gewesen war.

Mercè Rodoreda, ein Waldvogel

Mercè Rodoreda begeistert mich nicht nur durch ihre Bücher, sondern auch durch ihre Präsenz. Die Idee von ihr als real existierende Person. Und durch die Tatsache, dass sie uns zeitlich so nah ist und zur katalanischen Literatur gehört, der eine solche Persönlichkeit mit ihrer einzigartigen Handschrift und ihren etlichen Dosen Drama definitiv gut tut. Im rechten Licht betrachtet, fehlt es der katalanischen Literatur nicht grundsätzlich an Drama. Wie viele andere kleine Sprachen können schon ein literarisches Pantheon wie Katalonien vorweisen? Nur Katalonien kann mit Figuren wie dem Priester und Exorzisten Jacint Verdaguer glänzen, der bereits zu Lebzeiten nahezu den Kultstatus einer Pop-Ikone innehatte.

Und dennoch bewegt sich Rodoreda auf einem anderen Niveau. Als sie im Jahr 1983 starb, hatte sie bereits den Status einer zeitgenössischen Klassikerin. Ihr bekanntester Roman *Auf der Plaça del Diamant* kam nur ein Jahr nach Erscheinen in die Kinos. Rodoreda selbst war bei der Premiere dabei. Sie trug einen ihrer typischen Bison-Mäntel und ihre Wolke aus weißem Haar, mit der sie auf die Welt gekommen zu sein schien. Haar und Mantel gehörten unfehlbar zur Ikonographie Rodoredas, sie sind für die katalanische Autorin das, was für die ukrainische Brasilianerin Clarice Lispector Zigarette und Lidstrich waren. Rodoreda begrüßte Jordi Pujol und Marta Ferrusola, die ebenfalls genau wussten, wie wichtig diese Veranstaltung für die katalanische Identität und den Zusammenhalt war.

Schon damals war es schier unmöglich, in Katalonien die Sekundarschule abzuschließen, ohne zumindest eines von Rodoredas Büchern gelesen zu haben. Meistens war es *Auf der Plaça del Diamant*, gelegentlich aber auch ihr relativ kurzer Jugendroman *Aloma* oder *Der zerbrochene Spiegel*. Letzterer funktionierte besonders gut in meiner gymnasialen Oberstufenklasse im humanistischen Zug, die aus achtundzwanzig Schülerinnen und zwei Schülern bestand. Über etliche Wochen waren die inzestuösen Abenteuer von Teresa Goday und der Familie Valladaura das Thema, das mit dem gleichen Genuss und derselben Empörung diskutiert wurde wie normalerweise der allgegenwärtige Schultratsch.

Zum Ende ihrer Tage hatte Mercè Rodoreda endlich Geld und konnte sich ein Haus mit Garten leisten – ihren Kindheitsgarten in Romanyà de la Selva hatte sie leider verloren. Diese Frau, die bittere Liebesgeschichten erlebte und im Exil Hunger litt, ließ sich von den relativ jungen katalanischen Medien und auch von der etwas weiter entfernten Madrider Medienlandschaft gebührend feiern. Sie war im Fernsehen und in Zeitschriften präsent und ließ dort Sätze los, die sie zur Legende machten. Sie hatte keinerlei Interesse daran, sich anzubiedern, wohl aber an Ruhm und Ehre. »Ich als Person bin unausstehlich, nicht aber meine Bücher«, sagte sie in einem Interview. Der Schriftstellerin Rosa Chacel, die Rodoreda sehr bewunderte und mit der sie eine Brieffreundschaft pflegte, schrieb sie: »Falls Sie Gutes über meine Person gehört haben sollten, so war das ein Fehler desjenigen, der von mir sprach. Wenn Güte Harmonie bedeutet und Bosheit Chaos, so bin ich aufgrund der vielen Unordnung, die ich in meinem langen und bereits im Sinkflug befindlichen Leben verursacht habe, durch und durch bösartig.«

Was hatte Mercè Rodoreda getan, um sich selbst als so böse zu empfinden? Sicherlich bezog sie sich auf ihre schwierigen Beziehungen, auf ihr komplexes Leben, das ihr durchaus einige Feinde eingebracht hatte. Meine eigene Lektüre, die eine etwas andere Verbindung zwischen Mercè Rodoreda und den anderen Autorinnen in diesem Band herstellt, deutet es als Anspielung auf ihre gescheiterte Beziehung zu ihrem einzigen Sohn Jordi.

Nach dem Aufstieg der spanischen Faschisten im Jahr 1939 ging Rodoreda ins Exil und ließ ihr damals erst 9-jähriges Kind in Barcelona zurück. Vor allem aufgrund wirtschaftlicher Schwierigkeiten und des Verlaufs ihres jeweiligen Lebenswegs kam es nie mehr dazu, dass Mutter und Sohn unter einem Dach lebten. Als Jordi bereits erwachsen war, brachte ein Erbstreit den endgültigen Bruch. Nie wieder wechselten Mutter und Sohn auch nur ein Wort miteinander. Bei ihm wurde im mittleren Alter Schizophrenie festgestellt, als er bereits Vater von vier jugendlichen Kindern war. Und er verbrachte die letzten Jahrzehnte seines Lebens in der psychiatrischen Klinik Pere Mata de Reus, die er nur noch verließ, um aufgrund hohen Alters in ein Pflegeheim zu ziehen.

Überraschend sind die Parallelen in den Lebensläufen von Muriel Spark und Mercè Rodoreda. Zwei unwahrscheinlich erfolgreiche Autorinnen, zwei Kriege, zwei Einzelkinder, zwei Erbschaftsstreits, zwei zerrüttete Beziehungen. Und nicht zuletzt zwei ruhige Tode im Angesicht eines erfolgreichen Lebens und in beiden Fällen in Begleitung einer Frau.

Als Rodoreda verstarb, gab es ein pompöses Begräbnis, bei

dem die brennende Kapelle von Girona nachgestellt wurde. Kameras begleiteten die Trauerfeier. Die Nachrufe waren lang und etwas aseptisch, wie es bis vor Kurzem in der katalanischen und spanischen Presse üblich war. Mich ermüden diese Texte. Als indiskrete Leserin, die sich auch für die etwas schmuddeligen Seiten des Lebens interessiert, bin ich von solcherart Texten und Artikeln, die Respekt heucheln und eine vermeintliche intellektuelle Flughöhe suggerieren, stets überaus irritiert. Sie scheinen sagen zu wollen: Wir begeben uns hier nicht in diese schmuddeligen Niederungen. Solche Texte empfinde ich nahezu als journalistisch fahrlässig, da sie ein derart unvollständiges Bild der verstorbenen Person zeichnen, dass man hinterher nichts von deren Leben weiß, nichts davon, was sie gebrochen oder im tiefen Inneren erschüttert hat. Diese Reaktion halte ich auch für generationsbedingt, da viele Menschen meiner Altersgruppe ähnlich empfinden wie ich. Die Textsorte, die ich für mich »reinliche Nachrufe« nenne, erlebt noch immer Höhepunkte, verliert jedoch glücklicherweise stark an Popularität. Ein Beispiel hierfür waren die Todesfälle von fünf der sieben Kinder von Carlos Castilla del Pino, die der Psychiater und Schriftsteller erleben musste. Zwar redete der ebenso brillante wie verabscheuungswürdige Autor selbst den Einfluss dieser Todesfälle in etlichen skandalösen und polemischen Interviews klein, doch grenzen für mich die Artikel, welche diese fünf Tragödien, die jede für sich ihren Grund und ihren Kontext hatten, in einem Absatz oder gar einem einzigen Satz zusammenfassen, an Psychopathie. Sie lesen sich, als würden sie nicht vom Tod von fünf Kindern, sondern von einem Umzug in die Nachbarstadt berichten. Niemand profitiert von einer reinlichen Biographie.

Jedenfalls war das, was über die große Autorin geschrieben wurde, allzu feierlich. Dabei wurde hinter vorgehaltener Hand geredet. Und zwar nicht zu knapp. Ob Rodoreda in den letzten Lebensjahren den Rosenkreuzern angehört hatte, die manchmal mit den Freimaurern verwechselt werden. Tatsächlich war das nicht der Fall, obwohl sie sich sehr für dieses Thema interessierte. Welcher Art wohl ihre Beziehung mit Carmen Manrubia gewesen war, mit der sie im vorletzten Kapitel ihres Lebens vier Jahre lang in Romanyà de la Selva zusammenlebte. Manrubia beglich auch die medizinischen Kosten der Muñoz Klinik in Girona, als Rodoreda im Endstadium ihrer Krebserkrankung dort eingeliefert wurde und kurz darauf verstarb. Manrubia war diejenige, die sich in der Sekte der Rosenkreuzer engagierte. Und das ging so weit, dass sie in ihrer Villa El Senyal, wo die beiden Frauen viel Zeit gemeinsam verbrachten, ein *Sanctum* eingerichtet hatte, wo die Rosenkreuzer ihre rituellen Initationsversammlungen abhalten konnten.

Rodoreda und Manrubia lernten sich in den 1930er Jahren kennen, als sie sich für die Unabhängigkeitsvereinigung von Katalonien, die Generalitat republicana, engagierten. Während des Exils verloren sie sich aus den Augen. Die aus Andalusien stammende Manrubia ging in der Zeit der Franco-Diktatur nach Venezuela, wo sie sich in der Kosmetikindustrie mit dem Vertrieb von Parfüm ein kleines Vermögen verdiente. Im Alter trafen sich die beiden Frauen dann in Katalonien wieder. Die Philologin und Rodoreda-Expertin Mariàngela Vilallonga überführte die Autorin ins digitale Zeitalter, indem sie bis heute den Twitter-Account Mercè Rodoredas pflegt. Sie lernte Rodoreda und Carmen Manrubia noch gemeinsam kennen. Die beiden Frauen nannten Vilallonga »la nena«, das Mädchen, und im Jahr 1984 kaufte Vilallonga Carmen Manrubias Haus in Romanyà. Nach ihrem Verständnis war die Beziehung der beiden Frauen eine platonische Liebe, vor allem vonseiten Manrubias, die sie als sehr besitzergreifend beschreibt. Carmen Manrúbia war in Vilallongas Interpretation eine der großen Mentorinnen Rodoredas, die letzte, wenn man so will, die ihre späten Texte grundlegend prägte.

Wenn über diese beiden Frauen geschrieben wird, werden sie meistens aseptisch als »Freundinnen« betitelt, und wahrscheinlich wird es sich niemals aufklären lassen, ob und bis zu welchem Grad dies ein Euphemismus ist. Bis heute sind Vorbehalte beim Schreiben über gleichgeschlechtliche Liebesbeziehungen von Autorinnen weit verbreitet. Vor allem in Spanien, wo das gesamte 20. Jahrhundert von Schriftstellerinnen wimmelt, die ihr Leben ganz oder teilweise im Schrank verbrachten und einander im Geheimen auf fruchtbare Weise stützten. Fest steht, dass die Beziehung zwischen Rodoreda und Manrubia in den letzten Jahren abkühlte. Dennoch war Manrubia in der Klinik von Girona an Rodoredas Seite, als sie starb. Und beide wurden auf dem kleinen Friedhof von Romanyà bestattet, zwar nicht nebeneinander, aber immerhin einander gegenüber.

Das zweite große Tabu rund um die Schriftstellerin und katalanische Nationalheldin Mercè Rodoreda war ihr einziger Sohn Jordi. Um an der Trauerfeier seiner Mutter teilnehmen zu dürfen, wo sich Größen aus Literatur und Politik tummelten, wurde er vorübergehend aus der Psychiatrie entlassen, wo er seit Jahren lebte. Jordi machte damals aufgrund seiner Medikation einen desorientierten und sedierten Eindruck. Inmitten der Trauermesse trat er an den Altar und schrie: »Ich bin Mercès Sohn! Ich bin Mercès Sohn!«, bis ihn ein Familienmitglied am Arm nahm und zu den Bänken führte.

Er trat bis 2004 nicht mehr an die Öffentlichkeit, bis er als bereits alter Mann in die Fernsehsendung *El meu avi* (Mein Großvater) auf TV3 eingeladen wurde. Sein Auftritt vor der Kamera geschah im Einvernehmen mit der Familie, die vor aller Augen deutlich machen wollte, dass Rodoreda sehr wohl Nachkommen hatte, derer sich die Familie nicht schämte, auch wenn Jordi krank war. »Ich empfinde es als barbarisch, ihn zu verstecken«, sagte sein Sohn Josep Maria, einer der vier Enkel Rodoredas, in der Fernsehsendung. »Ich bin sehr stolz auf meine Großmutter und auf meinen Vater, unabhängig davon, dass manche behaupten, ihr psychisch kranker Sohn könne ihr Image schädigen.«

In der umfangreichen Literatur über Mercè Rodoreda bleibt Jordi halb verborgen, wenn er nicht gänzlich übergangen wird. Es gibt Bücher über Rodoreda, in denen er kaum erwähnt und auf einen Eintrag im Namensverzeichnis reduziert wird. Er ist nichts als eine biographische Notiz ohne weitere Bedeutung. Ich bin versucht, dies als Triumph des Feminismus zu werten: Eine Frau, die sich nicht durch ihre Mutterschaft definieren ließ, eine Autorin, deren Mutterrolle so wenig Bedeutung beigemessen wurde, wie es in der Forschung normalerweise nur bei Vätern berühmter männlicher Autoren geschieht. Ob dies pure Nachlässigkeit ist sei dahingestellt. In diesem Fall gibt es tatsächlich wenig, woran man sich festhalten könnte. Die Briefe zwischen Mutter und Sohn wurden erst 2017 publiziert, und niemandem fiel ein, Jordi zu interviewen, bevor er krank wurde.

»Tant de bo es morís.« Ach, würde er doch sterben. Unter den wenigen überlieferten Aussagen Mercè Rodoredas über ihren Sohn Jordi findet sich dieser erschütternde Satz. Tatsächlich ist nicht gesichert, ob sie ihn wirklich gesagt hat. Wir müssen uns auf ihre gute Freundin Anna Murià verlassen, von der die Information stammt. Im Vorwort zur Publikation des Briefwechsels der beiden Frauen *Cartes a l'Anna Murià (1939–1956)* beschreibt sie den Augenblick, als Mercè Mutter wurde, wie folgt: »Ich erfuhr aus ihrem eigenen Mund, dass die Geburt ihres Sohnes kein Anlass zu irgendeinem zärtlichen Gefühl war, vielmehr löste ihr Kind das Gegenteil aus, Ekel und Abwehr. Sie sagte mir sogar, sie hätte heimlich gedacht: Ach, würde er doch sterben«.

Die Frage, warum sie diesen Gedanken wohl aussprach, wenn sie es denn tat, ist legitim. Die Autorin bekam ihren Sohn neun Monate und neunzehn Tage nachdem sie seinen Vater geheiratet hatte, der gleichzeitig ihr Onkel und Bruder ihrer Mutter war. Man kann sich leicht ausmalen, wie angsterfüllt die 20-jährige Mercè die Geburt erwartete, zumal sie kaum Kontakte außerhalb der Familie hatte. Außerdem war die Schwangerschaft aus einer so nah am Inzest verorteten Verbindung hervorgegangen, dass die Eheschließung nicht ohne päpstliche Bulle möglich gewesen wäre.

Bis zu diesem Zeitpunkt hatte Rodoreda ihr Leben wie eine Blume im Gewächshaus verlebt. Sie war 1908 in einem *torre* bzw. »Turm« genannten Einfamilienhaus mit Garten in San Gervasi geboren worden, was damals noch als eigenständiges Dorf nicht direkt zu Barcelona gehörte. Den Rest ihres Lebens würde sie daran arbeiten, eine persönliche Mythologie rund um ihre behütete und blumenumrankte Kindheit zu konstruieren. Im Jahr 1973 formulierte sie es gegenüber der jungen Montserrat Roig wie folgt: »Meine Familie gehörte zum Kleinbürgertum. Zu Hause gab es zwei Genies: meine Mutter und meinen Großvater. Mein Vater arbeitete als Buchhalter in der calle Ferran, und er war das, was wir heute mit dem hässlichen Wort *letraherido* bezeichnen, er schwärmte für Literatur. Er las mir immer vor, als ich klein war, und er pflanzte mir die katalanische Sprache für immer in mein Ohr und mein Herz.«

Der geliebte Großvater war Antiquitätenhändler gewesen. Er hängte vor dem berühmten Haus alte Teller auf, und wenn es windete, hallte überall das Klimpern der hängenden Teller wider. Damals nannte man in Katalonien alle etwas größeren Einfamilienhäuser *torre*, was Turm bedeutet. Als ihr Großvater Pere einen Schlaganfall erlitt, nahm ihre Mutter Mercè aus der Schule, die sie bis zum zwölften Lebensjahr nur noch sporadisch besuchte. Rodoreda war immer neidisch auf gleichaltrige Schülerinnen und Schüler gewesen und schämte sich für ihre zwar anarchisch erworbene, aber dennoch gründliche Bildung. Als Kind las Mercè ohne Unterlass die katalanischen Klassiker und alles, was ihr in die Hände fiel. Sie verehrte Virginia Woolf, las Proust und Joyce, beneidete Katherine Mansfield auf jene besondere Weise, wie gute Schriftsteller andere gute Literaten beneiden, ganz egal, ob diese noch am Leben sind oder nicht, wenn sie einen Satz lesen, für den sie ohne zu zögern einen Arm hergeben würden.

Als junge Frau suchte sie den Kontakt zur Welt der Literatur und wollte Journalistin werden. Sie vereinbarte ein Treffen mit dem Chefredakteur der Zeitschrift *La Rambla*, der diesem Mädchen aus San Gervasi nicht ohne ein Quäntchen Verachtung ins Gesicht sagte: »Leben Sie erst einmal, dann können

Sie immer noch schreiben«. Sie hörte nicht auf ihn, weil sie sich zu sehr langweilte – sie schrieb, weil sie sich langweilte.

Und dann kam diese verfluchte Ehe. Und wieder gibt es eine Parallele zwischen Mercè Rodoreda und Muriel Spark. Ob beide wohl als junge Frauen so viel ältere Männer heirateten, die sie allem Anschein nach nicht liebten, nur damit die monotone Erzählung ihres Lebens eine Wendung bekäme, wie man es eben manchmal im Lauf des Lebens tut?

Rodoredas künftiger Ehemann Joan Gurguí war als Kind nach Buenos Aires emigriert. Er wurde, so die Familienlegende, mit dreizehn Peseten, einem Bündel mit einem Käse und einem Brief an einen Freund seines Vaters losgeschickt. Allerdings war der Freund des Vaters, Konditor von Beruf, bei Joans Ankunft bereits Jahre tot. Der neue Inhaber der Konditorei nahm sich dennoch des Jungen an und stellte ihn als Lieferjungen ein. Viele Familiengeschichten von Wieder-Einwanderern aus den ehemaligen spanischen Kolonien werden häufig in Richtung Legende verkürzt, indem die Details ausgespart werden, die der Geschichte ihren Glanz nehmen würden. So besagt die bescheidene Erzählung der Gurguís, dass der mathematisch begabte Joan sich in wenigen Jahren ein Vermögen im Immobiliensektor erarbeitete und ausreichend Geld ansammelte, um 1921 im Triumph nach Barcelona zurückzukehren. Seine Nichte Mercè, die einzige Tochter seiner Schwester Montserrat, war damals dreizehn Jahre alt.

Das Geld, das Joan Gurguí in Lateinamerika erarbeitet hatte, hob den Status der ganzen Familie, die bis dahin höchstens der aufstrebenden Mittelschicht angehört hatte. Als der »Onkel aus Amerika« zurückkehrt, bringt er Ordnung, den guten Ton und eine düstere Stimmung mit ins Haus. Und für

Mercè markiert die Ankunft ihres Onkels das Ende der Kindheit. Von einem Tag auf den anderen ist sie nicht mehr Nesthäkchen, sondern angehende Braut.

Manche sind der Ansicht, die Heirat zwischen Onkel und Nichte wäre von Mercès Mutter mit dem alleinigen Ziel angezettelt worden, das argentinische Geld in der Familie zu halten. Rodoredas Schwiegermutter Margarida Puig vertrat stets diese Position, die allerdings von einigen Biographen angezweifelt wird, zumal Mercè nie Groll gegen ihre Mutter hegte. Würde diese Geschichte stimmen und wäre Mercè von ihrer Mutter Montserrat in die Ehe gedrängt worden, so läge es nahe, dass die Beziehung zwischen Mutter und Tochter darunter gelitten hätte. Aus Mercè Rodoredas Briefen aus dem Exil geht aber eine genuin liebevolle Sorge um ihre Mutter hervor, die bis zu deren Lebensende anhält.

Im Jahr 1924, als Rodoreda siebzehn Jahre alt und ihr Onkel schon drei Jahre aus Argentinien zurück war, stand die Heirat bereits im Raum und war praktisch nicht mehr zu verhindern. Die Autorin schreibt dazu in ihrem Tagebuch: »Ich erinnere mich daran, dass ich ihn nicht wollte. Wenn ich ihm aber sagte, ich würde ihn trotzdem heiraten, nahm er mich fest in die Arme, küsste mich und sagte zu mir: Mein Herz, wenn du mich nur liebst, ist alles, was ich habe, dein: Geld, alles, ich werde dir alle deine Wünsche erfüllen«. Kurz danach schreibt sie ebenfalls über ihren Onkel: »Was für einen schlechten Charakter er hat! Ich weiß nicht, ob wir uns verstehen werden. Sein Jähzorn macht mir große Angst (…), er ist so despotisch und will, dass man alles macht, was er sagt.«

Und nichts geschah, was die Hochzeit verhindert hätte. Niemand überlegte es sich anders. Kein anderer Mann trat in

Mercès Leben und keine Frau in Joans. Und am 10. Oktober 1928 heirateten Onkel und Nichte in der Boanova-Kirche. Die Hochzeitsfeierlichkeiten wurden im Haus der Familie abgehalten. Der Bräutigam war vierunddreißig, die Braut wurde an ihrem Hochzeitstag zwanzig. Gerade rechtzeitig war das Schreiben aus Rom eingetroffen, das die Familie sehnsüchtig erwartet hatte: Die päpstliche Bulle, die diese kirchliche Ehe zwischen Blutsverwandten ermöglichte.

Die ganze Familie zog aus ihrem »Turm« um in ein geräumigeres Haus in der Calle Zaragoza Nummer 16. Die Brautleute machten ihre Hochzeitsreise nach Paris, und dort wurde Mercè klar, dass Joan ihr nicht einmal das sorgenfreie Leben ermöglichen würde, das er versprochen und sie sich erhofft hatte. Sie erzählte ihren Freundinnen, dass ihr frisch gebackener Ehemann in einem Geschäft in der Rue Saint-Honoré, wo Mercè Bisonmäntel anprobierte, auf den Knien um einen Preisnachlass gebettelt hatte.

Im Juli 1929, neun Monate und neunzehn Tage nach der Hochzeit, wurde Jordi geboren, der »ungewollte Sohn«, wie ihn Anna Murià nennt. Ach würde er doch sterben.

Im Jahr 1985 wurde Murià in einem Interview, das ebenfalls in der Publikation mit ihren Briefen enthalten ist, gefragt, wie es kam, dass ihre Freundin so wenig über ihren Sohn sprach. Murià antwortete: »Sie hatte sich nicht darauf gefreut, ein Kind zu bekommen, es war ihr eher lästig gewesen. Als sie ihn bekam, war sie noch sehr jung (…). Sie heiratete viel zu früh und bekam sofort ein Kind, und in ihrem Alter war ihr der Kleine eher lästig. Im Lauf der Zeit, wenn man mit einem Kind zusammenlebt, ja, vielleicht entwickelt sich dann so etwas wie Liebe«.

In einem Brief schrieb Mercè ihrer Freundin Anna, dass sie sie beneidete, da Anna ein Kind mit dem Mann bekommen hatte, den sie liebte. Vielleicht ging es Rodoreda wie Muriel Spark, die ihren Sohn ansah und nichts anderes in ihm wahrnehmen konnte als die Züge seines Vaters. Vielleicht fiel es ihr schwer, den Sohn emotional vom Vater und von der unglücklichen und klaustrophobischen Ehe zu trennen, aus der er hervorgegangen war.

Es fällt nicht leicht, sich die ersten neun Jahre von Mercè Rodoredas Mutterschaft vorzustellen. Die ganze Zeit verbrachte sie, wie eine Vorkriegs-Rapunzel eingesperrt in einen »Turm« mit den gleichen Familienmitgliedern, mit denen sie schon immer zusammengelebt hatte, nur dass ihr Onkel jetzt zusätzlich ihr Ehemann war und seine Macht über sie vergrößert hatte. Mercè bestand darauf, eigenes Geld zu verdienen, um ein bisschen wirtschaftliche Unabhängigkeit zu erlangen. Es gelang ihr, eine Arbeit bei der Kulturabteilung der Generalitat anzutreten, die von dem Schriftsteller Joan Oliver geleitet wurde. Sie schrieb sich im Liceu Dalmau ein, um ihre Bildungsdefizite aufzuholen. Und sie publizierte Erzählungen in Zeitschriften wie *Clarisme* und schrieb Theaterstücke. Diese literarischen Aktivitäten, die man als Vorarbeiten für ihre Zukunft betrachten kann, hatten vor allem zwei Effekte: Sie merkte, dass für sie das Schreiben das Wichtigste überhaupt war, und sie erweiterte ihren Bekanntenkreis, der bis dato beengend klein gewesen war. Sie trat der Gruppe Club dels Novel·listes bei, einer Schriftstellergruppe, die sich die »Förderung des Romans als Hauptachse der modernen Literatur« zum Ziel gesetzt hatte.

Der Ausbruch des spanischen Bürgerkrieges fiel für Rodoreda mit dem endgültigen Zerbrechen ihrer Ehe zusammen. Just im Club dels Novel·listes ergab sich der Kontakt zu dem Politiker und Gewerkschaftler Andreu Nin, der eine Schlüsselfigur der Geschichte jener Jahre war und ein Doppelleben als Intellektueller führte. Nin übersetzte die großen Titel der russischen Literatur, darunter *Verbrechen und Strafe*, *Anna Karenina* und etliche Werke von Anton Tschechow zu der Zeit ins Katalanische, als er auch die marxistische Arbeiterpartei POUM gründete und die internationale Gewerkschaftsbewegung vorantrieb.

Marta Pessarrodona schreibt in ihrer Biographie Mercè Rodoredas, es gebe Belege dafür, dass sich die beiden bereits 1935 kannten. Nin, der die russische Revolution miterlebt hatte, kehrte 1930 mit einer russischen Ehefrau und zwei Töchtern zurück nach Katalonien. Und Rodoreda publizierte 1935 ihre Kindererzählung »La noieta daurada« (Das goldene Mädchen) in der Zeitschrift *La Publicitat*, die Nins Tochter Ira gewidmet war. Wieder ist die einzige Zeugin dieser Affäre, für die es ansonsten kaum Belege gibt, Anna Murià. Nach ihren Ausführungen war dies »im Jahr 1937 das heftigste und geheimste Drama der gesamten Existenz Mercè Rodoredas.« Sie schreibt auch, dass diese Liebe nie ausgelebt wurde: »Sie hatten keine Zeit vor seiner Ermordung.« Nin wurde im Juni 1937 im Rahmen einer Säuberungsaktion gegen Marxisten verschleppt und getötet. Der Historiker Paul Preston schreibt, ihm sei die Haut abgezogen worden.

Diese Liebe, ob nun ausgelebt oder nicht, reichte aus, um den Bruch mit Gurguí herbeizuführen. Dieser wollte es nicht glauben, dass es keine körperliche Beziehung zwischen seiner

Frau und dem Marxisten gegeben hatte, und sie legte ihm den einzigen Brief, den ihr Nin je geschrieben hatte, als Beweis für ihre Unschuld vor. Gurguí zerfetzte den Brief, und sie sammelte die Fetzen ein und bewahrte sie auf. Die ersten zwei Kriegsjahre bis in ihr Exil hinein trug Rodoreda diesen zerfetzten Brief von Andreu Nin mit sich herum. »Ich gehe mit einem zerfetzten Brief durch die Welt«, sagte Rodoreda laut ihrer Freundin Murià.

Offenbar flehte Gurguí seine Frau an, ihn nicht zu verlassen, er weinte und küsste ihre Füße – genau wie Eladi bei Sofia in *Der zerbrochene Spiegel*. In der gleichen Phase hatte Rodoreda eine Beziehung zu Francesc Trabal, den sie aus dem Club dels Novel·listes und aus der Generalitat kannte. Mit ihm reiste Rodoreda nach Prag.

Das Flehen ihres Ehemannes hatte keinerlei Erfolg, und Rodoreda nahm ihren Sohn Jordi und verließ das Haus in der Calle Zaragoza Mitte 1937, um zurück zu ihren Eltern zu ziehen. Eine Ehescheidung würde nie vollzogen werden, aber ab diesem Zeitpunkt waren Rodoreda und Gurguí praktisch geschiedene Leute. Und wieder eine Parallele zu Muriel Spark: Eine alleinstehende Frau mit einem Sohn mitten in einem Krieg.

Anfang Januar 1939 lag der Einmarsch der franquistischen Truppen bereits in der Luft, der am 26. Januar dann über Barcelona hereinbrach. Alle, die wussten, dass sie mit Repressalien rechnen mussten, wenn sie blieben, versuchten schleunigst über die französische Grenze zu gelangen. Die katalanische Kulturvereinigung arbeitete einen Evakuierungsplan für katalanische Schriftsteller aus und setzte sie in einen der Busse, die zuvor Bücher an die Front gebracht hatten. Die Gruppen wurden mit einem Gemeinschaftspass bis zur Grenze gebracht und gelangten so nach Frankreich. Rodoreda war nie übermäßig politisch aktiv gewesen, aber sie war, wie alle ihre Schriftstellerkollegen, Mitglied der marxistischen Gewerkschaft UGT und zeit ihres Lebens der katalanischen Sprache und Kultur verschrieben. Für ihre Sicherheit war es das Beste, das Land zu verlassen. Hätte sie den damals 9-jährigen Jordi mitnehmen können? Einige ihrer Kollegen, die auch die Bücherbusse nutzten, nahmen ihre Familien mit. Rodoreda kam, so scheint es, nicht einmal auf die Idee. Viel später, im Jahr 1985, wurde Anna Murià diese Frage ohne Umschweife gestellt: Tat Rodoreda irgendetwas dafür, ihren Sohn mit nach Frankreich nehmen zu können? Die Antwort lautete: »Nein. Nichts. Sie ließ ihn ohne Aufhebens zurück bei ihrer Mutter. Wir wussten ja nicht, dass das Ganze so lange dauern würde, wir dachten, es wäre nur für eine kurze Zeit. Wir wussten ja gar nichts, wir flohen, ohne auch nur die geringste Ahnung davon zu haben, was uns erwartete.«

Rodoreda hatte damals schon etliche Feinde in der katalanischen Literaturszene, da ihr der Ruf einer koketten Ehebrecherin anhing. Je berühmter sie später wurde und je offensichtlicher ihr außergewöhnliches Talent war, desto mehr Heimtücke brachten ihr ihre Feinde entgegen. Einige schrieben unschöne Dinge über sie, darunter Carola Fabra, Tochter des Linguisten Pompeu Fabra, der als Begründer des heutigen Katalanisch gilt. Carola Fabra schrieb über Mercè, diese habe ihrem Vater seinen Platz im Bus nach Frankreich weggenommen und sei dann lachend abgefahren, »als ginge es auf Sauftour«.

Für die ersten Monate im Exil kam die Schriftstellergemeinde in einer Herberge in Roissy-en-Brie unter. Sicherlich waren diese Tage erfüllt von Schmerz und Ungewissheit, doch war es für Anna und Mercè auch eine Zeit voller Aufregung und Abenteuer. Es war wie eine Kompaktversion der Jugend, die sie nie hatten, ein Varieté voller Intrigen und Liebeleien. Verschiedene Autoren, die dabei waren, beschrieben diese Zwischenstation als »erotisches Ambiente« oder »verirrtes Paradies«.

Über die erotisierende Kraft des Krieges wurde viel geschrieben. Und jene Gruppe junger Menschen mit oder ohne ihre Partner hatten gerade eine Schlacht verloren und ahnten schon die nächste. In Roissy begann für Rodoreda die Beziehung, die ihr Leben am tiefsten prägen sollte: die Beziehung mit Joan Prat i Esteve, besser bekannt als Armand Obiols. In ihren Briefen an Anna Murià nannte sie ihn manchmal *Monsieur de Madame per una estona*, den Herrn für die Dame für einen Augenblick. Obiols war ebenfalls verheiratet. Seine Frau Montserrat Trabal war die Schwester von Francesc Trabal, der sich auch in Roissy aufhielt und, wir erinnern uns, der erste Geliebte von Mercè Rodoreda war. Die Welt der katalanischen Intellektuellen war ein fruchtbarer Boden für diese Art Verstrickungen und Endogamien. Obiols Frau war mit ihrer neugeborenen Tochter in Sabadell geblieben.

Die beginnende Liebesbeziehung zwischen den beiden brachte die Gruppe durcheinander, die zwei Lager bildete, eins aufseiten der Geliebten und eines aufseiten der Ehefrau Montserrat. Dies spitzte sich derart zu, dass einige beim Essen nicht mit Rodoreda an einem Tisch sitzen wollten, und so teilte sich die Gruppe schließlich in zwei Teile. Für Rodoreda begann das Exil also in purpurroter Schrift, was ihr für den Augenblick mehr Vergnügen als Kummer bereitete.

Die Beziehung zwischen Rodoreda und Obiols ging in wechselnder Intensität über Jahrzehnte und endete mit Obiols Tod 1971 in Wien. Beide erlebten ökonomische Engpässe, denen Mercè jahrelang durch Näharbeiten begegnete, und es gab handfeste Gefahren während der Besetzung Frankreichs durch die Nazis. Hier wurde Obiols festgenommen und in das Arbeitslager Lindemann deportiert, auch wenn sein dortiger Aufenthalt ebenso wie seine späteren Tätigkeiten bei internationalen Organisationen wie der Internationalen Arbeitsorganisation und der UNESCO im Schatten liegen. Es wird vermutet, dass er mit den Deutschen kollaboriert haben könnte. Auch Obiols traf seine Familie nicht wieder. Seine Frau und seine Tochter gingen wie viele andere Katalanen nach Chile, wenn auch erst im Jahr 1948. Als Obiols 1971, bereits schwer krank, in Wien lebte, wo er als Übersetzer für die Internationale Atomenergie-Organisation tätig war, kam ihn Rodoreda besuchen und stellte zu ihrem Erschrecken fest, dass auf seinem Nachttisch das Bild einer anderen Frau stand. Dies war für sie ein harter Schlag, obgleich sie harte Schläge gewohnt war.

Und Jordi? Mercè Rodoredas Sohn ist und bleibt die große Leerstelle, sowohl in der umfangreichen Literatur über die Schriftstellerin als auch in ihren eigenen Schriften. Briefe von ihm an seine Mutter sind keine erhalten, aber es gibt ein paar, die sie ihm aus dem Exil schrieb. Sie sind in dem Band *Cartes de guerra i d'exili*, Briefe aus Krieg und Exil, enthalten, der 2017 von Carme Arnau herausgegeben wurde. Es sind ausnahmslos pragmatische Briefe. Jeder einzelne von ihnen dreht sich um Geld. Um das Geld, das Mercè an ihre Mutter schickt, um das Geld, um das der Sohn seinen Vater bittet, das Geld, das er nicht bekommt, das aber nötig wäre, damit er zu ihm reisen könnte, um gemeinsam ein Geschäft aufzubauen. Oft geht es auch um das typische Mandelnougat *turrón*. Jordi und seine Großmutter schickten Mercè zu Weihnachten Mandelnougat nach Paris oder Genf oder wo immer sie sich gerade aufhielt. Oft gingen die Pakete bei der Post verloren oder brauchten ewig, bis sie ankamen. Aus den Briefen lässt sich herauslesen, dass eine eher lauwarme Liebe zwischen Mutter und Sohn bestand, eine Zuneigung ohne Ausbrüche und ohne Vorwürfe, zumindest ohne explizite Vorwürfe. Der erste erhaltene Brief ist von 1948, als Mercè schon fast ein Jahrzehnt im Exil war und sie sich diese ganze Zeit nicht gesehen hatten. Mercè schreibt ihm, sie fände es gut, dass er sich als Kaufmann versucht, statt zu studieren, und redet sein Elend klein: »Du warst eins von Hunderten, wenn nicht Tausenden Kindern, die der Krieg ein bisschen kaputtgemacht hat.« Danach schreibt sie über den Urlaub, den sie organisiert, und verspricht, dass sie zusammen tanzen werden.

Im meistzitierten Fragment aus ihren Briefen beschreibt sich Mercè Rodoreda selbst als *ocellot de bosc*, als Waldvogel, und ihren Sohn beschreibt sie als Kanarienvogel im Käfig. Vögel sind ein wiederkehrendes Motiv, in anderen Briefen zeichnet sie sogar hin und wieder ein Vögelchen zwischen ihre Zeilen. Es scheint durch, dass die Mutter sich einen weniger schüchternen und dafür abenteuerlustigeren Sohn gewünscht hätte. Sie ermuntert ihn, sich zu amüsieren und etwas lockerer zu sein. Vielleicht ist sie enttäuscht darüber, dass er so früh geheiratet hat und eine konventionelle Familie wollte, obwohl sie es nicht offen sagt.

Zusätzlich zu den Briefen zwischen Jordi und Mercè hat Jordis Frau Margarida Puig ein Buch mit dem sehr angemessenen

Titel *La última palabra*, Das letzte Wort, hinterlassen, das Aufschluss über die Beziehung zwischen Mercè und Jordi gibt. Margarida Puig schrieb dieses Buch bereits als alte Frau und ohne jede literarische Ambition. Ihr Stil ist sehr erhellend, da sich in ihm alle Eigenheiten ihrer Zeit und ihrer gesellschaftlichen Schicht widerspiegeln. Die Geschichte ihrer Ehe und ihrer Beziehung mit der so besonderen Schwiegermutter beschreibt sie überaus detailliert.

Margarida und Jordi lernten sich 1953 bei einer Art Blind Date kennen, das von ihrer Tante und seiner Großmutter arrangiert worden war. Sie war ausgebildete Klavierlehrerin, er arbeitete als Kaufmann. Ihre voreheliche keusche und kontrollierte Beziehung fand in einem provinziellen Barcelona statt, das an die Ausführungen Carmen Laforets in ihrem Roman *Nada* erinnert.

Folgt man Margaridas Aufzeichnungen, so hegte Jordi mehr Groll gegen seinen Vater als gegen seine Mutter. Er hatte ihr von der Flucht aus dem Familienheim nach dem großen Streit seiner Eltern wegen des berühmten Briefs erzählt, als er vier Jahre alt war. Es ist unmöglich, nachzuvollziehen, ob Jordi wusste, dass der Verfasser dieses Briefs ein berühmter linker Aktivist war, der von den Faschisten ermordet wurde. Er erzählte seiner Frau auch, dass seine Großmutter, die gleichzeitig seine Tante war, die Ehe seiner Mutter erzwungen hatte.

Nach dem Krieg wurde der Junge ins Internat geschickt, zuerst auf eine Salesianerschule, danach auf eine Jesuitenschule. Irgendwie gelang es der Familie, die Kosten für eine akzeptabel gute Ausbildung für Jordi zu stemmen. Man muss sich auch den jungen Jordi vorstellen, wie er das Internat vielleicht als zweites großes Verlassenwerden wahrnahm, erst ging die Mutter, und dann schickte ihn die Großmutter, die ihn aufgezogen hatte, fort.

Trotz alledem äußerte Jordi stets höchste Bewunderung für seine abwesende Mutter. Dies ging so weit, dass seine Frau Margarida eine Abneigung gegen diese so wichtige Frauenfigur entwickelte. »Meine Mutter schreibt Romane«, »Meine Mutter lebt in Paris«, musste sie sich tagtäglich anhören.

Und eines Tages tauchte die berühmt-berüchtigte *Mamá* auf, wie Jordi sie immer nannte und was in Katalonien distinguierter klingt als das einfache *Mare* der Arbeiterfamilien.

Margarida lernte nun also ihre berühmte Schwiegermutter persönlich kennen, die mittlerweile seit ein paar Jahren immer wieder über die Grenze kam, um der Familie sporadische Besuche abzustatten. In diesem Fall unternahm sie die Reise, um die Braut ihres Sohnes kennenzulernen. Das Treffen war kurz und herzlich, aber vor allem sehr förmlich und steif. Margarida verstand dieses Treffen als Beginn einer »vielleicht politischen, oder besser gesagt, diplomatischen« Beziehung zur Schwiegermutter. Das Paar heiratete wenig später und bekam vier Kinder. Es sind Fotos erhalten, die Rodoreda bei der Taufe des einen oder anderen Enkels zeigen. »Mercè genoss die Rolle der exzentrischen Großmutter à la Agatha Christie sehr«, schreibt die Schwiegertochter. Rodoreda tauchte gern unangekündigt auf, und sie schenkte dem ältesten Enkel, der ebenfalls den Vornamen Jordi trägt, seine erste Zigarre. Dem zweitältesten schenkte sie ein Fahrrad. In diesen Jahren konnte Mercè Rodoreda endlich, nach dreißig Jahren Verzicht, Einkünfte durch ihre Werke erzielen, die sie für das ausgab, worauf sie gerade Lust hatte.

Jordi arbeitete als Handelsvertreter für Eisenwaren. Offenbar hatte er nicht das gleiche Interesse an Literatur wie seine Mutter, die weder Raum noch Zeit gefunden hatte, ihm etwas davon zu vermitteln. Die Linie der Literaturbegeisterten, der *letraheridos* – dieses Wort war Rodoreda ja verhasst –, endete in der Gurguí-Familie mit ihr. Jordis Familie zog zusammen mit seinem Vater in ein anderes Einfamilienhaus, einen »Turm« in la Bonanova. Wenn Mercè zu Besuch kam, nahm sie sich ein Hotelzimmer. Sie führten das Leben einer traditionellen katalanischen Familie der höheren Mittelschicht, welches Margarida wie folgt dem Rhythmus der katholischen Kirche gemäß beschreibt: »Heiligentage, Geburtstage, den Palmwedel segnen gehen und Weihnachten feiern.«

Jordis Großmutter Montserrat war die Erste, die starb. 1971 folgte sein Vater Joan, der zu Mercès Füßen gelegen und geweint hatte. Und an dieser Stelle zerbrach alles zwischen Mutter und Sohn. Schuld war passenderweise ein Testament. Joan hatte schriftlich bestimmt, dass nach seinem Tod alles, was ihm gehörte, an seinen Sohn gehen sollte, allerdings unter der Bedingung, dass er bis zu Mercès Ableben nichts davon verkaufte. Sie bekam den Schmuck, den sie ihm an dem Tag zurückgegeben hatte, als sie mit Jordi das Haus und den Mann verließ. Außerdem stand ihr die *cuarta marital*, der eheliches Viertel genannte Pflichtteil zu, da sie sich ja nie hatten scheiden lassen. Dennoch verlangte sie von ihrem Sohn, dass er ihr den Hauptteil des Erbes überlassen sollte. Er weigerte sich mit dem Argument, er habe vier Kinder zu versorgen. Es folgte ein Streit, der eine ganze Nacht dauerte und nach dem die beiden nie wieder ein Wort miteinander wechselten.

In ihrem Buch ist Margarida extrem schwammig, was das »Verhalten« ihres Mannes angeht, wie sie es nennt. »Er fing an, sich zu verändern«, schreibt sie, erklärt aber nicht, wie und in Bezug worauf. Wir erfahren nicht, was dieser Eisenwarenvertreter und Vater von vier Kindern genau tat, als sich sein Verhalten änderte, und was genau zur Diagnose Schizophrenie führte. Im Buch seiner Frau erfahren wir, dass sie sich »auf Druck der Ärzte« schließlich genötigt sah, ihn in die psychiatrische Klinik Pere Mata de Reus einweisen zu lassen. Es überrascht nicht, dass eine Frau ihrer Generation uns in Bezug auf die psychische Gesundheit ihres Mannes nichts weiter als Ellipsen und Geziere serviert. So ist es noch schwerer vorstellbar, was in Jordis Kopf ablief und ob seine Symptome womöglich bereits früher aufgetreten waren. Als Jordi in die Klinik kam, schickte Margarida zwei Telegramme an ihre Schwiegermutter in Genf, um sie zu informieren. Nach ihren Aussagen bekam sie keine Antwort.

Die beiden Frauen sahen sich nie wieder. Der älteste Enkel Jordi stand kurz vor seiner Hochzeit, als er aus dem Fernsehen erfuhr, dass seine berühmte Großmutter sich gerade in der Stadt aufhielt. Jordi wollte sie einladen, und seine Mutter Margarida fuhr zu Mercès Haus im oberen Teil der Calle Balmes, das sie sich mittlerweile gekauft hatte. Mercè Rodoreda sagte, sie könne die Hochzeit leider nicht besuchen, da sie ein »sehr gut bezahltes« Interview mit einem Schweizer Fernsehsender habe – eine merkwürdige Aussage, da Interviews normalerweise nicht vergütet werden. Auf Zehenspitzen umkreisten die beiden Frauen das Thema des Psychiatriepatienten. »Diese Nervenleiden sind langwierig, aber du wirst schon sehen, dass es ihm bald besser geht«, war alles, was Mercè Rodoreda zu sagen hatte.

Und dann wurde Jordi aus der Klinik geholt, um der Trauerfeier seiner Mutter beizuwohnen. »Von diesem Tag werde ich niemals den Anblick von Mercè Rodoredas Sohn vergessen. Gealtert, krank, ohne einen Schimmer davon, was um ihn herum passierte, betrachtete er die sterblichen Überreste seiner Mutter. Er zeigte mit der Hand auf den Sarg und sagte bloß ›Meine Mutter‹. Und was konnte ich ihm anderes antworten als ›Ja, Jordi‹. Mir fehlten die Worte. Ich konnte sie einfach nicht finden.« Diese merkwürdigen Sätze schreibt Margarida Puig über ihren Mann, den Vater ihrer Kinder.

In den Büchern von Mercè Rodoreda hat das Thema Mutterschaft immer auch eine düstere, wenn nicht gar verhängnisvolle Komponente. Ihre berühmteste Schöpfung ist die Protagonistin Natàlia in *Auf der Plaça del Diamant*, die von ihrem Mann *Colometa* bzw. Täubchen genannt wird. Natàlia ist eine weibliche Figur, die sich ebenso wie Ibsens Nora gezwungen sieht, zum Tierkindchen zu verkümmern. Natàlia hat seit Kindesbeinen keine Mutter und ist Halbwaise. Als sie selbst schwanger wird, bereitet ihr dies Überdruss, ebenso wie der Geschlechtsverkehr mit ihrem Mann, der ihr darüber hinaus Schmerzen verursacht. Natàlias zwei Schwangerschaften in *Auf der Plaça del Diamant* gehören zu dem Beklemmendsten, was die moderne Literatur zu bieten hat. Sie erlebt ihren Zustand als Invasion, die sie ihrem Körper vollständig entfremdet. Die Schwangerschaft mit ihrem ersten Sohn Toni beschreibt sie wie folgt: »Mir schwollen die Hände an, mir schwollen die Knöchel an; es fehlte mir nur noch ein Schnürchen am Bein zum Davonfliegen. (…) Immer war es mir, als ob man mich innen ausgehöhlt und mit etwas Seltsamem aufgefüllt hätte.«

Nach der schmerzhaften und erschöpfenden Geburt hat Natàlia nicht ausreichend Milch, um ihr Kind zu stillen, und Toni nimmt immer weiter ab, statt zu wachsen. Ihre Freundin Julieta sagt sogar, dass ihr Sohn sterben wird, »wenn ein Kind die Brust nicht nehmen will, ist es praktisch schon tot …« Bei der Geburt ihres zweiten Kindes Rita kommt Natàlia beinahe an einem Blutsturz ums Leben.

Später, als der Bürgerkrieg losbricht und ihr Mann Quimet an die Front muss, bleibt Colometa nichts anderes übrig, als eine Mutter zu sein, die geht. Ihren ältesten Sohn Antoni schickt sie für eine Zeit in eine Kolonie für Flüchtlingskinder, in der Julieta arbeitet, obwohl er sich mit allem, was er hat, dagegen sträubt. Ob die bereits gealterte Mercè Rodoreda wohl beim Schreiben an ihren eigenen Sohn Jordi dachte? In ihren zahlreichen Briefen gibt es keinerlei Anzeichen dafür, dass ihr die Trennung von ihrem Sohn besonders zu schaffen gemacht hätte. Sie litt, wenn ihr Geld fehlte und wegen der ungewöhnlichen Situation mit Armand Obiols oder wenn sie ihr literarisches Leben gegen das Nähen von Kittelschürzen eintauschen musste. Nicht aber wegen ihres Kindes, das sie in einer anderen Stadt gut versorgt wusste und mit dem sie freundliche Briefe wechselte. Außerdem fällt bei der Lektüre ihrer Korrespondenz auf, dass Rodoreda ihre literarische Kraft für ihre Briefwechsel mit Schriftstellerkollegen aufspart, die sie mit ihrer Prosa verführen will. Ich frage mich, ob wir Schreibenden, die wir permanent Kurznachrichten hin und her schicken, das nicht alle ein bisschen tun. Heben wir unsere besten Sätze nicht automatisch für diejenigen auf, die wir für ein erlesenes Publikum halten? So oder so kann letztlich niemand behaupten, irgendetwas über jemand anderen sicher zu wissen. Nicht einmal ihre

Freundin Anna Murià und nicht einmal ihre treuesten Leserinnen und Leser.

Natàlias Kampf ist schwerer als der ihrer Schöpferin. Und er endet nur halbwegs gut. Colometa gelingt es nicht, Arbeit zu finden, weil sie die Frau eines Republikaners ist, und sie muss lange Zeit Hunger leiden. An dieser Stelle fällt sie eine Entscheidung, die den düsteren Tiefpunkt des Romans markiert. Da sie nicht mehr in der Lage ist, ihre Kinder mit Nahrung zu versorgen, beschließt sie, sie zu töten. Zweimal geht sie in den nahen Krämerladen, um Salzsäure und einen Trichter zu kaufen. Sie hat den Plan, zuerst ihre Kinder zu vergiften und sich danach selbst mit der gleichen Methode das Leben zu nehmen. Beim ersten Anlauf bringt sie es nicht über sich, das Gift zu kaufen. Sie bekommt Gewissensbisse und geht unverrichteter Dinge wieder nach Hause. Aber sie versucht es erneut. Beim zweiten Mal bietet ihr der Ladenbesitzer eine Arbeit an. Diese Wendung ist die einzige, die in *Auf der Plaça del Diamant* an ein Märchen erinnert, vor allem weil sie nach fünfzehn Monaten den Ladenbesitzer heiratet. Für Natàlia gibt es einen weiteren Bonus, der allerdings jeder märchenhaften oder konventionellen Romantik im Roman zuwiderläuft: Der neue Ehemann ist durch den Krieg impotent geworden. Natàlia muss keine schmerzhafte Penetration und keine weiteren Schwangerschaften mehr über sich ergehen lassen. Das Modell einer stabilen, sicheren und asexuellen Ehe, die in keinem Fall in einer neuen Mutterschaft endet, ist das, was für diese geschundene Frau einem glücklichen Ende am nächsten kommt.

Jordi Gurguí, Mercè Rodoredas einziger Sohn, starb im Jahr 2005, nachdem er vier Jahrzehnte in psychiatrischen Kliniken verbracht hatte. Seine Frau Margarida überlebte ihn um beinahe zwanzig Jahre und verstarb im Jahr 2021. Einer seiner Söhne sagte in jener Fernsehsendung auf TV3, dass er seiner berühmten Großmutter keine Vorwürfe mache, es aber besser gewesen wäre, sie hätte sich nur dem gewidmet, was sie gut konnte: dem Schreiben. In diesem Punkt lehne ich mich aus dem Fenster und behaupte, dass sich Großmutter und Enkel wohl einig gewesen wären.

Wenn du Kinder hast, mein Kind

Heutzutage lässt sich durchaus behaupten: Wenn ein Vater sein Kind nicht großzieht, nicht zur Hälfte und nicht einmal zu einem Viertel, dann liegt es daran, dass er nicht will. Wenn eine Mutter ihr Kind nicht großzieht, dann in aller Regel, weil sie nicht kann. Der Faktor, der tagtäglich auf der ganzen Welt unzählige Mütter von ihren Kindern trennt, ist weder die Schwierigkeit, kreative oder intellektuelle Erfüllung zu finden, noch die Inkompatibilität mit einer neuen Liebesbeziehung oder eine Trennung, sondern schlicht und ergreifend das Geld. Finanzielle Nöte erklären 98 Prozent der Fälle, in denen eine Mutter sich von ihrem Kind trennt. Das vorliegende Buch hat bis zu diesem Kapitel vor allem die restlichen zwei Prozent behandelt.

Diese Zahlen sind natürlich geschätzt, da keinerlei offiziellen Statistiken hierzu erhoben werden.

Die anderen Mütter, die unfreiwillig gehen, findet man überall. Frauen, die fortziehen und ihre Kinder beinahe immer bei ihren eigenen Müttern lassen, um am anderen Ende der Welt oft die Kinder fremder Mütter zu hüten. Man fängt gerade erst an, ihre Geschichten zu erzählen. Noch nicht einmal das journalistische Interesse ist bis jetzt groß genug, um diesen Frauen eine Bühne zu bieten. Ganz vereinzelte Bücher und Filme finden sich mittlerweile, häufig sind sie allerdings aus Sicht der Personen erzählt, die von den Nannys profitieren.

Dieses Kapitel der *Mütter, die gehen* stand lange auf tönernen Füßen. Es war oft kurz davor, gestrichen zu werden, weil es anders war. Ich erklärte meiner Verlegerin, dass ich versuchen würde, meine weiße Schuld herauszuhalten, die ich jedes Mal von Neuem spüre, wenn ich mit Kevins Mutter sprechen muss.

»Was denn für ein Kevin«, fragte sie, »wovon redest du?« Kevin ist das Kind, das meinen Sohn seit der ersten Klasse ärgert. Beide haben eine seltsame Faszination füreinander, vielleicht weil keinerlei Ähnlichkeit zwischen ihnen besteht. Diese Fixierung hat allerdings keine wunderbare Freundschaft hervorgebracht, durch die sie den Mehrwert des Unterschiedlichseins schätzen gelernt hätten, wie es in einem Kinderfilm mit erbaulicher Botschaft passiert wäre. In unserem Fall bleibt es dabei, dass Kevin meinen Sohn schlägt und ich mich regelmäßig mit der Schule und mit seinen Eltern auseinandersetzen muss.

Kevins Mutter ist Migrantin und alleinstehend. Sie hat einen harten Lebensweg hinter und vor sich, und ich muss immer wieder zu ihr und sie darum bitten, dass sie ihren Sohn, wenn möglich, doch bitte dazu bringen möge, meinen Sohn ein bisschen mehr in Frieden zu lassen. Jedes Mal überfällt mich meine weiße Schuld, und ich bin mir des Bildes vollkommen bewusst, das wir beide abgeben, sie und ich vor den Toren der Schule. Ich die Mittelschichtsmutter und sie die prekarisierte Mutter mit Migrationshintergrund. Immer wenn das passiert, bin ich mir darüber im Klaren, dass ich auf ihren Berg an Problemen noch eins obendrauf packe. Außerdem weise ich ihren Sohn als Aggressor aus, der dunkler und ärmer ist als meiner. Am Ende würde ich mich gern an Ort und Stelle in Luft auflösen, weil ich dieses schreckliche Stereotyp der katalanischen *Karen* verkörpere. Ich bin die progressive Mutter mit einem Kind in einer staatlichen Schule in einem zentral gelegenen Stadtteil, wo Integration oft leichter zu predigen als umzusetzen ist. Und dann denke ich an meinen Sohn, den freundlichsten Jungen der Welt, und ich sage mir, dass ich es tun muss, und ziemlich sicher werde ich es in ein paar Monaten wieder tun müssen.

Diese Mütter, die wie Kevins Mutter, die ihr anderes Kind in ihrem Land zurücklassen musste, unfreiwillig gehen, hätten eigentlich viel mehr verdient als ein läppisches Kapitel in diesem Buch. Sie verdienen eigentlich zweihundert Bücher, am besten von ihnen selbst erzählt und verfasst. Auf jeden Fall wäre das vorliegende Buch ohne sie nicht vollständig.

Für dieses etwas andere, aus dem Rahmen fallende Kapitel, das nicht von berühmten Schriftstellerinnen, Schauspielerinnen oder Pädagoginnen handelt, habe ich migrierte Frauen interviewt, die heute an verschiedenen Orten Spaniens im Hotelgewerbe oder als Haushälterinnen arbeiten. Das Ergebnis sind eine Menge Risse und nicht richtig passende Puzzleteile. Kinder, die im Ursprungsland zurückgelassen wurden, Kinder, die in Europa geboren sind, die ihre Mütter aber zurück in die Heimat schickten, weil es sich als unmöglich erwies, zwölf Stunden am Tag in einem fremden Haushalt zu arbeiten und gleichzeitig die eigenen Kinder zu betreuen. Diese Kinder konnten manchmal nach Jahren voll harter Arbeit, Sparsamkeit und Papierkrieg wieder zurückgeholt werden, aber es gelang ihnen nicht immer, sich in ihrem neuen alten Zuhause einzuleben.

Mir wurde klar, dass die Mütter mit einem Ozean zwischen sich und ihren Kindern alles andere waren als Mütter, die gehen. Sie erlauben sich vor Ort keinerlei Leben, keine Partnerschaft, nichts. Und das ist ein Problem. Oft erlegen sie sich den höchsten Grad des Mutteropfers auf. Sie sind sich selbst gegenüber gnadenlos und verweigern sich jede Erleichterung, jede Zerstreuung, die es fern von ihren Kindern geben könnte, als müssten sie sich für etwas bestrafen. Mit den Gedanken sind sie stets an dem Ort, wo ihre Kinder sind und wohin sie all ihr Geld schicken, was natürlich nicht besonders viel ist. Dank technologischer Fortschritte können sie jetzt in viel engerem Kontakt stehen als noch vor wenigen Jahrzehnten, aber auch das erzeugt wiederum neue Verpflichtungen und Rituale, die nicht immer angenehm sind. Um Mitternacht nach zehn Stunden Arbeit, wenn man eigentlich nichts mehr zu bieten hat, noch vier Stunden über Videochat Hausaufgaben machen. Stundenlang mit dem Kind reden, das an der Playstation spielt, nur damit die Stimme der Mutter nicht fremd wird. Jahrelang für einen gemeinsamen Urlaub sparen, der, wenn er endlich da ist, in der drängenden Gewissheit verlebt wird, dass er bald vorbei sein wird.

Das hier sind die Geschichten einiger dieser Frauen, wie sie sie selbst erzählen. Ihre Namen wurden geändert, um ihre Privatsphäre zu schützen. Ich bin ihnen unglaublich dankbar für ihr Vertrauen. Ein paar von ihnen zögerten zunächst, doch bald darauf flossen die Worte und waren kaum noch aufzuhalten.

Violet B., 51, Nicaragua

In meinem Land habe ich in einem Krankenhaus gearbeitet, als medizinische Verwaltungskraft. Dort verdient man sehr wenig. Eines Tages ist eine Bekannte von uns nach Spanien gegangen, und wir haben uns alle Hoffnungen gemacht. Sie meinte, wir sollten auch kommen, in Spanien würde man mehr verdienen. Ich wollte mit der Schwester von einer anderen Freundin kommen, aber die hat dann doch noch einen Rückzieher gemacht, und ich hatte mein Ticket schon in der Hand. Ich bin allein hergekommen, ohne irgendjemanden zu kennen. Es war das erste Mal, dass ich im Ausland war.

Ich bin getrennt, mein Kind. Meine Tochter habe ich allein bekommen und großgezogen. Man hat schon seine liebe Not mit den Kleinen. Wenn du Kinder hast, dann tust du alles für sie. Ich bin nach Spanien, da war meine Tochter schon sechzehn. Sie blieb mit meiner Mutter und meiner Schwester zurück. Sechs Monate lang hat sie die ganze Zeit nur geweint. Sie brachten sie zum Psychologen. Immer, wenn wir uns im Internet-Café über Videochat angerufen haben, haben wir beide geweint. Ich musste weinen, wenn ich sie hab weinen sehen, weil es mir so leidtat. Bis meine Schwester dann gesagt hat: Hört auf damit, das macht es nur schlimmer. Und seitdem mache ich eben das Beste draus.

Meine Tochter hat immer gesagt: »Du bist gegangen und hast mich im Stich gelassen«. Das ist sehr hart, dass sie das so sagt.

Ich kam hier mit Zielen an, ich wollte vorankommen im Leben. Die Familie unterstützen, damit sie studieren kann, mein Haus in Nicaragua bauen. Deswegen kommt man ja hierher, zumindest die, die anständig sind. Viele Frauen kommen her und machen nur Party, nach dem Motto: Du lebst ja nur einmal. Sie lassen ihre Kinder im Stich, überlassen sie einfach ihrem Schicksal. Es gibt hier ja alles Mögliche.

Meine Tochter Stephany habe ich dann erst sechs Jahre später wiedergesehen. Da war sie zwanzig oder einundzwanzig, und ich hatte mich endlich um Papiere gekümmert. Es war schön, aber man verpasst so viel. Sie hat nur direkt mit ihrer Großmutter geredet, und mich hat sie angeschaut, wie wenn ich eine Fremde wäre. Das hat mir wehgetan. Ich war nur einen Monat dort, und es war noch schwerer. Das ist ein Riesenunterschied. Es gibt nicht mehr diese Nähe. Wenn man sie kleiner zurücklässt, dann ist es noch schlimmer. Die Kinder erkennen dich nicht wieder. Es ist, als wärst du ein Gegenstand, wenn du dort bist.

Wenn du Kinder hast, lass sie nie zurück, mein Kind. Das ist das Traurigste überhaupt.

In Spanien habe ich alles gemacht, außer Anschaffen. Ich habe alte Leute betreut, Wohnungen geputzt. Jetzt arbeite ich in einem Pflegeheim. Ich habe für Familien auf die Kinder aufgepasst. Ein Zwillingspaar habe ich großgezogen. Es ist sehr hart, fremde Kinder großzuziehen. Wir werden dafür bezahlt, dass wir uns kümmern, sie füttern, und die Liebe, die du hast, die gibst du natürlich diesen fremden Kindern. Diese Zwillinge hat mir ihre Mutter übergeben, als sie ganz frisch geboren waren, und ich habe mich zwei Jahre lang um sie gekümmert. Wenn du jemanden dafür einstellst und dich selbst von deinen Kindern abkapselst, meine Liebe, dann entwickeln die Kinder eine Bindung zu dem, der sie versorgt. Für diese Kinder war ich die Bezugsperson. Ich habe sie morgens um acht entgegengenommen und sie abends ins Bett gebracht, von Montag bis Samstag. Die Eltern kamen gar nicht mit den Kindern zurecht. Ich hab sie gebadet, gefüttert, ich hab alles gemacht. Das Mädchen war sehr schlau. Zum Jungen haben sie immer Dummerchen gesagt, aber der war überhaupt nicht dumm. Und dann wurde die Mutter eifersüchtig. Als die beiden vier Monate alt waren, da hat sie zu ihrem Sohn gesagt: »Mateo, ich bin deine

Mama, nicht die Violet.« Aber sie nannten sie nicht Mamá. Bertaaa, Bertaaaa haben sie zu ihr gesagt. Der Vater hat mir dann angeboten, dass er mich auch am Sonntag bezahlt. Sie schafften es allein einfach nicht mit ihren Kindern. Bei ihnen haben die Kinder nicht aufgehört zu weinen.

Ich habe immer mit ihnen geredet, und die Kleinen kannten meine Stimme. Bei mir wurden sie immer ruhig. Ihre Eltern haben die zwei in den Wahnsinn getrieben. Am Ende hat der Psychologe zu den Eltern gesagt, sie müssten die beiden von mir trennen, weil ich ja eines Tages nicht mehr da bin. Sie haben sie in den Kindergarten gesteckt, und wenn sie wieder nach Hause kamen, haben sie die zwei in ihr Zimmer gesperrt. Die Kinder wollten die ganze Zeit die Tür aufmachen und zu mir. Ich habe damals sehr gelitten. Sie haben gelitten. Aber die Mutter hat mich von ihnen ferngehalten. Und einmal hat es mir der Hausherr dann erklärt: »Der Psychologe hat uns gesagt, wir müssen die Kinder von dir trennen; sie kommen jetzt schon in den Kindergarten. Wir werden dich dann nicht mehr brauchen.« Ich habe einen ganzen Monat lang getrauert. Ich habe den Kleinen Liebe gegeben, Zuneigung, Fürsorge. Ich habe sie gefüttert, ich habe ihre ersten Worte gehört, ihre ersten Schritte gesehen. All das durfte ich erleben.

Nach den Zwillingen wollte ich keine Kinder mehr betreuen. Lieber alte Menschen.

Meine Stephany wurde eifersüchtig, wenn ich auf andere Kinder aufgepasst habe, weil sie schon älter ist. Das ist eben die Persönlichkeit meiner Tochter. Als sie auf die Welt kam, da gab es ein Problem, sie ist nicht so wie andere Kinder. Sie hatte immer ein Problem mit dem Lernen. Wir wissen nicht, wie alt sie in ihrem Kopf wirklich ist.

Jetzt, vor ungefähr zwei Jahren, da habe ich sie zu mir nach Spanien geholt. Das war nicht gut. Wenn wir auf der Straße gegangen sind, lief sie vor mir und ich hinter ihr her, wie so ein Hund. Sie hat sich nicht wohlgefühlt mit mir. Hat mich angeschaut wie eine Fremde. Sie war nicht so anhänglich wie eine Tochter. Bis ich dann eines Tages sauer geworden bin und mit ihr geschimpft habe. Egal wie, egal was, ich hab sie verdammt nochmal geboren. Ich bin ihre Mutter. Da habe ich zu ihr gesagt, sie soll nicht mit mir Gassi gehen wie mit einem Hund. Am Ende ist sie dann wieder zurück. Sie hatte dort einen Freund, und das war eben wichtiger als ihre alte Mutter.

Ich habe hier keine Beziehungen gehabt, keinen Partner. Ich will keinen Stress. Ich will meine Ruhe. Mittlerweile bin ich in einem Alter, wo ich meine Ziele erreicht habe. Ich habe mein Haus in meiner Heimat, und es wird für mich vermietet. Aber ich bin schon viele Jahre hier. Früher oder später muss ich zurück.

Wenn du Kinder hast, mein Kind, lass sie nie zurück.

Caslissha C., 36, Nicaragua

Mein Mann und ich, wir sind beide Ingenieure, und wir haben früher beim selben Unternehmen gearbeitet. Als die Regierung von Guatemala die Rohstoffe zurückgehalten hat, da hat das Unternehmen angefangen, Verluste zu machen. Zuerst haben sie mich entlassen, weil ich dort Bereichsleiterin war, und Bereichsleiter verdienen ein bisschen mehr. Uns wurde allmählich klar, dass einer von uns die Heimat verlassen muss. Es war eine schwere Entscheidung, aber ich bin gegangen, weil die

Möglichkeiten für Frauen hier in Spanien besser sind, wegen der Haushälterinnenjobs. Wenn ein Mann herkommt, findet er erst einmal gar nichts.

Sechs Monate haben wir gekämpft, bis ich mich dann entschieden hatte. Für mich war es ziemlich bitter.

Ich habe meiner 4-jährigen Tochter schon erzählt, dass Mami das Land verlassen muss und wir nicht mehr zusammen sein werden. Als ich aus dem Haus ging, habe ich sie dann schlafen lassen. Ich konnte mich nicht von ihr verabschieden. Nicht von der Kleinen, nicht von der Familie und überhaupt von niemandem. Auch von meiner Oma nicht, die mich großgezogen hat wie eine Mutter. Am Flughafen habe ich mich auch nicht sehr herzlich von meinem Mann verabschiedet. Ich wollte lieber allein am Gate warten. Auf dem Flug musste ich die ganze Zeit die Tränen zurückhalten, den ganzen Flug habe ich nicht geweint. Bis heute habe ich nicht geweint. Was bringt es mir, wenn ich weine? Ich denke manchmal, ich will weinen, aber es geht nicht. Vielleicht, wenn ich zurückgehe. Da kann es schon sein, dass ich dann in Tränen ausbreche.

Als ich in Barcelona am Flughafen ankam, war der erste Gedanke, dass ich zurück will. Ich dachte: Lieber Gott, was mach ich hier? Bis dahin war ich höchstens anderthalb Stunden von meiner Stadt entfernt in einer anderen Region von Guatemala gewesen. Die Ankunft im Flugzeug hat sich so angefühlt, als wenn ich sterben würde.

Mit meiner Kleinen, Yasmine heißt sie, mit ihr spreche ich jeden Tag. Wir reden miteinander, machen zusammen Hausaufgaben. Vormittags ist sie in der Schule und nachmittags für zwei Stunden bei einer Privatlehrerin. Mit der Lehrerin habe ich einen WhatsApp-Chat. Ich habe der Kleinen ein Smartphone gekauft, und wenn es nach ihr ginge, wären wir den ganzen Tag übers Handy verbunden. Das haben wir nicht verloren.

Am Anfang, als ich noch nicht so lange weg war, da hat es die Kleine nicht verstanden. Für sie kam ich jeden Moment zurück. Jetzt versteht sie es schon ein bisschen besser. Ich bin seit zwei Jahren hier. Ich habe ihr gesagt, dass ich irgendwann zurückkomme. Leider ist der alte Mann, den ich betreut habe, gestorben, und ich habe nun keine Arbeit. Ohne Geld kann ich nicht zurück. Jetzt sagt sie zu mir: »Komm zurück, Papi kann uns beide versorgen«. Sie ist sehr klug und versteht schon ziemlich viel.

Sie stellt auch die ganze Zeit Fragen. Wenn ich aus Spanien wieder zurück zu Hause bin, sagt sie, dann wird sie ganz eng an mich angekuschelt schlafen. Ich kann mir vorstellen, dass sie gar nicht schlafen kann, wenn ich zurückkomme, weil sie denkt, ich gehe bestimmt wieder weg, wenn sie schläft.

Hier habe ich auch Kinder betreut. Erst ein Baby und dann ein 4-Jähriges. Das macht mir nichts aus. Für mich war immer klar, dass das eine die Arbeit ist und das andere meine Tochter. Ja, die Kleinen habe ich auch lieb, aber nicht wie eine Mutter. Ich muss sie ja auch lieb haben, das gehört zu meiner Arbeit dazu, aber es ist eben keine Mutterliebe. Mutterliebe bekommt nur meine Tochter.

Was nicht geht, ist mich auf Spielplätzen hinsetzen, da bekomme ich schlimm Heimweh. Aber ich weine nicht. Warum sollte man auch weinen.

Noemy R., 45, Kolumbien

Ich war ziemlich jung, als ich meine Tochter bekommen habe. Mein Vater war ein totaler Macho, dem es nicht wichtig war, dass wir eine gute Ausbildung bekommen. Ich habe als Bedienung in einem Restaurant gearbeitet, und ich wurde dann mit ungefähr einundzwanzig oder zweiundzwanzig schwanger. Als die Kleine auf die Welt kam, hab ich sie bei meinen Eltern gelassen, damit sie sie großziehen. Ein paar meiner Freundinnen waren gerade dabei, nach Spanien zu gehen, und sie meinten, es gäbe dort Arbeit, also bin ich mit. Es war klar, dass meine Tochter eine Ausbildung und andere Dinge brauchen würde. Sie war zwei oder drei, als ich weg bin. Ich kam ganz allein in Oviedo an, ohne dass ich irgendjemanden kannte. Das war ungefähr 1998, und damals gab es noch kein WhatsApp wie jetzt, es gab kein Facetime oder Skype. Wir haben damals diese Telefonkarten gekauft, die hießen *Llama Ya*, und da waren Minuten drauf, um mit Kolumbien zu telefonieren. Ich habe die Kleine jeden Tag angerufen.

Hier habe ich alte Menschen und Kinder betreut. Das war die Arbeit, die es gab, weil ich meine Papiere noch nicht beisammen hatte. Ich habe mich verliebt und hatte einen spanischen Freund, der mir das Blaue vom Himmel versprochen hat, heiraten wollte er mich, und ich sollte alles, alles bekommen, was ich wollte … Wir sind in ein Dorf in Asturien gezogen. Aber das ging nur fünf Jahre gut. Zum Glück kam das Migrantengesetz von Zapatero, als ich mich von ihm getrennt habe. Ich habe dann eine Frau kennengelernt, die mir einen Job mit Arbeitsvertrag gegeben hat, damit ich mich um ihre Großmutter kümmere. Und so habe ich dann meine Papiere bekommen.

Dann konnte ich auch nach Kolumbien zurück, um meine Kleine zu sehen, da war sie sieben. Sie war schon eine richtige junge Dame. Ein intelligentes, kluges Mädchen. Meine Mutter hat mir sehr geholfen. Als sie noch kleiner war, da hat meine Mutter immer zu ihr gesagt: Deine Mamá ist weggegangen, damit du diese ganzen Spielsachen haben kannst. Sie hat dir das alles geschickt.

Meine Tochter habe ich dann mit zwölf oder dreizehn Jahren hierher zu mir geholt, aber sie hat sich nicht gut eingelebt. In Kolumbien hat sie in einer Kleinstadt gewohnt, sie hatte ganz anderen Kontakt mit ihren Lehrern, die Lehrer mochten sie und haben sie auf Ausflüge mitgenommen … Hier hat sie nur geweint. Sie war ziemlich weit entwickelt für ihr Alter, im Vergleich zu den anderen Kindern war sie schon sehr groß. Ich hatte damals zwei Jobs: Vormittags von acht bis zwölf habe ich in einem Haushalt geputzt und auf ein Kind aufgepasst, und nachmittags von drei bis Mitternacht habe ich in einem Café gearbeitet. Wir haben uns also fast gar nicht gesehen. Meine Freundin ist mit ihr nachmittags rausgegangen, und meine Tochter kam dann in die Bar, wo ich gearbeitet habe, um ihre Hausaufgaben zu machen. Sie war sehr einsam. Oft hat sie bei meiner Mutter in Kolumbien angerufen und ihr gesagt: »Ich wohne im achten Stock, und wenn ich rausgehe, treffe ich niemanden.« Sie war es gewohnt, aus dem Haus zu gehen und sofort ihre ganzen Freunde zu treffen.

In der Schule hatte sie Schwierigkeiten mit den Hausaufgaben. Außerdem wurde sie langsam eine junge Frau und fing an, Jungs mit nach Hause zu bringen. Wir mussten uns aneinander anpassen. Sie war noch so klein, als ich sie in Kolumbien zurückgelassen hatte, dass ich für sie eine Unbekannte war, obwohl sie natürlich wusste, ich bin ihre Mutter. Wir sind oft aneinandergeraten. Sie hat sehr rebelliert. Manchmal hat sie mir gesagt: »Du bist nicht meine Mutter, du hast mich ja nicht großgezogen.«

Am Ende habe ich meine Arbeit in der Bar aufgegeben, weil es Probleme mit dem Eigentümer gab, der war anstrengend und rassistisch. Und genau da fing die Krise in Spanien an. Ein paar Freundinnen haben zu mir gesagt, in Italien würden wir Arbeit kriegen, und ich bin dorthin. Die Kleine habe ich in Oviedo gelassen, sie war fünfzehn und hat da schon mit ihrem Freund zusammengelebt. Ich kam alle drei Wochen zu Besuch, bis sie mir gesagt hat, dass sie zurück nach Kolumbien zu ihren Tanten und zu ihrer Oma will. Ich habe ja gesagt, und sie kam nie zurück nach Spanien. Ob es daran liegt, weil ihr die Vaterfigur gefehlt hat, dass sie immer einen Freund haben musste, immer musste sie jemanden haben. Jetzt lebt sie mit jemandem in Mexiko zusammen. Sie ist schon erwachsen und auf der ganzen Welt unterwegs, wie ihre Mutter. Jetzt hat sie ein stabiles Leben. Wir telefonieren viel und stundenlang, wie zwei Freundinnen. Jetzt denke ich mir, hätte ich nur mehr Zeit für sie gehabt, vielleicht wäre sie dann noch hier.

Cristina, 37, Kolumbien

Bald bin ich fünf Jahre in Madrid. In Kolumbien habe ich im Gesundheitsbereich gearbeitet, die Klinik ist aber pleitegegangen und musste schließen. Die Arbeit dort war sehr schwer, also bin ich hierhergekommen, um neue Möglichkeiten zu suchen. Meine Schwester war schon hier, und eine Freundin hat zu mir gesagt: »Cristina, komm nach Madrid, hier gibt es viel Arbeit«. Aber das hat nicht gestimmt. Als ich hier ankam, musste ich alles Mögliche machen: gärtnern, putzen, kolumbianische Empanadas backen … Bis ich dann einen etwas festeren Job in einem Café bekommen habe. Ich schicke immer Geld nach Hause, um meine Eltern zu unterstützen.

Mein Sohn war viereinhalb, als ich hergekommen bin, jetzt ist er neun. Ich habe ihn bei seinem Vater gelassen, wir sind getrennt, und meine Eltern kümmern sich auch, bei ihnen ist er aufgewachsen. Ich rufe ihn jeden Tag an, und er erzählt mir Sachen. Wegen der Pandemie war die ganze Schule auf einmal digital. Montags schicken sie uns den Wochenplan, und ich bin dann so was wie seine Lehrerin. Manchmal bin ich erschöpft, aber er muss ja seine Aufgaben rechtzeitig abgeben, deswegen strenge ich mich ein bisschen mehr an. Naturwissenschaften, Englisch, Mathematik, Religion, alles. An manchen Tagen mache ich bis um zwei Uhr früh noch Schulaufgaben. Ich rufe ihn gegen zehn Uhr abends an, wenn ich von der Arbeit komme, dort ist es dann zwei Uhr nachmittags, und wir sind stundenlang zusammen.

Manchmal spielt er an der Playstation, und ich rede mit ihm. Oder er badet, und ich rede mit ihm. Mit der Zeit wird es schwieriger, und man hat das Gefühl, dass viel verloren geht.

Als ich hergekommen bin, habe ich zu ihm gesagt: »Mein Kleiner, ich geh weg, damit du ein besseres Leben haben kannst«, um ihm die Situation zu erklären. Er hat es scheinbar verstanden, aber manchmal merke ich, dass da doch Sachen zurückgeblieben sind. Wenn wir die Hausaufgaben in Ethik und Gemeinschaftskunde und so was machen, wo es darum geht, ehrlich etwas über sich selbst zu beantworten, da sehe ich manchmal seine Antworten, und dann verstehe ich, dass es zwar so aussieht, als wäre es leicht für ihn, aber in Wirklichkeit ist es sehr schwer. Einmal hat er zu mir gesagt: »Ich bin ein sehr trauriger Mensch.« An solchen Tagen will ich nur weinen.

Margarita, 50, Peru

Ich bin im Süden Perus geboren, in Apurima, in den Bergen. Meine Eltern hatten viele Kinder und waren sehr arm, deswegen haben sie mich zu einer Frau in der Stadt gegeben, die schon große Kinder hatte. Damals war es üblich, die eigenen Kinder jemand anderem zu überlassen. Ich wurde zu der Frau gebracht, als ich sieben war. Ich habe sie meine Patin genannt. Wir waren mehrere Kinder in dem Haus, und wir wurden behandelt wie Personal. Sie war nie mit irgendwas zufrieden. Jetzt, wo ich groß bin, weiß ich, dass ein Kind zuallererst Liebe braucht. Ein Kind muss in den Arm genommen werden, und das hatte ich gar nicht. Wenn ich daran denke, fühle ich einen großen Schmerz.

Sobald ich konnte, bin ich aus dem Haus meiner Patin weggegangen, weil sie mir gar keine Freiheit gelassen hat. Zusammen mit ihrem Sohn wurde ich in eine andere Stadt geschickt, nach Trujillo. Ich war seine Bedienstete, aber ich bekam kein Gehalt, nur Essen und ein Bett. Sie haben mich zur Schule geschickt, aber ich hatte ja keine Zeit, weil ich mich um den Haushalt kümmern musste, deswegen konnte ich nie lernen. Immerhin habe ich die Sekundarschule abgeschlossen. Mit achtzehn habe ich einen Typen kennengelernt, ich wurde mutig und hab dem Hausherrn gesagt, dass ich gehe. Ich musste einen Zettel unterschreiben, dass ich auf eigene Verantwortung weggehe und dass sie nicht verantwortlich sind, wenn mir was passiert.

Mit dem Typen war ich nicht so lange zusammen, aber ich habe mir eine Arbeit in einem anderen Haushalt gesucht. Mit Gehalt war das schon anders. Ich musste keine solche Angst vor der Hausherrin haben wie vor meiner Patin. Drei Jahre war ich in diesem Haushalt. Es kam noch eine zweite Haushälterin dazu, und sie hat mich angesteckt mit der fixen Idee, dass wir nach Argentinien gehen und dort eine bessere Arbeit suchen müssen. Ich habe zu ihr gesagt: »Gut, dann lass uns gehen.« Wir holten uns Reisepässe und fuhren nach Argentinien. Damals war es eine Busreise von drei Tagen, durch Chile durch, bis in die Hauptstadt Buenos Aires. Das wenige Geld, das wir hatten, war bald aufgebraucht. Wir haben die erste Arbeit angenommen, die wir bekommen konnten. Ich musste Wäsche bügeln. Einmal kam der, der jetzt mein Mann ist, in die Pension, wo wir gelebt haben. Er ist auch aus Peru, und eigentlich war er nur in Argentinien auf der Durchreise nach Paraguay. Ich sage immer zu ihm, das Schicksal hat dafür gesorgt, dass er in Buenos Aires Station macht, damit wir uns kennenlernen. Ich habe ihn gesiezt, habe mein Herr zu ihm gesagt, weil er älter war als ich. Wir wurden ein Paar und zogen zusammen in ein Dorf, nach San Fernando. Er hat dort in einer Plastikfabrik gearbeitet. Einmal kam meine Schwiegermutter zu Besuch, kurz nachdem wir uns kennengelernt hatten. Ich weiß noch genau, wie sie gesagt hat: »Werd bloß nicht schwanger!«

Ich bin trotzdem schwanger geworden. Dort hatten wir keine Verwandten. Ich habe gesagt: »Mein Kind kommt auf die Welt, und dann ist niemand da, der es sehen will.« Also sind wir zurück nach Peru, ich im siebten Monat. Wir sind dort zu meiner Schwiegermutter und zu den Geschwistern von meinem Mann gezogen. Da gab es keine Arbeit, und das wenige Geld, das wir hatten, ging drauf – wir hatten nur Kosten, Kosten, Kosten. Meine Schwiegermutter gab uns zu essen und ein Dach über dem Kopf, aber der Kleine brauchte natürlich Sachen. Dort gibt es keine Versicherung wie hier. Also sind wir wieder nach Argentinien zum Arbeiten, als mein Sohn Fernando, ich sage immer Fer zu ihm, sechs Monate alt war. Ich habe ihn bei meiner Schwiegermutter gelassen, das werde ich niemals vergessen. Ich spreche nicht gern darüber, weil ich immer anfange zu weinen. Ich fühle mich schuldig, weil ich ihn zurückgelassen habe, als er noch so klein war.

Ich hatte ihn nicht bei mir, bis er acht war. Mein Mann fuhr alle drei Jahre heim, um ihn zu sehen. Wir konnten nicht zusammen hin, das wäre zu teuer gewesen. Die Reise dauerte fünf Tage im Auto. Ich fuhr einmal hin, als er drei war, und er kam einmal mit fünf Jahren zu uns. Der Plan war, dass er bei uns bleiben sollte, aber nach zwei Monaten hatte er sich noch immer nicht eingelebt. Ich habe bei anderen Leuten im Haushalt gearbeitet und konnte nie Zeit mit ihm verbringen, also hat ihn meine Schwiegermutter wieder mitgenommen. So haben wir weitergemacht, haben Geld geschickt für seinen Unterhalt, bis der Corralito kam und man nicht mehr so viel Bargeld abheben durfte. Und da ist mein Mann mit einem Arbeitsvertrag nach Spanien, den ihm seine Cousine besorgt hat, und ich bin noch ein paar Monate in Argentinien geblieben, um ein bisschen was zu sparen. Dann bin ich zu meinem Kind nach Peru, da war er schon acht. Da hatten wir endlich mal eine Phase, wo wir Mutter und Sohn sein konnten. Ich habe ihn in die Schule gebracht und wieder abgeholt, aber anfangs war es sehr schwer. Die Familie von meinem Mann hat ihn gut erzogen und ihm viel Liebe gegeben, er ist ja auch der Sohn vom einzigen Sohn meiner Schwiegermutter. Aber ich wollte meine Regeln, und er war an sie gewöhnt, an seine Mamá Lucha, wie er meine Schwiegermutter immer genannt hat, und Mamá Tita, meine Schwägerin. Das ging zwei Jahre so, ich habe bei meiner Schwägerin gelebt, bis wir wieder als Familie in Spanien zusammenkommen konnten. Am Flughafen hat mein Sohn geweint, weil er seine Oma zurücklassen musste, die ihn das ganze Leben begleitet hat. Für ihn war es bestimmt auch alles nicht leicht.

Der Kleine hat sich aber sicher auf seinen Papá gefreut. Wir haben in einer Wohnung mit seinen Cousinen gewohnt. Fernando hat sich schnell in der Schule eingewöhnt. Katalanisch hat er superschnell gelernt. Nach sechs Monaten haben sie ihm schon gesagt, dass er nicht mehr in die Willkommensklasse muss, wo die Kinder von woanders hingehen, um Katalanisch zu lernen. Mein Mann hatte nicht so viel von unserem Sohn, weil er einen alten Mann gepflegt hat und nur am Wochenende heimkam. Ich fing auch an, eine ältere Frau mit Downsyndrom zu pflegen, und wir schafften es, dass uns ihre Familie eine Wohnung vermietet. Ich bekam siebenhundert Euro, und die Miete kostete siebenhundertfünfzig, wir konnten also nicht viel sparen. Samstags und sonntags fuhr ich die Dame spazieren, und dafür bekam ich was extra. Und dann wurde ich zum zweiten Mal schwanger. Das fand meine Chefin nicht gut, und es gab keine Extras mehr.

Ich dachte immer, ich muss meinem Sohn ein Geschwisterchen schenken, ich wollte ihn nicht so allein lassen wie ich es als Kind war, ich bin ja ohne Geschwister und ohne Familie aufgewachsen. Ich wollte immer noch ein Kind, habe es aber immer wieder verschoben. Mit über vierzig war ich dann nochmal schwanger, aber da bin ich eine Treppe runtergefallen und habe das Kind verloren. Ich dachte, dass es bestimmt nicht mehr sein soll, doch zwei Monate später war ich erneut schwanger. Ich habe zu mir selbst gesagt: »Wenn es auf die Welt kommt, dann kommt es. Aber ich werde nicht übervorsichtig sein, weil ich nicht aufhören kann zu arbeiten.« Ich habe bis zum letzten Tag gearbeitet mit meinem dicken Bauch. Und es ist auf die Welt gekommen. Ich war schon zweiundvierzig, und jetzt hatte ich ein Baby und einen 18-jährigen Sohn, der gerade auf die Uni ging. Er war immer sehr klug. Er hat Wirtschaftswissenschaften und Statistik studiert, alles mit Stipendien. Und genau da kam dann die Krise. Sie wollten uns aus der Wohnung werfen, und ich wollte nicht, dass sie uns kündigen, damit sich meine Kinder nicht schämen müssen.

Ich merke einen großen Unterschied zwischen meinen beiden Söhnen, weil ich den ältesten nicht selber großziehen konnte, das ist auch sehr, sehr schwer. Es ist sehr schwer, in Barcelona ein Kind ohne die eigene Familie großzuziehen. Du arbeitest nur, damit jemand auf dein Kind aufpassen kann. Und manchmal hast du zwar Geld, aber niemanden, der dir den Kleinen hütet. Zum Glück ist er jetzt schon neun Jahre alt und kann ein paar Stunden allein bleiben. Ich habe auch keine Freundinnen, nur eine andere Mutter aus der Schule, Laura, die ist sehr lieb. Es ist sehr schwer, in Barcelona ein Kind großzuziehen. Mein Jüngster war oft krank, und ich weiß nicht, warum, aber ich wurde depressiv. Drei Jahre lang habe ich Medikamente genommen, jetzt komme ich endlich davon los.

Manchmal erzähle ich meinen Söhnen von meinem Leben, und es ist ganz anders als ihrs. Sie haben Liebe und Zuneigung bekommen und wurden in den Arm genommen. Ich hatte nichts davon. Mir hat die Hauptsache gefehlt, die Liebe meiner Mutter.

Im Moment sind wir glücklich, in Anführungszeichen. Ich kann es mir nicht verzeihen, dass ich meinen Ältesten zurückgelassen habe. Er sagt zu mir: »Mamá, fühl dich nicht schlecht, sie waren dort immer sehr lieb zu mir.« Aber ich fühle mich immer schlecht, wenn ich darüber rede. Diesen Kleinen hier küsse ich und nehme ihn in den Arm, und ich frage ihn: »Bist du glücklich?, Bist du glücklich?« Den Älteren frage ich auch. Ich denke, er ist glücklich mit seiner Freundin und seiner Arbeit. Zu ihm sage ich: »Fer, du wirst nie wieder arm sein.«

Das unterschwellige Gespräch

Während ich an diesem Buch arbeitete, habe ich für eine Zeitschrift eine Autorin interviewt, die etwas jünger ist als ich. Sie hatte gerade einen phänomenal guten und seltsamen Roman geschrieben, den ich nicht müde wurde zu empfehlen. Das Gespräch verlief gut, es war eins von der Sorte, die besser in Erinnerung bleiben, als sie sich niederschreiben lassen. Wenn man die Aufnahme später zur Transkription abhört, merkt man, dass das Gespräch zu lang war, dass man nicht die richtigen Worte gefunden hat, die der Beitrag eigentlich bräuchte, um dem Ganzen eine gute Überschrift und einen roten Faden zu geben. Und wieder hat man sich vom Esprit der Interviewpartnerin mitreißen lassen. In dem Moment scheint sie mit dem Kaffee in den Händen freiwillig vor einem zu sitzen, aus eigenem Antrieb, weil sie eine Freundin sein will und nicht weil Interviews eben zur Promo ihres Buchs gehören. Solche Interviews sind auch eine Selbstbelohnung in einem manchmal wenig dankbaren Betrieb.

Am Ende des Gesprächs, als ich die Aufnahme auf dem iPhone schon beendet hatte und wir uns allmählich verabschiedeten, fragte mich die junge (aber auch nicht mehr ganz so junge) und (sehr) geniale Autorin nach meinen Kindern, die ich im Gespräch erwähnt hatte. »Es ist doch möglich, oder? Schreiben und Kinder haben? Viele Leute machen es ja«, sagte sie vorsichtig. Sie erzählte mir, dass sie früher dachte, sie wollte nicht Mutter werden, aber in letzter Zeit zweifelte sie an ihrer Entscheidung. Doch es war ihr nicht klar, wie sie alle Puzzleteile ihres Lebens zusammenfügen und wie dieses eine noch dazu passen könnte. Und einige Minuten lang führten wir tatsächlich und mit den Lauten aus unseren Artikulationswerkzeugen ein Gespräch, das in Wirklichkeit schon die ganze Zeit implizit zwischen uns mitgelaufen war, als wir über ihr Buch sprachen. Und das überrascht mich nicht.

Manchmal glaube ich, dass alle Frauen im gebärfähigen Alter ein ganzes Jahrzehnt damit verbringen, diese implizite Unterhaltung zu führen. Ich meine hier die kurze Spanne der Fruchtbarkeit in den einigermaßen gebildeten Mittelschichten westlicher Kulturen, wenn wir uns ein Kind auch leisten können, zwischen dreißig und zweiundvierzig.

Sogar wenn wir nicht darüber sprechen, sprechen wir darüber. Willst du Kinder? Willst du jetzt Kinder? Willst du ein zweites Kind? Kannst du Kinder bekommen? Wie willst du das genau anstellen, zu diesem hypothetischen Kind zu kommen, das dir Schlaf und Zeit rauben wird? Hast du gut vorgesorgt? Hast du einen Samenspender? Willst du das Kind mit einem Partner bekommen, allein oder in einer anderen Konstellation? Hast du dir überlegt, wie du ein Kind großziehen willst, ohne auf Arbeit, Schlaf und Essen verzichten zu müssen?

Auch die Frauen, die keine Kinder wollen, kennen dieses unterschwellige Gespräch nur allzu gut. Denn von ihnen werden Argumente, Antworten, ein Plan verlangt, die ihre Entscheidung gegen Kinder rechtfertigen. In vielen Fällen verbringen sie Jahre mit »dem Gespräch«, bevor sie zu einem überzeugten Nein kommen.

Ich bin mir dessen bewusst, dass ich in den letzten zehn Jahren als Journalistin viele Minuten in Interviews mit interessanten Frauen auf unterschiedliche Versionen dieses Gesprächs verwendet habe. Es waren Frauen dabei, die Romane schreiben, Frauen, die seltene Krankheiten erforschen, die Museen gründen, Filme drehen, Unternehmen leiten. Manchmal begann ich das Gespräch, aber oft waren sie es, vielleicht weil sie ahnten, dass sie ein offenes Ohr fanden und dass auch ich mitten in diesem ganzen Schlamassel steckte. Eine Kollegin, die erfolgreich Essays schreibt, fragte viel nach meinen Kindern, als wir zusammensaßen, um über ihr Buch zu sprechen. Und drei Monate später erfuhr ich, dass sie schwanger war. Offensichtlich hatte sie sich bei unserem Treffen in einer fortgeschrittenen Phase des Gesprächs befunden.

Ich stelle mir vor, dass viele meiner Kollegen und Kolleginnen diese Zeit, diese unendlich vielen Minuten der letzten zehn Jahre, anders verwenden, zum Beispiel, um länger über die Bücher ihrer Interviewpartner zu reden, über ihre Essays zum Thema Burnout, über ihre nachhaltige Stadtplanung, über den Klimawandel, über *Cancel Culture*, was weiß ich. Und ich vergeudete einen Teil meiner Zeit mit einigen der klügsten Köpfe der Gegenwart damit, über Dinge zu reden, die ich genauso gut mit meinen Freundinnen in unserer Stammkneipe besprechen könnte.

In Wirklichkeit tut es mir aber nicht besonders leid. Oft erinnere ich mich am besten an diese Teile meiner Interviews. Und manchmal dient das Gespräch über Kinder dazu, dass sich die jeweilige Person öffnet und mehr von ihrem Leben zeigt als die vorformulierten Sätze zur Vermarktung ihres Buchs, auf die sogar die großzügigsten Interviewpartner zurückgreifen, da es schlicht unmöglich ist, jedem Journalisten etwas komplett

Neues zu servieren. Ein erfolgreicher Autor strapazierte einmal meine Nerven mit durchweg einsilbigen Antworten. Er wich meinem Blick aus und gab sich keinerlei Mühe, seinen Missmut zu verbergen. Bis er eine Nachricht von seinem Sohn aufs Handy bekam und sie mir zeigte. »Irgendwann schreiben sie dir nur noch, weil sie Geld wollen«, sagte er. Ab diesem Augenblick nahm das Interview eine Wendung, und der Autor begann, etwas mehr als Mensch mit Schwächen zu sprechen statt als egozentrischer, durchweg grandioser Literat.

Wenn ich über dieses Interview nachdenke, fällt mir eine andere, auf den ersten Blick banale Szene ein. Es war ein beliebiger Moment hinter den Kulissen eines Literaturfestivals, dort, wo sich die Teilnehmenden vor und nach dem Auftritt aufhalten und wo Snacks und Getränke angeboten werden. Dort entstehen zuverlässig zu meiner niemals endenden Überraschung ganz spontan nach Geschlechtern getrennte Kleingruppen. Und die anwesenden Frauen, Autorinnen, Verlegerinnen, eine ziemlich berühmte Sängerin und wir Kulturjournalistinnen sprechen irgendwann über unsere Kinder. Wir sprechen über hypothetische und reale Kinder, während ein paar Meter weiter die Männer wahrscheinlich über irgendein festivalnahes Thema, ihren neuesten Podcast oder was weiß ich was sprechen.

War es nicht eigentlich so, dass wir Frauen gerade alles aufmischen, den Topf im Kulturbereich zum Kochen bringen, wie man auf Katalanisch sagt? Warum reden wir dann über die Eingewöhnungswoche in der Kita? Was ist nur mit unseren erschöpften Gehirnen passiert, als wir das fünfunddreißigste Lebensjahr erreichten? Gab es wirklich nichts anderes mehr in unserem Leben? Oder ist dieses »andere« tatsächlich das, was wir noch erreichen mussten? War es etwa gelungen, die berühmte Sorgearbeit ins Zentrum zu rücken? Und wenn es so war, warum waren wir dann alle so müde, warum hatten wir alle die gleichen violetten Augenringe? In diesem Augenblick mischten wir eigentlich gar nichts auf.

Einmal habe ich eine US-amerikanische Autorin gefragt, ob die Tatsache, dass sie eine Tochter hat, ihre Perspektive und vielleicht auch ihre Art zu schreiben verändert hätte. Diese Debatte war in dem Moment in Mode. Einige Autorinnen hatten bereits konstatiert, die Mutterschaft hätte ihre Bücher fragmentarischer gemacht, durch die Hauptsorgearbeit könnten sie nur noch kurze und synkopische Absätze schreiben, weil sie andauernd unterbrochen wurden. Diese Autorin wollte mir nicht antworten und ließ mich wissen, dass sie die Frage unverschämt und machistisch fand. Sie sagte: »Diese Frage wird immer nur den Schriftstellerinnen gestellt. Sobald Sie anfangen, auch männliche Autoren danach zu fragen, habe ich vielleicht mehr Lust, ausführlich auf diese Frage einzugehen.«

Ihre Antwort hat mich natürlich geärgert. Was wissen Sie schon, Madame, dachte ich bei mir. Vor nicht einmal zwei Wochen hatte ich mit Richard Ford über seine tiefe Überzeugung gesprochen, dass Schriftsteller niemals Kinder haben dürften. Meine feministischen Credentials sind absolut auf Stand, meine Papiere sind sauber und vollständig, das können Sie gern überprüfen. Ich habe alle einschlägigen Kurse belegt.

Jetzt, ein paar Jahre später, verstehe ich, dass sie auch recht hatte und dass es unfair und reduktionistisch ist, Frauen in dieses unterschwellige Gespräch zu ziehen, die nicht das geringste Interesse daran haben. Aber zu glauben, dieses Gespräch würde es nicht geben, ist auch falsch. Fakt ist, dass ein Großteil der gebärfähigen Menschen dieses fruchtbare Jahrzehnt zwischen dreißig und zweiundvierzig mit der Abwägung verbringt, ob wir uns nun fortpflanzen wollen oder nicht. Und das führt zu einem völligen Kahlschlag bei unseren neuronalen Ressourcen, es nimmt allen anderen Gedanken, die wir haben könnten, die Luft. Mich interessieren die verschiedenen Versionen von Mutterschaft (und auch von Nicht-Mutterschaft) meiner Freundinnen und der Frauen, denen ich im Lauf des Lebens begegne, genauso wie mich ihre Gedanken und ihre Texte interessieren.

Einige dieser Frauen sind auf diesen Seiten aufgetaucht. Meine Mütter, die gehen, mit denen ich am Ende eine enge und ein wenig toxische Beziehung eingegangen bin, haben versucht, diesem unterschwelligen Gespräch zu entkommen. Sie versuchten völlig verständlicherweise, dem biologischen Fluch zu entkommen, sich als Frauen und im gleichen Atemzug als Mütter definieren zu müssen. Und natürlich sickerte das Gespräch am Ende doch durch die Ritzen und hinterließ Spuren in ihrem Werk. Etwa bei Doris Lessing und Mercè Rodoreda. Sie ließen ihre Kinder in einem anderen Land zurück, aber ihre turbulenten Versionen von Mutterschaft brachten ihr Werk voran.

Ich habe die Vermutung, dass viele der Mütter in diesem Buch das Unmögliche versucht haben: Kinder zu bekommen, ohne Mutter zu werden. Für mich ist diese unrealistische Sehnsucht die verständlichste von allen.

Ich gebe zu, dass das monatelange Lesen über all diese Frauen etwas mit Selbstabsolution zu tun hatte. Elizabeth Wurtzel, die Autorin des kontroversen Essays *Prozac Nation* sagte zu ihrer Kollegin Emily Gould, kurz bevor diese ihr erstes Buch anfing: »Recherchiere viel und schreib dann über dich selbst.« Das erscheint mir ein guter Rat für jedes Schreibprojekt, auch für eines über Frauen, die an irgendeiner Stelle im Leben ihre Kinder zurückgelassen haben.

Ich weiß nicht, ob ich dieses Buch mit einem klaren Fazit abschließen kann wie: Jetzt verstehe ich *meine* Mütter, die gehen, viel besser. Ich habe sie immer verstanden, wie könnte ich auch nicht. Es ist nur folgerichtig, dass Maria Montessori ihre wissenschaftliche Karriere nicht über den Haufen schmeißen wollte, um zu heiraten und ihr Kind großzuziehen; dass Doris Lessing aus Rhodesien fort musste und ihr literarisches Leben nicht mit drei Kindern in ihrer Obhut möglich gewesen wäre; dass Joni Mitchell nichts anderes übrig blieb, als ihre Tochter zur Adoption freizugeben; dass manchmal der Beziehung zwischen Mutter und Kind schlicht zu viele Dinge im Weg stehen, als dass sie funktionieren könnte, wie es bei Muriel Spark und ihrem Sohn Robin oder Mercè Rodoreda und ihrem Sohn Jordi der Fall war.

Es ist viel passiert, während dieses Buch Gestalt annahm. Dabei ist mit mir tatsächlich nicht viel passiert in dieser Zeit. Nur dass auch ich meine Kinder mehr als sonst im Stich lassen musste, um über Mütter zu schreiben, die ihre Kinder im Stich lassen. Übers Wochenende war auf einmal ich die Mutter, die heimlich ging. Mit meinem abgenutzten MacBook Pro unterm Arm schlich ich mich davon, um mich in den leeren Wohnungen oder Büros von Freunden und Bekannten einzunisten. Mein Ziel war es immer, möglichst früh aufzustehen und unauffällig zu verschwinden, bevor die Kinder wach wurden. Da beide mit ultrafeinen Antennen für solche Pläne ausgestattet sind, gelang das aber nur selten. Sie kletterten aus dem Bett, wollten Frühstück, klammerten sich an meine Beine und zogen eine Schnute. »Immer gehst du weg!«, jammerten sie mit der vollen Ladung Melodrama, zu der ein kleines Kind fähig ist. Wenn ich ein paar Stunden weg war, schickte mir meine Mutter drängende Nachrichten: »Noch nicht zu Hause?« Nein, noch nicht.

Obwohl meine beiden Söhne fast keine Ähnlichkeit miteinander haben, brachten sich beide als Babys eine Sache bei: Sie rissen das Ladekabel aus meinem Laptop, den sie sehr schnell als ihren mächtigsten Feind identifiziert hatten. Um diese Zeilen in den kurzen Zeitfenstern zu schreiben, die mir meine anderen Aufträge ließen, habe ich das getan, was viele andere Frauen auch tun: weniger schlafen. Ich stand noch bei Dunkelheit auf, tappte durch den finsteren Flur und legte mein Schicksal in die Hände der großen Montserrat Roig, die viele Jahre lang einen Block weiter in einer sehr ähnlichen Wohnung wie meiner gelebt hatte, auch langgezogen und mit einem langen Flur, wie es in diesem Viertel üblich ist.

Wie hat sie es angestellt, in fünfundvierzig Jahren vierzig Bücher nebst Tausenden von Artikeln zu schreiben und dabei allein zwei Kinder großzuziehen? Das frage ich mich jedes Mal, wenn ich an ihrer ehemaligen Eingangstür vorbeikomme und ich das tue, was wir Atheisten tun statt uns zu bekreuzigen. Ihre Kinder berichteten später, dass sie oft ganze Nächte schreibend verbrachte. Und wenn die Kinder dann aufwachten, verbrannte sie ihnen den Toast. Für mich ist das höchste der Gefühle, den Wecker auf halb sieben zu stellen. Und an acht von zehn Morgen hatte ich kaum meinen Kaffee getrunken und den Rechner eingeschaltet, da hörte ich tapsige Schritte auf dem noch dunklen Flur, und es kam der wuschelige Kopf meines jüngeren Sohnes zum Vorschein, der keineswegs vorhatte, nochmal schlafen zu gehen. Ich würde gern schreiben, dass dieser kleine Körper, der noch schlafwarm im Snoopy-Pyjama durch die Tür trat, mir ein Lächeln auf die Lippen zauberte. Aber so war es fast nie. Ihn wach zu sehen ärgerte und frustrierte mich, weil in diesem Moment offenbar wurde, dass die Produktivität des vor mir liegenden Tages mitsamt dem Schlaf, den ich mir selbst vorenthalten hatte, bedroht war. Diese hart erkämpfte Zeit würde ich nun damit verbringen, dem Kind seine Haferflocken mit Milch zu machen, statt zu schreiben.

Das ist ein zentrales Merkmal der Turbomutterschaft: Der virtuose Weg braucht immer mehr Zeit und mehr Aufmerksamkeit als der schuldbehaftete. Haferflocken ohne Zucker für das Kleinkind sind aufwendiger zuzubereiten als die industriell verarbeiteten gezuckerten Frühstücksflocken, Vollkornreis muss doppelt so lange kochen wie weißer Reis. Wenn du es richtig und gut machen willst, wenn du die olympische Disziplin der Mutterschaft meistern willst, musst du mehr von deiner Zeit, deiner Aufmerksamkeit und deiner Energie auf dem Altar der Mutterschaft opfern.

All das dachte ich auch, wenn ich in aller Frühe vor dem Word-Dokument *Mütter, die gehen* saß, das in den folgenden zwanzig Minuten keine Änderungen erfahren würde, und auch nicht in den nächsten dreißig oder vierzig Minuten.

Ich habe irgendwann angefangen, überall Mütter zu sehen, die gehen. In Filmen, Romanen und so weiter. Als das Remake der *Szenen einer Ehe* von Ingmar Bergmann herauskam, fanden die Autoren, es sei eine gute Idee, dass im neuen Drehbuch die Frau aus dem gemeinsamen Haus weggeht und nicht der Mann. Die Figur der Jessica Chastain mit ihrer extrem gut bezahlten Arbeit bei einem Technologiekonzern geht mit ihrem neuen Partner nach Israel. Ihre Tochter lässt sie in Boston zurück und bekommt es mit viel Geld organisiert, dass sie sich hin und wieder sehen können. Maggie Gyllenhaals Verfilmung von Elena Ferrantes *Die Frau im Dunkeln*, die herauskam, als ich das Buch gerade gelesen hatte, hat mich viel mehr mitgerissen. Auch ich besitze T-Shirts mit dem Aufdruck *Liberty* und karierte Blazer, genau wie Jessie Buckley in diesem Film. Zwar habe ich Yeats, den sie übersetzt, nicht einmal gelesen, aber ich habe großes Verständnis dafür, was es bedeutet, den Lebensunterhalt mit der Interpretation dessen zu verdienen, was andere geschrieben haben. Und vor allem weiß ich, wie es ist, mit ständigen Unterbrechungen zu leben, wie Leda im Film. Beide Frauen, Leda wie auch Nina, die andere Mutter in *Die Frau im Dunkeln*, beobachten, wie ihre jungen Töchter auf rücksichtslose Weise über ihre Zeit und ihre Tätigkeiten bestimmen, wenn sie es wollen. Und die Kinder wollen es immer. Sie unterbrechen Arbeitstelefonate, legen ihren Müttern die Hand über den Mund, wenn diese versuchen zu sprechen. In einer Szene überfallen die Kinder Leda, als sie vor dem Rechner masturbieren will. Sowohl Gyllenhaal als auch Ferrante bringen das Gefühl, dass das Leben mit Kleinkindern so ist, als würde man den eigenen Körper nur mieten, unglaublich gut rüber.

Im Film begegnet Leda etlichen Männern, die ihre Kinder nicht selbst großgezogen haben, die sogar auf einem anderen Kontinent gelebt haben, während die Mütter ihre Kinder versorgten. Ihre Geschichten sind banal, gewöhnlich. Obwohl ich auch über diese Mütter gern mehr erfahren möchte.

Es gab eine Phase, da diskutierte ganz Spanien darüber, ob es in Ordnung wäre, wenn eine Mutter den Kontakt zu den Kindern abbricht. Als die Medienpersönlichkeit Rocío Carrasco ihre Geschichte in einer Dokuserie auf dem Fernsehsender Telecinco erzählte, landete die Debatte darüber, was eine schlechte Mutter ausmacht, mitten im Mainstream. Muss sich eine Mutter von ihrer Tochter schlagen lassen? Muss sie ihr unverzüglich verzeihen? Und plötzlich stellten sich Millionen Spanier und Spanierinnen diese schrecklichen Fragen beim Abendessen.

Das Format der Sendung fokussiert auf emotionale Folter, darauf, wie Carrasco gezwungen wurde, praktisch öffentlich auszubluten. Der Anblick, wie riesige Fotos ihrer toten Mutter und ihrer abwesenden Kinder nur zentimeterweit von ihrem Gesicht gezeigt wurden, während sie vor Schmerz wimmerte, lässt einen in Habachtstellung gehen und sorgte allenthalben für höchstes Unwohlsein. Am Rande bemerkt hat mich der in solchen Situationen gebrauchte englische Ausdruck *estranged children* immer berührt: Kinder, die zu Fremden geworden sind. Auch die Marketingstrategie des Senders war düster, und gleichzeitig war unglaublich durchschaubar, was das Ziel sein sollte. Es dauerte nicht lange, bis Mediaset die zweite Frau des gewalttätigen Exmannes aufs Tapet zerrte. Und das ganze aufklärerische Potenzial der Geschichte wurde auf das klassisch machistische Schema des *Catfight* unter Frauen reduziert. Und dennoch hatte die Sendung eine Wirkung. Sie führte tatsächlich dazu, dass einige Personen, insbesondere Frauen, die sich nie solche Fragen gestellt hatten und die in der Mütterverehrung des nationalkatholischen Kulturfaschismus unter Franco aufgewachsen waren, zum ersten Mal über die Grenzen der mütterlichen Aufopferung nachdachten. Es war, als ob der bei jeder Gelegenheit locker-flockig wiederholte Leitspruch »alles für die Kinder« zur Prime-Time durch Telecinco zum ersten Mal infrage gestellt würde.

Das vorliegende Buch hat sich angefüllt mit Geschichten von realen und erfundenen Frauen, die zu irgendeiner Zeit dachten: vielleicht nicht immer und nicht alles für die Kinder. Diese Frauen mussten auch leben und schreiben und sich verlieben und Kommunistinnen werden und dem Kommunismus abschwören und ihre Sexualität leben, ohne sich zu verstecken, und das konnten sie nicht immer mit ihren Kindern. Oder sie glaubten, es wäre nicht immer das Beste, ihre Kinder auf ihren neuen Wegen hinter sich herzuzerren.

Ich fürchte, ich werde weiter Geschichten von Müttern an Grenzen und von Monster-Müttern sammeln. Ich werde alles über Anne Sexton lesen, was ich finden kann. Sexton hat einige ihrer schönsten Gedichte ihren Kindern Linda und Joyce gewidmet. Und sie hat ihre Töchter sexuell missbraucht und sich mit fünfundvierzig das Leben genommen. Ich werde alles über die britische Aristokratin Caroline Blackwood lesen, die einerseits namhafte Ehemänner sammelte (unter anderem Lucian Freund und Robert Lowell) und die sich andererseits an ihrer ältesten Tochter Natalya inspirierte, um ihr Buch *The Stepdaughter* über eine dicke und einfältige Heranwachsende zu schreiben. Als Natalya zwei Jahre danach mit siebzehn Jahren an einer Überdosis Heroin verstarb, konnten auch Blackwoods Freunde nicht mehr leugnen, dass die seelische Grausamkeit und die chaotische Kindheit, die ihr die Mutter zugemutet hatte, etwas mit ihrem tragischen Ende zu tun hatten.

Ich werde außerdem ehrfürchtig und traurig über Jean Rhys lesen, die ihr Baby auf dem Balkon ihrer Pariser Wohnung liegen ließ, während sie drinnen trank. Sie war auch betrunken, als sie den Anruf des Krankenhauses entgegennahm, der ihr mitteilte, dass der Kleine an einer Lungenentzündung verstorben war. Danach bekam sie ein weiteres Kind, und die Beziehung zwischen Mutter und Tochter glich eher einer Katastrophe als einer Familie.

Mein Interesse und mein Genuss an solchen Geschichten gescheiterter Mütter mit kultureller Bedeutung unterscheidet sich nicht sehr von dem der Zuschauer von Rocío Carrascos Dokuserie. Wenn ich über meine gescheiterten Mütter recherchiere, will ich alle schmutzigen Details, und zwar sofort.

Ich komme noch einmal zurück auf *Carol*, an deren Geschichte ich mich an jenem Sonntag der erschöpfenden Hypermütterlichkeit verschluckt hatte. In Highsmiths Roman wird deutlich, wie Carols Niedergang in zwei Phasen abläuft. Zunächst als Carols hasserfüllter Ehemann Harge sie mit den Tonbandaufnahmen ihrer Gespräche mit der jungen Geliebten Therese erpresst und sie sich ergibt. Sie ist bereit, nicht um das Sorgerecht ihrer einzigen Tochter Rindy zu kämpfen, da ihr die Anwälte ihres Mannes versprechen, dass sie ihr Kind auch ohne vertragliche Regelung ein paar Wochen im Jahr wird sehen können. Sie verlangen von ihr, die Beziehung zu Therese zu beenden und nie wieder eine Beziehung mit einer Frau einzugehen.

Therese versteht dies sofort, und gleichzeitig fühlt sie sich zurückgesetzt, weil ihre Geliebte, ihre Liebste das Kind gewählt hat und nicht sie. Als sich Therese und Carol schließlich in New York wiedertreffen und Therese keine schüchterne Novizin mehr ist wie damals, als sie sich kennenlernten, sondern eine Frau mit einem klaren Verständnis der eigenen Wünsche und Bedürfnisse, erzählt ihr Carol, dass sie ihre Tochter tatsächlich höchstens ein paar Tage im Jahr sehen darf. Sie sagt: »Ich habe mit Pauken und Trompeten verloren. (…) Ich habe mich geweigert, einen Katalog von albernen Versprechungen einzuhalten, den sie aufgestellt hatten wie eine Liste von Verfehlungen – selbst auf die Gefahr hin, daß sie Rindy von mir fernhalten würden, als wäre ich ein Unhold.« Sie gesteht, dass es ihr fast lieber wäre, das Mädchen gar nicht mehr zu treffen. Sie wird es auch nicht mehr verlangen, sagt sie. Therese schließt aus alldem, dass Carol sie doch mehr liebt als ihre Tochter. Das ist natürlich Interpretationssache.

Die gesamte Handlung des Romans von Patricia Highsmith basiert auf dem Leben einer ehemaligen Geliebten der Autorin. Virginia Kent Catherwood kam aus der High Society Philadelphias. Sie verlor das Sorgerecht für ihre Tochter, als ihr Mann, ein reicher Banker, einen Privatdetektiv engagierte und dieser Aufnahmen von ihr zusammen mit ihrer Geliebten anfertigte.

Im Nachwort der Ausgabe aus den 1980er Jahren äußert die Autorin erneut: »Was den Leuten an *Salz und sein Preis* gefiel, war, daß es ein Happy End für die beiden Hauptpersonen gab«, im Gegensatz zu den Romanen, die bis dato erschienen waren. Wenn sich zuvor zwei Männer oder zwei Frauen ineinander verliebten, hatten sie bisher am Ende der Geschichte »für ihre Aberration bezahlen müssen, indem sie sich die Pulsadern aufschnitten, sich im Swimmingpool ertränkten oder sich zur Heterosexualität bekehrten (!) oder einsam, elend und gemieden einer Depression anheimfielen, die der Hölle gleichkam.« Stattdessen gestand Highsmith ihren beiden Figuren Carol und Therese »zumindest die Chance einer gemeinsamen Zukunft« zu. Ich vermute, dass dies die am wenigsten Highsmith-typischen Worte sind, die die Autorin jemals verfasste.

Ich lese das Ende von Carol und Therese nicht als glücklich, sondern höchstens mit einer Chance auf eine gemeinsame Zukunft, womit man sich schon weit aus dem Fenster lehnt. Außerdem passt es perfekt zu jener »täglichen Traurigkeit«, von der Ingrid Bergman sprach. Ich stelle mir manchmal gern einen zweiten Band des Romans vor, in dem Rindy zumindest einen Teil des Gedankenguts ihres Vaters ablegt, sich ein bisschen von der Gegenkultur anstecken lässt – schließlich wird Rindy in den 1960er Jahren erwachsen – und versucht, ein Wiedersehen mit ihrer Mutter herbeizuführen, die sie als Kind für eine Mutter gehalten hatte, die geht.

Manchmal denke ich die Geschichte positiv weiter. Wie wenn dich dein Kind darum bittet, weiterzuerzählen, nachdem das Märchen schon lange zu Ende ist. Und dann stelle ich mir vor, dass Mutter und Tochter, nachdem alles Böse aus dem Roman fort ist, einen Weg finden, einander zu verstehen. Ich stelle mir vor, dass Rindy nicht einmal von Carol erwartet, dass sie im unterdrückendsten Sinn dieses Wortes ihre Mutter ist. Sie muss nicht auf sie aufpassen, es reicht, wenn sie einfach nur da ist. Noch immer nicht perfekt, aber da.

Dank

Bevor ich dieses Buch geschrieben habe, hatte ich den Verdacht, dass einen das Schreiben eines längeren Textes zu einem schlechteren Menschen macht. Und das hat sich bestätigt. Es macht einen zu einer schlechteren Partnerin, einer schlechten Tochter, einer schlechteren Freundin und auch zu einer schlechteren Mutter. Das Dokument, das auf deinem Rechner lebt, stiehlt deinen Lieben gemeinsame Stunden und beinahe deine ganze Aufmerksamkeit. Also nutze ich diese Seite, um mich bei den Geschädigten zu entschuldigen, angefangen mit denen, die mir am wichtigsten sind. *Thank you, my dear, for everything.*

Ich möchte mich bei Anna Soldevila für ihren langen Atem und ihre unerschöpfliche Geduld bedanken. Bei Mariàngela Vilallonga für ihre wegweisende Unterstützung in der labyrinthischen Welt Rodoredas. Und bei Joan Bofill für seine Erinnerungen an Cécile Éluard.

Ich hätte dieses Projekt nicht ohne die Nachrichten von Noelia Ramírez, meiner Kris Jenner aus dem Video von Ariana Grande, zu Ende bringen können. Auch Leticia Blanco und Álex Vicente bin ich zu Dank verpflichtet, weil sie mich ertragen und unermüdlich angefeuert haben, wenn ich frustriert war. Ebenso möchte ich Miqui Otero danken, der mir am Abendbrottisch die Idee für ein Kapitel geschenkt hat, als hätte er mir bloß das Brot rübergereicht. Ariana Diaz hat mir Zuflucht gewährt, wenn ich es brauchte. Aida Cabrera und Sílvia Clua haben mir stets Wärme geschenkt. Nicht zuletzt möchte ich auch Mar García Puig für ihre sorgfältige Lektüre danken.

Und an dieser Stelle danke ich meinen Eltern für ihre Liebe (und auch für die vielen Bücher) und meiner Schwester, die in unserer Kindheit und darüber hinaus meine Komplizin geblieben ist.

Bibliographie

Sämtliche Zitate aus nicht deutschsprachigen Werken wurden für das vorliegende Buch von Christiane Quandt übersetzt.

Was für eine Mutter verlässt ihr Kind?

Haynes, Todd: *Carol.* Film. USA/England: Number 9 Films, Film4 Productions, Killer Films 2015.
Highsmith, Patricia: *Salz und sein Preis.* Übersetzt von Melanie Walz. Herausgegeben von Paul Ingendaay und Anna von Planta. Diogenes, Zürich 2021.

Muriel Spark, ein Schriftstellerleben

Feinstein, Elaine: »Preface by Elaine Feinstein«, in: *Curriculum Vitae. A Volume of Autobiography.* Carcanet Press, Lives and Letters, London 2014.
Spark, Muriel: »The Gentile Jewesses«, online in: *The New Yorker,* Juni 1963.
__ »Päng, Päng, du bist tot«, in: *Päng, päng, du bist tot und andere Geschichten.* Übersetzt von Matthias Fienbork. Diogenes, Zürich 1998, S. 27–63.
__ *Die Blütezeit der Miss Jean Brodie.* Übersetzt von Andrea Ott. Diogenes, Zürich 2018.
__ *Curriculum Vitae.* E-Book. Übersetzt von Otto Bayer. Diogenes, Zürich 2021.
Stannard, Martin: *Muriel Spark. The Biography.* Orion, London 2010.
Sudjic, Olivia: »Olivia Sudjic sobre Elena Ferrante: por qué fascina el fenómeno de la escritora que no tiene cara«, Interview mit Olivia Sudjic über Elena Ferrante, online in: *El País,* 15. Oktober 2021.

Schlechte Mütter im guten und schlechte Mütter im schlechten Sinn

Brody, Jane E.: »Parenting Advice from America's Worst Mom«, online in: *The New York Times,* 15. Januar 2015.
Chua, Amy: »Why Chinese Mothers Are Superior«, online in: *The Wall Street Journal,* 8. Januar 2011.

Donath, Orna: *#regretting motherhood. Wie Frauen mit einem unerlaubten Gefühl leben*. Übersetzt von Elsbeth Ranke und Karlheinz Dürr. Penguin, München 2016.
Fischer, Sarah: *Die Mutterglück-Lüge. Regretting Motherhood – warum ich lieber Vater geworden wäre*. Ludwig, München 2016.
Gyllenhaal, Maggie: *Die Frau im Dunkeln*. Film. Griechenland/USA/UK/Israel: Netflix, Endeavor Content, Samuel Marshall Films, Faliro House Productions 2021.
Neal, Michon: »Why I Left My Child«, online in: *Medium*, 2. Oktober 2016.
Oster, E.: *Das einzig wahre Schwangerschafts-Handbuch*. Übersetzt von Andrea Kunstmann. Piper, München 2020.
Rizzuto, R., »Why I Left My Children«, online in: *Salon*, 1. März 2011.
Tolentino, Jia: »The Personal Essay Boom is Over«, online in: *The New Yorker*, 18. Mai 2017.
Waldman, Ayelet: »Truly, Madly, Guiltily«, online in: *The New York Times*, 27. März 2005.
Watkins, Claire Vaye: *I Love You But I've Chosen Darkness*. Riverhead Books, New York 2021.

Gala Dalí und der Fall der Magnetischen Frau

Dalí, Gala: *La vida secreta. Diario inédito*. Galaxia Gutenberg, Barcelona 2013.
De Diego, Estrella: *Querida Gala: las vidas ocultas de Gala Dalí*. Espasa, Barcelona 2003.
Jamison, Leslie: *Make it Scream, Make It Burn*. Graywolf Press, Minneapolis 2019.
Montañés, José Ángel: *El niño secreto de los Dalí*. Roca Libros, Barcelona 2020.
Parker, Dorothy: »Pferdchen«, Erzählung in: *New Yorker Geschichten*. Übersetzt von Pieke Biermann und Ursula-Maria Mössner. Kein & Aber, Zürich 2016. S. 95–119.
Pérez Pons, Mercè: »La hijastra de Dalí reivindica su lugar«, online in: *El País*, 12. August 2017.
Poirier, Agnes C.: »Watching Boxing With Picasso and a Ménage-à-trois at Home. My Life With the Surrealist Elite«, online in: *The Guardian*, 15. April 2014.
Zgustova, Monika: *La intrusa: retrato íntimo de Gala Dalí*. Galaxia Gutenberg, Barcelona 2018.

Ein Oger, eine Prinzessin und eine Idiotin. Die abwesenden Mütter in den Filmen von Meryl Streep

Benton, Robert: *Kramer gegen Kramer*. Film. USA, Columbia Pictures 1979.

Carstens, Lisa: »Sexual Politics and Confessional Testimony in Sophie's Choice«, in: *Twentieth Century Literature*, Nr. 47, Duke Univesity Press 2001. S. 293–324.

Cusk, Rachel: *Danach. Über Ehe und Trennung*. Übersetzt von Eva Bonné. Suhrkamp, Berlin 2020.

Demme, Jonathan: *Ricki – wie eine Familie so ist*. Film. USA: TriStar Pictures, Badwill Entertainment, LStar Capital, Marc Platt Productions, Sony Entertainment 2015.

Duras, Marguerite: *Das tägliche Leben*. Übersetzt von Ilma Rakusa, Suhrkamp 2007.

Eastwood, Clint: *Die Brücken am Fluss*. Film. USA, Amblin Entertainment, Malpaso Productions 1995.

Friedan, Betty: *Der Weiblichkeitswahn oder Die Selbstbefreiung der Frau: ein Emanzipationskonzept*. Übersetzt von Margaret Garroux. Rowohlt, Reinbek bei Hamburg, 2016.

Haynes, Todd: *Carol*. Film. USA/England, Number 9 Films, Film4 Productions, Killer Films 2015.

Highsmith, Patricia: *Salz und sein Preis*. Übersetzt von Melanie Walz. Herausgegeben von Paul Ingendaay und Anna von Planta. Diogenes, Zürich 2021.

Ozick, Cynthia: »The Rights of Imagination and the Rights of History«, online in: *Commentary*, März 1999.

Pakula, Alan J: *Sophies Entscheidung*. Film. USA, ITC Entertainment 1982.

Schulman, Michael: *Her again. Becoming Meryl Streep*. New York, Faber & Faber 2016.

Ingrid Bergman, eine tägliche Traurigkeit

Bergman, Ingrid; Burgess, Alan: *Ingrid Bergman. My Story*. Delacorte Press, New York 1980.

Björkman, Stig: *Ingrid Bergman. In Her Own Words*. Film. Schweden, Rialto Pictures, Pretty Pictures 2015.

Longworth, Karina: »Gossip Girls: Louella Parsons and Hedda Hopper«, mehrere Episoden in: *You Must Remember This*. Podcast, Juli 2021.

Rossellini, Roberto: *Stromboli*. Film. Italien/USA, Berit Films, RKO Radio Pictures 1950.

Doris Lessings drittes Kind

Diski, Jennifer: *In Gratitude*. Bloomsbury, London 2016.

Feigel, Lara: *Free Woman. Life, Liberation and Doris Lessing*. Bloomsbury, London 2018.

Ellen, Barbara: »I Have Nothing in Common With Feminists. They Never Seem to Think That One Might Enjoy Men«, Interview mit Doris Lessing in: *The Guardian*, 9. September 2001.

Lessing, Doris: *Das goldene Notizbuch*. Übersetzt von Iris Wagner. S. Fischer, Frankfurt am Main 2019.

__ *Das fünfte Kind*. Übersetzt von Eva Schönfeld. Hoffmann und Campe, Hamburg 2013.

__ *Eine richtige Ehe*. Übersetzt von Iris Wagner. Klett-Cotta, Stuttgart 1982.

__ *To Room Nineteen*. Fremdsprachentexte. Herausgegeben von Günther Jarfe. Stuttgart, Reclam 1983.

__ *Unter der Haut. Autobiographie 1919–1949*. Übersetzt von Karen Nölle. Hoffmann und Campe, Hamburg 1994.

Philipps, Julie: *The Baby on the Fire Escape: Creativity, Motherhood and the Mind-Baby Problem*. Norton, New York 2022.

Winnicott, Donald: *Babys und ihre Mütter*. Übersetzt von Ulrike Stopfel. Psychosozial-Verlag, Gießen 2023.

__: »Haß in der Gegenübertragung« in: *Kinderanalyse*, März 1997, 5. Jahrgang, Heft 1. S. 35–46.

Momfluencerinnen und die Ökonomie der Turbomutterschaft

Armstrong, Heather: *Dooce*, Blog. Online unter: dooce.com

Hays, Sharon: *The Cultural Contradictions of Motherhood*. Yale University Press, New York und London 1998.

Verlorene Wesen: Nora Helmer und Anna Karenina

Byatt, Antonia Susan: »Blaming Nora«, online in: *The Guardian*, 2. Mai 2009.

Cusk, Rachel: *A Life's Work. On Becoming a Mother*. Faber & Faber, London 2008.

Ibsen, Henrik: *Nora (ein Puppenheim)*. Übersetzt von Richard Linder. Reclam, Stuttgart 2016.

Morson, Gary Saul: *Anna Karenina in Our Time: Seeing More Wisely*. Yale University Press, New Haven 2011.

Popoff, Alexandra: *Sofia Tolstoi: una biografía*. Circe, Barcelona 2011.

Tolstoi, Lev: *Anna Karenina. Roman.* Aus dem Russischen von Hermann Röhl. Aufbau, Berlin 1957

Tolstaja, Sofja Andrejewna: *Tagebücher 1862–1897.* Übersetzt von Johanna Renate Döring-Smirnov und Rosemarie Tietze. S. Fischer, Frankfurt am Main 2018.

__ *Tagebücher 1898–1910.* Übersetzt von Johanna Renate Döring-Smirnov und Rosemarie Tietze. S. Fischer, Frankfurt am Main 2018.

»Was wäre, wenn?« – Joni Mitchell und Vashti Bunyan

Bean, J. P: *Singing From the Floor. A History of British Folk Clubs.* Faber & Faber, London 2014.

Marom, Malka: *Joni Mitchell in Her Own Words.* ECW Press, Toronto 2014.

Smith, Zadie: »Some Notes On Attunement«, online in: *The New Yorker.* 9. Dezember 2012.

Walker, Michael: *Laurel Canyon: the Inside Story of Rock'n'Roll's Legendary Neighbourhood.* Farrar, Strauss and Giroux, New York 2007.

Yaffe, David: *Joni Mitchell – Ein Porträt.* Übersetzt von Michael Kellner. Matthes & Seitz, Berlin 2020.

Die Schuld der Mütter

Bettelheim, Bruno: *Die Geburt des Selbst. The Empty Fortress. Erfolgreiche Therapie autistischer Kinder.* Übersetzt von Edwin Ortmann. S. Fischer, Frankfurt am Main 1983.

Coontz, Stephanie: »When We Hated Mom«, in: *The New York Times*, 7. Mai 2011.

Dolnick, Edward: *Madness on the Couch. Blaming the Victim in the Heyday of Psychoanalysis.* Simon & Schuster, New York 1999.

Farnham, Marynia; Lundberg, Ferdinand: *Modern Woman. The Lost Sex.* New York, Harper & Brothers Publishers 1947.

Friedan, Betty: *Der Weiblichkeitswahn oder Die Selbstbefreiung der Frau: ein Emanzipationskonzept.* Übersetzt von Margaret Garroux. Rowohlt, Reinbek bei Hamburg 2016.

Harnett, Emily: »Married to the Momism«, online in: *Lapham's Quarterly*, 23. Juli 2020.

Kanner, Leo: *In Defense of Mothers; How to Bring up Children in Spite of the More Zealous Psychologists.* C. C. Thomas, Springfield, Illinois 1941.

Levy, Debroah: *Was ich nicht wissen will.* Übersetzt von Barbara Schaden. Wagenbach, Berlin 2015.

Lombrozo, Tania: »Using Science to Blame Mothers«, online in: *NPR*, 25. August 2014.
Metzl, Jonathan M.: »The New Science of Blaming Mothers«, online in: *MSNBC*, 16. Juli 2014.
Pollack, Richard: *The Creation of Doctor B. A Biography of Bruno Bettelheim.* Touchstone, New York 1998.
Richardson, Sarah S: »Society. Don't Blame the Mothers«, online in: *Nature*, 13. August 2014.
__ *The Materal Imprint. The Contested Science of Maternal-Fetal Effects.* The University of Chicago Press, Chicago 2021.
Strecker, Edward A.: *Their mother's sons.* Lippincott, New York 1951.
Wylie, Philip: *Generation of Vipers.* Dalkey Archive Press, Funks Grove Illinois 1996.

Maria Montessori, das Kind und die Pädagogik

De Stefano, Cristina: *Kinder als Lehrer. Das Leben der Maria Montessori.* Übersetzt von Franziska Kristen. Btb, München 2021.
Montessori, Maria: *Por la causa de las mujeres.* Übersetzt von Estefanía Asins. Altamarea, Madrid 2020.
Standing, E. M: *Maria Montessori. Leben und Werk.* Ernst Klett Verlag, Stuttgart 1959.

Mercè Rodoreda, ein Waldvogel

Arnau, Carmen: *Cartes de guerra i exili (1934–1960).* Fundació Mercè Rodoreda, Barcelona 2017.
Ibarz, Mercè: *Rodoreda. Exili i desig.* Empúries, Barcelona 2008.
Laforet, Carmen: *Nada.* Übersetzt von Susanne Lange. Suhrkamp, Berlin 2015.
Pessarrodona, Marta: *Mercè Rodoreda y su tiempo.* Bruguera, Barcelona 2005.
Rodoreda, Mercè: *Der zerbrochene Spiegel.* Übersetzt von Angelika Maass. Suhrkamp, Frankfurt am Main 1982.
__ *Aloma.* Übersetzt von Angelika Maass. Suhrkamp, Frankfurt am Main 1991.
__ *Auf der Plaça del Diamant.* Übersetzt von Hans Weiss. Suhrkamp, Frankfurt am Main 2020.
__ *Cartes a l'Anna Murià (1939–1956).* Hg. B.L. Vidal und M. Bohigas. Club Editor, Barcelona 2021.

__ und Sales, Joan: *Cartes completes (1960–1983)*. Club Editor, Barcelona 2008.

Roig, Montserrat: *Retrats Paral·lels, una antología*. Mit einem Vorwort der Herausgeber Gemma Ruiz und Albert Forns. Edicions 62, Barcelona 2019.